SITUATION AND
POLICY

形势与政策

主审◎谭书敏　主编◎张春和　谢　琨　副主编◎廖怀高　黎　萍

西南交通大学出版社
·成都·

图书在版编目（CIP）数据

形势与政策 / 张春和，谢琨主编. —成都：西南交通大学出版社，2015.1
ISBN 978-7-5643-3669-1

Ⅰ. ①形… Ⅱ. ①张… ②谢… Ⅲ. ①时事政策教育–高等学校–教材 Ⅳ. ①G641.41

中国版本图书馆 CIP 数据核字（2015）第 005784 号

形势与政策

主编 张春和 谢琨

责任编辑 邹蕊
助理编辑 左凌涛
封面设计 严春艳

印张 10.75 字数 314千
成品尺寸 185 mm × 260 mm
版本 2015年1月第1版
印次 2015年1月第1次
出版 西南交通大学出版社
地址 四川省成都市金牛区交大路146号
印刷 成都蜀通印务有限责任公司
邮政编码 610031
网址 http://www.xnjdcbs.com
发行部电话 028-87600564 028-87600533

书号：ISBN 978-7-5643-3669-1
定价：22.60元

前　言

当今世界正处于全球化、信息化时代，世界各国联系越来越紧密，国际国内信息交换日益快速。面对瞬息万变的国际国内形势，大学生必须具备理性思考和分析当今时代的基本能力，才能对人生发展和社会问题有正确的研判，也才会对未来发展方向做出符合实际的规划和判断。为此，在高校开设“形势与政策”课程正是为在校大学生提供了解社会形势和国家政策的重要平台，为即将步入社会的大学生架设起一座连接课堂与社会的桥梁。2004 年中共中央宣传部、教育部联合下发《关于进一步加强高等学校学生形势与政策教育的通知》明确指出：“‘形势与政策’课程教育是高校学生思想政治理论课的重要组成部分，是每个大学生的必修课。”因此，‘形势与政策’课程教学不仅关系到大学生的成长成才，同时也关系国家大政方针政策的贯彻和落实。

本书以中国共产党第十八次代表大会的精神为指导，以客观分析国际和中国国内形势发展为主线，科学阐释中国应对国际和国内相关问题的政策、方针和路线。本书内容主要分为国际形势和国内形势两大部分。每个部分又分设若干专题，内容涵盖中国政治建设、中国经济建设、中国文化建设、中国社会建设、中东问题、恐怖主义、中美关系、中俄关系等国内外热点难点问题，具有较强的理论性、政策性、时效性，能够开拓大学生的视野，提高大学生对时事的关注度。针对高校形势与政策教学学时不足、教学内容不系统的特点，本书试图为大学生提供较为丰富、系统的基础性和背景性知识，以便大学生能更好地理解当前中国社会发展的历史脉络，全面了解世界形势和地区热点形成的背景知识。

成都理工大学一直坚持对“形势与政策”进行规范化、标准化和系统化的课程设置和管理。目前，该课程是学校精品课程、四川省的省级精品课程、四川省精品资源共享课程。本教材是省级精品课程和省级精品资源共享课程建设逐步积累起来的重要成果，是我校“形势与政策”课程教学的系统梳理和总结。

本书由成都理工大学“形势与政策”课程组的专兼职教师共同编写，由省级精品课程和省级精品资源共享课程负责人谭书敏教授任主审，由张春和、谢琨任主编，由廖怀高、黎萍任副主编。主编负责全书的编写思路和结构设计，拟定编写提纲，组织参编人员研讨和修改提纲。副主编负责全书的文字修改和资料收集。全书最后由主编统稿和校对，由主审谭书敏审阅文稿，提出修改建议，并最终定稿。编写成员有：李光、赵如、王培、陈淑丽、庞甲光、杜春华、徐菲、顾华宁等。具体分工如下：绪论由张春和撰写；第一、二章由李光撰写；第三章由张春和、杜春华撰写；第四章由张春和、庞甲光撰写；第五章徐菲撰写；第六章由陈淑丽撰写；第七章由王培撰写；第八章由廖怀高、顾华宁撰写；第九章由张春和、庞甲光撰写；第十章由赵如撰写；第十一章、第十二章由廖怀高撰写；第十三章由黎萍撰写。袁俊、高继国、张亚峰、李维佳、韩绍卿、范小青、荆先清等对本书亦有贡献。

在编写过程中，由于时间、能力等多方面条件的限制，书中的错误和疏漏在所难免，敬请专家学者批评指正，也恳请同学们提出批评和建议。另外，本书借鉴了许多同行专家的最新研究成果，采用了若干专著、论文的重要材料和观点，在此特向有关专家、学者和同行们致谢。

本书的编写得到了成都理工大学校党政和教务处的大力支持，在此一并致以衷心的谢意！

编　者

2014 年 12 月

目　录

绪 论

作为高校思想政治理论五门必修课程之一，“形势与政策”课程教学对培养当代大学生关心时政、关注国家了解社会现状的良好习惯，训练大学生与时俱进地分析问题的综合素养和思维能力，都具有举足轻重的重要作用，并对高校人才培养具有十分重要的现实意义。望文生义，从字面意思来看，“形势与政策”课程的内容和要求主要包括两个方面，一是形势，二是政策。

一、形势与政策的含义

从说文解字的角度来看，“形势”与“政策”原本是两个具有特定指向的独立单词，都具有十分丰富的内涵和清晰的外延界定。从两者所表达的内容来看，基本没有直接的关联性和交叉性。但是，将“形势”与“政策”并列地联结起来，就能够一定程度上将二者有机联系起来，并形成辩证统一的相互关系。

1. 什么是“形势”

简单来讲，“形势”从古至今已发展成较为丰富的特定内涵。在中国古汉语中，最早使用“形势”是指人事上的强弱盛衰之势或行军的阵势。《汉书・艺文志》载“形势者，雷动风举，后发而先至，离合背向，变化无常”，这里的“形势”是指军队的阵势。《三国志・吴志・孙权传》载：“是时曹公新得表（刘表）众，形势甚盛。”其中的“形势”是指人事上强弱盛衰的局势。此外，“形势”也作“局势”“时局”或“情况”来理解，如唐元稹《故中书令赠太尉沂国公墓志铭》：“公既为刺史子，又多才，好读书，识理乱形势。”这里的“形势”就作“时局”和“局势”来理解。

目前，对“形势”的使用主要是基于“时局”“局势”等的意思。具体讲，形势包括两个方面的内容：“形”就是客观事物的现状，“势”就是客观事物发展的趋势。“形”与“势”合起来就是客观事物的现状及其发展趋势。引申为社会发展的局势、情况和趋势。因此，“形势”是完全区别于“形式”的。

2. 什么是“政策”

早在中国古代就有了“政”和“策”这两个字，但是分开使用的。《论语》关于“政”的解释就是“政者，有所改更匡正”。东汉许慎在《说文》里讲，“政，正也”，而“正”则是光明正大，因此，“政”的本义有匡正扶乱的意思。到后来，“政”则被引申为“政治”和“政事”。“策”原本是指古代的一种马鞭子，头上有尖刺，引申为“鞭打”的意思，故而在策马、鞭策等词语使用“策”。在汉语的发展演变过程中，后逐渐演变成通常意义上的计谋、计策、谋略等。现代汉语中的“政策”主要是指指统治阶级以权威形式标准化地制定的行动原则、工作方式和具体措施。从实质上讲，政策是阶级利益的意识形态化反映，是统治阶级的利益诉求表达方式。

3. 形势与政策的关系

形势是社会发展按照自身运动规律客观存在的状况和趋势。政策是指党和国家在对形势科学分析的基础上，为实现一定任务而制定的行为准则。从马克思主义唯物辩证法的角度来看，“形势”与“政策”之间是辩证统一的关系。形势决定政策的制定，政策反作用于形势的发展。从二者的对立性来讲，由于客观形势一直处于变化和发展过程中，而统治阶级制定的政策往往又具有一定的稳定性，因而形势的变化与政策的制定具有不同步性，政策的内容与形势的客观实际具有不完全对应。从二者的同一性来讲，形势是制定政策的依据，政策是形势的主观反映。也就是说，政策的制定必须依据对形势的正确分析和判断，而形势的变化也会要求政策发生相应的变化。

二、“形势与政策”课程简介

“形势与政策”课程高校思想政治理论课中的一门必修课程。新中国成立以来，该门课程教学的实施，无论是对我国社会主义改造和社会主义建设都发挥了积极的思想引领作用，并形成了独具特色的课程体系和教学体系。

（一）“形势与政策”课程的历史沿革

从发展历程来看，“形势与政策”课程建设，经历了初步探索、地位确立、改革发展和全面创新等阶段。伴随中国社会主义建设的发展历程，该门课程的名称经历了“时事政策”“形势与任务”再到“形势与政策”的演变过程。

1. 新中国成立之初，“形势与任务”课程建设开始了尝试和探索

新中国成立之初，《中国人民政治协商会议共同纲领》第四条指出：“有计划有步骤地实行普及教育，加强中等教育和高等教育，注重技术教育，加强劳动者的业务教育和在职干部教育，给青年知识分子和旧知识分子以革命的政治教育，以适应革命工作和国家建设工作的广泛需要”[①]。为贯彻文件精神，各高校正式拉开对大学生进行“形势与任务”教育的帷幕。之后，《教育部关于华北区各高等学校 1951 年度上学期进行“辩证唯物论与历史唯物论”等课教学工作的指示》中进一步规定“各高等学校必须重视并注意建立正规的和完备的教学组织，丰富系统理论的讲授内容，以克服过去有些学校将革命的思想政治教育和一般业务课程对立起来片面进行、互不联系的现象”。同时还规定“‘时事委员会’的组织仍予保持并应加强，在教务长领导下，负责计划、组织时事政策的学习，结合社会政治运动，解决学生对时事政策方面的一般思想问题”[②]。

2. 伴随社会主义建设，“形势与任务”教学体系和课程地位得以确立

经过一段时间的探索和发展，“形势与任务”教育取得了一定成效，但仍然存在局限，尤其是涉及课程设置、教材体系和教学管理等方面的责与权不是很明晰，管理不够规范。1958 年 4 月 12 日，教育部政治教育司颁发了《对高等学校政治教育工作的几点意见（草稿）》，意见进一步明确：“对党的重要方针、政策、任务、毛主席著作和国内外重大时事，应当占用政治课正课时间

①、② 教育部社会科学司. 普通高校思想政治理论课文献选编（1949—2008）[M]. 北京：中国人民大学出版社，2008：1，9-10.

及时进行教学”。[①]该文件对“形势与任务”课程教学的内容和形式作了明确规定。在此基础上，教育部专门下发了《中华人民共和国教育部关于 1961—1962 学年度上学期高等学校共同政治理论课安排的几点意见》((61)教政周字第 129 号)，该意见规定：“形势和任务课为各专业、各年级的必修课(主要内容是讲解国内外形势、党和国家的任务、方针、政策)”，“主要是向学生作报告和组织学生阅读文件，并辅之以座谈和讨论”[②]。至此，教育部第一次把“形势与任务”课程明确定位为是高校学生的一门必修课，并将其纳入高校思想政治教育的课程体系之中。随着形势的发展，1964 年 10 月 11 日，中央宣传部、高教部党组、教育部临时党组联合制定了《关于改进高等学校、中等学校政治理论课的意见》，意见规定：“今后高等学校共同政治理论课，要继续开设《形势与任务》；要求《形势与任务》课要阅读和讲解当前重大政策文件、报刊的重要社论和反对现代修正主义文章，学校党委负责同志应当经常作报告”，而且规定“在通常情况下，可占用政治课总学时四分之一左右时间。具体内容由省(市)教育厅(局)每年安排几次”[③]。

3. 十一届三中全会以来，“形势与政策”课在改革中不断变迁和发展

党的十一届三中全会以后，中国各项事业进入到变革和调整时期，“形势与任务”课程建设也进入发展的新时期，课程名称也随形势的变迁而发生改变。

为适应改革开放以后的新形势，加强大学生思想政治教育，深入贯彻党的十二大精神，教育部于 1982 年 10 月和 1984 年 9 月，先后下发《关于高等学校逐步开设共产主义思想品德课的通知》《关于高等学校逐步开设共产主义思想品德课的若干规定》。通知和规定要求，形势与政策课程与思想品德课要进行统筹安排，平均每周两学时。随着改革的不断深入和对外开放的不断扩展，大学生对社会发展中的消极现象产生了一些认识上的偏颇，国外思潮也对大学生的思想观念产生了一些影响。在这种背景下，对高校思想政治教育来讲，如何因势利导，引导学生正确认识社会形势和各项大政方针成为十分紧迫的要事。为此，1986 年 7 月 9 日，中宣部、国家教委下发《关于对高等学校学生深入进行形势与政策教育的通知》。该通知要求各省、自治区、直辖市宣传、教育部门和高等学校及时了解学生的思想动态，采取暑期社会实践汇报会、回乡见闻座谈会、省市有关负责同志和学生座谈会、报告等方式，有针对性地进行形势政策报告会。通知的印发，不仅为形势与政策教育走进课堂，纳入教学计划准备了条件[④]，而且正式将形势与任务课程的名称更改成形势与政策。

为深入贯彻党的十二届六中全会关于《中共中央关于社会主义精神文明建设指导方针的决议》，1987 年 10 月，国家教委下发《关于高等学校思想教育课程建设的意见》，对高校思想品德课程建设做出规定，将形势与政策课设定为必修课程。为了切实贯彻该意见精神，1988 年 5 月 24 日，国家教育委员会颁发《关于高等学校开设〈形势与政策〉课的实施意见》((88)教政字 002 号)，就形势与政策课程的性质与任务，以及教学内容、教学原则、教学安排、师资力量、教材体系和专项经费等七个方面的问题，做出全面而明确的规定。这标志着形势与政策课已完全纳入高校思想政治教育课程体系。

---

①、②、③ 教育部社会科学司. 普通高校思想政治理论课文献选编(1949—2008)[M]. 北京：中国人民大学出版社，2008：34，41，50-53.

④ 罗建平，胡继冬. 建国以来普通高校思想政治理论课课程设置的历史沿革[J]. 唐山师范学院学报，2007(3)：104-105.

为确保中国高校思想政治教育适应中国改革开放的持续深入和扩展，1994 年 8 月 31 日，中共中央颁发了《中共中央关于进一步加强和改进学校德育工作的若干意见》(中发〔1994〕9 号)。为贯彻落实该意见的精神，整体规划学校德育工作，国家教委于 1995 年 11 月制定了《中国普通高等学校德育大纲》(教政〔1995〕11 号)，再次强调"形势与政策"课程教学的重要性。《中国普通高等学校德育大纲》规定："各层次各科类的学生都要开设形势与政策课程，可按专题或讲座，或集中或分散安排教学，平均每周一课时，可不占教学计划内学时，但要按必修课要求学生和安排教学"[①]。为具体落实这一规定，1996 年 10 月，国家教委颁布《国家教育委员会关于进一步加强高等学校〈形势与政策〉课程建设的意见》(教政〔1996〕9 号)，强调"形势与政策"课程建设，进一步明确了课程的性质和重要地位，进一步规范了"形势与政策"课程教学的管理工作。到 1998 年，为进一步深化高校思想政治教育，中共中央宣传部、教育部联合颁发了《关于普通高等学校"两课"课程设置的规定及其实际实施工作的意见》。该意见对高校思想品德课和马克思主义理论课(简称"两课")的课程设置做出了新的规定，即"98 方案"，再次明确规定"形势与政策"课是学生的一门思想品德必修课，并明确规定开课对象、学时、管理、内容与考核。"98 方案"的实施标志着"形势与政策"课程建设又迈出了新步伐。

4. 21 世纪以来，"形势与政策"课的发展进入了全面创新的新境界

2002 年中共召开十六大以后，以胡锦涛同志为总书记的党中央对加强和改进大学生思想政治教育做出了新的战略部署。2004 年 8 月，中共中央、国务院颁发了《关于进一步加强和改进大学生思想政治教育的意见》。《意见》对高校"形势与政策"课程建设提出了明确要求，强调："形势与政策教育是思想政治教育的重要内容和途径。要建立大学生形势政策报告会制度，定期编写形势政策教育宣讲提纲，建立形势政策教育资源库，国家机关和地方党政负责人要经常为大学生作形势报告。学校要紧密结合国际国内形势变化和学生关注的热点、难点问题，制定形势政策教育教学计划，认真组织实施"[②]。为贯彻落实中共中央 16 号文件精神，2004 年 11 月 17 日，中共中央宣传部、教育部颁发了《关于进一步加强高等学校学生形势与政策教育的通知》(简称《形势与政策教育通知》)，这是进入新世纪以后中央专门下发的关于"形势与政策"课程建设的第一个纲领性文件，标志着"形势与政策"课程建设进入到一个改革创新的阶段。《形势与政策教育通知》对"形势与政策"课程的地位、指导思想、教材编写、制度化建设、教学途径与教学方法、师资队伍、领导体制和工作机制以及教育教学研究工作等八个方面，进行了全面规划与部署。该通知特别规定"形势与政策课按平均每学期 16 周，每周 1 学时计算。本科四年期间的学习，计 2 个学分；专科期间的学习，计 1 个学分"。"形势与政策"课程的规范化和标准化建设得到了有力的保障。为落实好中共中央 16 号文件和《形势与政策教育通知》等文件精神，2005 年 3 月 9 日，中共中央宣传部、教育部联合颁发了《(中共中央宣传部、教育部关于进一步加强和改进高等学校思想政治理论课的意见)实施方案》(简称"05 新方案")。"05 新方案"进一步强调"形势与政策"课是高校思想政治理论课程体系的一门必修课，并强调相关要求按照《中共中央宣传部、教育部关于进一步加强高等学校学生形势与政策教育的通知》的规定执行。至此，"形势与政策"课程教学的标准化、规范化发展得到了充分肯定和重视，课程建设正逐渐显现出理论、内容和教学方式、方法等全面创新的势头。

①、② 教育部社会科学司. 普通高校思想政治理论课文献选编(1949—2008)[M]. 北京：中国人民大学出版社，2008：167，204.

三、“形势与政策”课程特点

“形势与政策”课程的教学不是简单的知识传授、政策选读、情况介绍和事件描述等，而是要通过对形势的分析、政策的讲解，增强学生对形势与政策的分析和理解能力，帮助其深刻认识形势及其发展的客观规律。因此，作为一门思想政治理论课的必修课，“形势与政策”课在教学领域、教学层次、教学难度等方面都有一定的特殊性，展示出相应的课程教学特点。

1. 综合性和动态性

与其他四门思想政治理论课相比较而言，“形势与政策”课程教学的内容体系庞杂、涉及的学科覆盖范围广。从课程教学体系的构成来看，既有宏观问题，也有微观问题；既有现实问题，又有历史问题；既有政治、经济、文化发展方面的问题，又有外交、军事领域方面的问题；既有国家政策法规的宣讲问题，又有社会现象剖析的问题等。因此，“形势与政策”课程教学内容的复杂性和学科的广泛性集中表现为课程教学具有极强的综合性。单从内容上看，“形势”就是一个内容和结构都复杂而丰富的体系。它不仅有包括经济形势、政治形势、科技形势、教育形势、文化形势、卫生形势等在内的大类构成，每个大类的“形势”又由若干子系统构成。如经济形势又由工业形势、农业形势、商业形势、金融形势等构成。从范围上看，“形势”就有国际形势、国内形势之分，而国内形势又包括内地形势与沿海形势、东部形势与西部形势，以及省区形势、工厂形势、学校形势等。

“形势与政策”课程教学不仅是复杂的，而且还是多变的，表现为一定的动态性。从教学内容上看，不仅涵盖社会众多领域的状况，内容涉及政治、经济、文化、科技、外交、国际关系等领域，因而需要广泛涉猎人文社会科学各领域的知识作为理论基础和认知条件。而且，国际国内的社会形势都始终处于变动不拘的发展过程中，热点、焦点和难点问题频繁转换。面对瞬息万变的国际国内形势，“形势与政策”课堂教学要及时对社会形势进行科学合理的回应和有效的解释，需要与时俱进地不断调整和更新教学体系，这也需要与时俱进地储备信息以应对千变万化的客观形势。这种动态性的具体表现就是每学期的教学内容都是根据教育部社科司下发的《高校“形势与政策”教育教学要点》来组织。而教育部会随着国际国内形势的变化和国家大政方针的调整，而不断地调整和改变课程教学的内容和要点。

“形势与政策”课程教学综合性与动态性相结合的特点决定了课程教学既要有广度，也要有深度。这就要求任课教师的业务能力、知识体系和综合素质，既要有丰富性和发展性，又要有较强的广泛性。

2. 时效性与针对性

“形势与政策”课的教学内容主要是针对大学生思想特点，向大学生讲解国家的政治、经济、外交形势，以及党的基本路线、方针和政策。帮助大学生正确分析当前各界关注的热点、焦点和难点等社会问题，提高大学生的政治敏锐性和辨别是非的能力，帮助学生进一步明确自己肩负的历史责任，以激发大学生的爱国、爱党和爱社会主义的热情，珍惜和维护国家当前稳定的大局。因此，课程教学内容必须既具备一定的时效性，又具备相应的针对性。

从时效性来讲，“形势与政策”课程教学包含“形势”和“政策”两个方面的教育。“形势”教育主要是及时为学生解读国际国内社会政治、经济发展的状况和态势、社会热点问题等。“政策”教育主要是结合社会发展的客观现实，向学生宣传党和国家在一定历史时期内为实现特定的目标而制定的方针、政策，及其理论依据。无论是形势教育还是政策教育，在时间节点上强调的是“当前”。因此，“形势与政策”课程教学在内容上都有及时性和现实性的要求，即要具备相应的时效性。尤其是在关涉国内外重大事件、敏感问题、社会热点、难点等变幻莫测的时事问题上，教学内容的设计一定要及时有效地反映社会问题的现状，才能够客观、正确、科学地解析相关事件。

从针对性来讲，作为传达、贯彻、落实党和国家在国内外重大时事上的政策、立场、态度的主渠道、主阵地，“形势与政策”课程教学要着重向大学生阐释党的基本理论、基本路线、基本纲领和基本经验，解析党和国家的重大方针政策、重大活动和重大改革措施，并对当前国际形势与国际关系的状况、发展趋势和我国的对外政策进行分析和阐释，对大学生进行正确的原则和立场教育。因此，无论是课程的教学内容设计，还是课程教学方式、方法都要有极强的针对性，才能取得良好的教学效果。从课程教学的针对性来讲，课程教学不仅要及时反映社会事件和社会热点、难点问题的现状，更重要的是有针对性地分析某一方面或某一范围的形势，并阐明相关的政策，从而使学生在对具体形势与政策的正确认识中逐步确立马克思主义形势观和政策观。这就要求课程教学不能简单、中立地就事论事地讲述时事、转述新闻，而要全面分析时事的发生历史、发展趋势及其与相关事件的联系，针对性地阐明党和政府的立场、观点、态度，使得课程教学具有思想性与知识性相融的特点。

3. 理论性与实践性

作为思想政治理论课程体系中的重要组成部分，“形势与政策”具有与其他四门课程同样显著的理论性和实践性。

从教学内容的构成来讲，“形势与政策”课没有固定、统一而完整的教学体系，各高校都是按照教育部社科司下发的教学要点，组织实施专题教学或讲座，各个专题教学都以分析形势的方式来阐明党和国家的有关方针、政策和路线。每个专题的内容都自成体系，各专题之间的内在逻辑关系不是特别显著，以致难以形成“形势与政策”课程教学的整体性理论体系。但是，无论是宣讲党的路线、方针和政策，还是对国内外重大事件、热点问题的分析，都离不开对相关理论问题全面而充分的阐述，只有采取“以理析事”的方式，讲活、讲透和讲深相关理论，才能收到“以理服人”的教育效果，使学生真心接受教育，学习、掌握和运用马克思主义的世界观和方法论。

从教学任务和教学目标来看，“形势与政策”课的主要任务是让大学生了解国情、世情、社情和国家大政方针，认清国内外形势，以提高大学生思想政治素质和观察分析社会现象的能力，以使学生正确理解把握党和国家的政策，增强学生对党和国家的方针政策的自觉认同。2005 年 2 月《中共中央宣传部 教育部关于进一步加强和改进高等学校思想政治理论课的意见》指出“思想政治理论课教育教学所依托的学科是我国特有的一门政治性、科学性和实践性很强的学科”。从知行统一的角度看，大学生对“形势与政策”课的理论认同也需要在实践中得到强化和升华。因此，“形势与政策”课程具有较强的实践性，理论分析和思想传播需要在实践中检验和强化，并在实践中帮助学生坚定信念，站稳立场，提高贯彻执行党和国家各项路线“方针”政策的自觉性和坚定性。

四、“形势与政策”课程的理论基础

形势与政策课是高校思想政治理论课的重要组成部分，是对学生进行形势与政策教育的主渠道、主阵地，是每个学生的必修课程，在大学生思想政治教育中担负着重要使命，具有不可代替的重要作用。与其他思想政治理论课一样，高校“形势与政策”课程是以马克思主义理论为指导，具有相应的理论和学科基础。

1. 辩证唯物主义与历史唯物主义是根本的理论基础

按照 2005 年 12 月同年 12 月国务院学位委员会《关于调整增设马克思主义理论一级学科及其所属二级学科的通知》要求，明确了思想政治理论课所属马克思主义理论一级学科。作为高校思想政治教育的必修课程，“形势与政策”课程应该归属于“马克思主义理论”一级学科。由此可见，“形势与政策”课程与其他四门思想政治理论课都是以辩证唯物主义和历史唯物主义为理论基础。按照马克思辩证唯物主义和历史唯物主义的要求，“形势与政策”课程始终坚持以人类社会中各个阶级、集团、政党等各种活动主体来分析判断客观形势的基本立场、观点和方法，坚持以科学社会主义为理论旗帜的正确的科学的世界观。马克思说：“共产党人的理论原理绝不是以这个或那个世界改革家所发明或发现的思想、原则为根据的”①。在马克思主义的理论体系中，实事求是是所有理论和观点的源起，是科学的世界观的核心，也是分析和解决社会问题的关键。对此，列宁称“马克思主义的最本质的东西、马克思主义的活的灵魂”是“具体地分析具体的情况”②。因此，“形势与政策”课程教学中，无论是分析判断形势，还是剖析讲解政策，都要从客观存在的实际出发，努力排除个人的主观随意性，正确处理主观认识与客观存在的关系，使主观的认识符合客观的实际。这就必须以马克思主义唯物辩证法的认识论和历史唯物主义的历史观为根本的理论基础。

2. 人文社会科学理论是具体的理论支撑

作为宣传党的路线方针政策的主渠道、主阵地，“形势与政策”无疑是具有极强理论性的课程。各高校的“形势与政策”课程大都是以专题教学为主要方式，尽管各个专题之间的内在逻辑联系不够强，但每一个专题自身的理论体系是完整而严谨的。因为，每个专题都是以某个或某些具体理论为支撑，集中解决或解读一个热点、难点问题。在分析和解决问题的专题教学时，几乎所有问题都需要相应的理论支撑，以做到课程教学能“以理服人”，而不是强词夺理。由于国际国内形势发展涉及社会生活的方方面面，客观“形势”不仅是纷繁复杂的，而且是发展变化的。因此，人文社会科学的所有学科理论都是支撑“形势与政策”课程的理论基础。具体来讲，对“形势与政策”课程内容影响最为深刻、直接的理论借鉴和参考主要包括政治经济学理论、国际关系理论、政治学理论、军事学理论、国际法学等。

从学科门类的归属来讲，政治学、法学和国际关系学的相关理论对“形势与政策”课程的支撑性是最为显著的。早在国务院学位委员会确立“马克思主义理论”一级学科之前，思想政治教育一直是隶属于“政治学”一级学科下的二级学科，这足以说明“形势与政策”课程理论与政治学理论具有一定的同源性。此外，在“马克思主义理论”一级学科确立的前后，思想政

① 马克思主义经典著作选读[M]．北京：人民出版社，1999：279.

② 列宁选集：第 4 卷[M]．北京：人民出版社，1972：290.

治理论课一直归属于“法学”门类。由此可见，“形势与政策”的学科归属与政治学、法学的相关理论有千丝万缕的关联性。

五、学习“形势与政策”的重要意义

“形势与政策”课的主要任务是帮助大学生了解国内外重大时事，学习党和国家的路线、方针、政策。课程教学的基本目标是帮助大学生认清形势和任务，增强民族自尊心和社会责任感，提高广大学生的政治敏锐性和政策判别力。对于大学生而言，学习“形势与政策”课程至少有两方面的重要意义。

1. 学习“形势与政策”是大学生“适时务”之所需

当今世界处于飞速发展和急剧变迁的快车道，大学生不能拘泥于“两耳不闻窗外事，一心只读圣贤书”的封闭式学习，必须抛弃死读书和读死书的陈旧观念，敞开心扉拥抱多姿多彩的世界，睁开双眼看世事更替与兴衰，才能清晰认识世界局势，深刻把握中国发展脉搏，以致随时捕捉稍纵即逝的发展机遇。诚如《晏子春秋》中晏子所说：“识时务者为俊杰，通机变者为英豪。”古往今来，凡是能认清时代潮流的，聪明能干的人，都可能成为英雄豪杰。史有“识时务者为俊杰”，今有“适时务者成大业”的成功学主张。从人与社会的关系原理讲，社会历史的发展从根本上决定了个人发展的轨迹和路径，制约着个人的可选择范围，也就决定着大学生成功的概率。当今时代是高速发展的时代，国际国内形势处于日新月异、千变万化的发展之中，党和国家的方针政策也随时在改变。如果我们不具备正确认识和分析形势的能力，随时都可能落后于时代。所以作为当代大学生如何把握时代脉搏，跟随时代形势显得特别重要。

2. 学习“形势与政策”是大学生“析世事”之所需

俗话说：“洞悉世事胸襟阔，阅尽人情眼界宽。”目前，我国正处于社会转型时期和黄金发展时期，是各类矛盾叠加和凸显的关键时期，人的思想观念容易受到各类矛盾的冲击。面对复杂的形势，当代大学生难免历经矛盾与困惑。学习“形势与政策”课，不仅能有效培养大学生分析和判断社会形势发展的能力，提升大学生准确解读相关政策的水平，提高综合素质和判断能力，开阔胸襟和视野，增强政治敏锐性和明辨是非的能力，而且还能帮助大学生从国家发展和民族复兴的高度认识自己，认识自己所肩负的国家进步和民族复兴的历史责任，准确把握科学判断国际形势发展趋势的钥匙。因此，认真学习“形势与政策”课，可以帮助大学生形成科学的形势观和正确的政策观，掌握科学分析国内外形势的方式、方法，以正确理解党的路线、方针、政策，使大学生成为有追求、明事理、勤思考、善分析的有志青年。

六、学习“形势与政策”的基本要求

“形势与政策”是一门与现实社会紧密联系的课程。“形势与政策”课程契合了大学教学的传承知识、培养能力、涵养品性、助长发展这四位一体的育人功能。无论是从知识传递和知识建构的角度，还是从“教育即生活”与“学校即社会”的育人理念出发，“形势与政策”课程的学习都需要坚持实现三个结合，即实现课堂教学与课外活动相结合、理论学习与社会实践相结合、历史发展与现实分析相结合。

1. 课堂教学与课外活动相结合

“形势与政策”课程的课堂学习更多的是知识传递和知识体系建构。在“形势与政策”的教学中，大学生需要建构的知识体系既包括教师在课堂上讲授和灌输的“明示知识”，又包含学生自己在社会生活中通过潜移默化而获得的“默会知识”。例如，大学生在课堂上学习的党和国家的路线、方针和政策属于“明示知识”，而社会生活中无处不在的经济、政治、社会现实与变化，则属于“默会知识”。由于“默会知识”总是同具体的、特定的社会生活情境联系在一起，是与大学生所处的社会生活紧密相关，学生会对其形成倍加深刻、透彻的理解和认知，会在大学生的头脑中形成深刻的认知记忆。可以说，在“形势与政策”课程教学中，大学生不仅要接受和认同课堂教学传授的“明示知识”，更重要的是通过教师的明示和引导，通过“迁移学习”，学会在社会生活中去获取“默会知识”。因此，对处于新时代的大学生来讲，“形势与政策”课程的学习必须坚持课堂内学习和课堂外活动的有机结合。

2. 理论学习与社会实践相结合

在“形势与政策”课程的学习中，非常有必要领会美国实用主义教育家杜威著名教育理念：“教育即生活”“学校即社会”的深层含义。在“形势与政策”课程教学中，大学生接受并认同教学内容的方式和途径是多样而灵活的，不必拘泥于被动地接受理论灌输。但是，在多样化的学习方式中始终要坚持理论学习与社会实践的有机结合。要实现理论与实践的结合，最为关键的是带着理论问题走向社会实践，并在实践中检验和回馈理论问题。为此，可以从两方面着手：一是可以充分利用大学生的对理论学习的自主性和自觉性，以探究、商量和讨论的方法代替强制性灌输，在教师的引导下，积极自愿地投入到各类社会实践活动中，并从活动中潜移默化地获得思想启发和提升素质。二是可以结合理论教学要求，自觉走出校园、走进社区、走向社会，到广阔的农村和山区去、到最需要的基层去做社会调查，通过自己的亲身经历、亲身体验，了解社会、体察社会，从而发现和思考问题，再运用教师讲授的理论去分析和解决问题。

3. 历史分析和现实审视相结合

按照马克思辩证唯物主义的基本观点，一切物质都处在不断运动和变化之中。从人类社会的发展和演进来看，国际和国内形势都处于运动和变化的发展过程中。如同其他事物一样，“形势”的运动和发展恰恰也是历史与现实的辩证统一。现实是历史的延续，历史中有现实的影子。客观地审视“形势”的发展历史，可以冷静地由今溯古，最终达到以古鉴今、以古解今的效果。就国际国内形势而言，任何棘手的现实难点和热点问题都有可以回溯的历史，分析和总结其历史发展轨迹，可以更清晰地了解问题的来龙去脉，有助于大学生全面理解和掌握应对热点、难点问题的思路。在“形势与政策”课程的学习中，大学生需要在厘清客观形势的历史背景，才能正确分析形势的现状，科学预测客观形势的发展趋势，也才能够准确理解党和国家针对特定形势而制定的政策。因此，学习“形势与政策”必须坚持历史与现实的有机结合。一方面，通过客观“形势”的历史发展，全面而深入地理解“形势”的现状和现实的“政策”；另一方面，通过对现实的政策进行科学解析，加深对“形势”的历史背景和发展历程的全面理解，并在历史与现实的互动中多视角、多层次、全方位地认识和接受课程教学内容。

第一章 国际政治形势

国际形势可以划分为国际政治形势与国际经济形势。其中，国际政治形势是国际形势的集中反映和体现。因此，认清国际政治形势是认识国际形势的一个基本方面。

第一节 当代国际政治格局的演变

国际政治格局作为国际政治形势的核心内容，是从宏观上研究和了解国际政治形势的一个重要领域和方面。可以说，国际政治格局是国际政治形势最根本的特征和最集中的表现，是人们认识国际政治经济和国际关系发展进程及其规律的主要依据通常而言，国际政治格局是指在一定历史时期内活跃于国际舞台上的主要政治力量（主要是主权国家或国家集团）之间相互联系、相互作用形成的一种结构和状态。

当代国际政治格局的演变经历了一个复杂的演变过程。首先是第二次世界大战（简称二战）后的两极格局，它从二战结束到 20 世纪 80 年代末 90 年代初经历了两大阵营的尖锐对峙、国际政治力量的分化和改组、向多极化方向发展直到两极格局的解体这样几个阶段；接下来就是冷战后国际格局转换的过渡时期。这一时期国际政治格局多极化成为国际政治形势发展的基本趋势，并在曲折中发展。

概括地说，当代国际政治格局的演变过程就是一个两极格局向多极化方向发展的过程。

一、战后两极格局的形成和演变

战后两极格局是在二战后期雅尔塔体制的基础上奠定的，中间经历了四十多年的发展，伴随 1991 年苏联解体而退出历史舞台。正确认识这一过程，不仅是认识当代国际政治形势的基础，而且是认识当今国际政治形势的现实依据，同时也是认识中国在当代世界政治格局中的地位及其作用的基础。

根据二战后主要国际政治力量实力对比的变化，冷战结束前的国际政治格局大体上经历了四个阶段。

（一）第一阶段，两极格局的形成和全面对峙

两极格局是在雅尔塔体制的基础上逐步形成的，它以美国和苏联为中心，在欧洲形成北大西洋公约组织与华沙条约组织两大军事集团的对立，在全球则形成资本主义阵营和社会主义阵营全面对抗的格局。

雅尔塔体制，主要是指美国、苏联、英国三大国的领导人在二战后期，就如何尽快结束战争、处理战争遗留问题以及维护战后世界和平等问题，在以雅尔塔会议为主的包括德黑兰会议、波茨坦会议等国际会议上所达成的一系列谅解协议所规定的原则和机制。这些原则和机制对战后国际

政治产生了重大影响，为战后美苏两大国按照其当时政治军事的实力对比，安排并划分了各自在世界的势力范围，从而确立了主要由美苏两大国控制世界的原则和组织形式。从这一意义上讲，雅尔塔体制奠定了战后两极格局的基础。

反法西斯的二战的胜利对整个国际形势产生了极其深刻的影响。它极大地改变了国际范围内的主要力量对比关系，彻底改变了以欧洲为中心的国际政治格局。二战的第一个直接结果是除美国以外的大多数帝国主义国家遭到了沉重打击和严重削弱。法西斯国家意大利、德国和日本相继投降并丧失了在国际舞台上的平等地位；英国、法国虽然是战胜国但实力受到了极大削弱，欧洲作为国际政治中心的地位也随之丧失；唯独美国不仅没有受到损失，反而在战争中通过大力发展军事工业和其他经济部门，使其在经济、军事、科学技术等各个方面跃居世界领先地位，成为了世界上实力最为强大的国家。

二战的另外一个直接结果则是苏联的崛起。尽管在战争中苏联的国民经济遭到了严重破坏，但却发展起了强大的军事工业，在经受了严酷的战争考验之后，苏联利用自身独特的政治经济体制和从德国获得的巨额战争赔款，国民经济得到了迅速恢复和发展，其军事、政治势力越出国界，扩及东欧、远东，成为欧亚大陆唯一的军事、政治超级大国，加之苏联在反西斯战争中做出的巨大贡献，苏联由此成为享有崇高国际威望、拥有巨大实力的社会主义强国。

战后美苏两极格局的形成，是从美国推行独霸世界的全球战略开始的。由于战争期间美国实力的全面膨胀而奠定的国际地位，使得战前美国已经存在的称霸世界的野心到战争结束时极度膨胀起来，总统杜鲁门公然宣称“全世界应该采取美国的制度”，美国必须领导世界，世界必须按美国的面貌加以改造，这是历史赋予美国的不可推卸的“责任”。1943 年美国总统罗斯福曾提出了把苏联作为美国“合作”伙伴以称霸世界的构想。然而，由于战争的结束，美苏双方战时的同盟基础随之丧失，国际政治经济力量对比同时发生巨大变化，加之双方在意识形态、国家利益及其他方面存在差异，美国越来越认为强大的社会主义国家苏联是其建立世界霸权的主要障碍。继任罗斯福总统的杜鲁门政府逐步对苏采取一系列强硬政策，苏联则针锋相对，采取了反击措施，结果两国战时同盟关系最终破裂，迅速形成了以美国为首的帝国主义阵营和以苏联为首的社会主义阵营之间的尖锐对抗。

1946 年 2 月 9 日，斯大林在莫斯科发表重要演说，指出战争是“现代垄断资本主义基础上发展的必然产物”，只要资本主义存在，战争是不可避免的。斯大林的这一演说在整个西方尤其是美国引起了强烈反响，美国国务院十分重视，指示美国驻苏联大使馆参赞乔治·凯南对斯大林演说进行分析。1946 年 2 月 22 日，乔治·凯南向美国国务院发回一份长达八千字的电报，对战后苏联的理论、政策、行为动机和做法以及美国应采取的对策，提出了一整套“遏制”苏联的“冷战”政策，从而为杜鲁门政府的遏制政策提供了理论依据。凯南认为，苏联对资本主义世界“有一种传统的和本能的不安全感”，资本主义与社会主义是水火不相容的，美苏无法建立“合作”关系，“美国必须继续在政治舞台上把苏联当作是对手而不是伙伴”。凯南指出，苏联会在一切合乎时机和会有好结果的地方，做出努力来扩大苏联的势力范围。凯南提出对策说，“苏联对理智的逻辑性无动于衷，但对武力的逻辑却十分敏感”。因此，美国若拥有足够的实力并表明准备使用实力时，几乎用不着动武，便可以遏制住苏联。乔治·凯南的遏制理论对战后初期美国政府对苏战略和政策的确立和执行，产生了直接的重大影响，为杜鲁门主义提供了理论基础。

1946 年 3 月 5 日，英国前首相丘吉尔由杜鲁门陪同在美国密苏里州的富尔敦发表了题为“和平砥柱”的“铁幕演说”。他宣称：“从波罗的海边的斯德丁（什切青）到亚德里亚海边的里雅斯特，一幅横贯欧洲大陆的铁幕已经降落下来。”在“铁幕”后面的中欧和东欧国家，“无一不处在苏联的势力范围之内……而且还受到莫斯科日益增强的高压控制”。他攻击苏联将威胁欧洲和世界和平，呼吁英美合作，“建立特殊关系”，共同对付苏联的威胁。丘吉尔的“铁幕演说”，获得了杜鲁门的多次鼓掌喝彩，揭开了美国对苏“冷战”的序幕。

1946 年 9 月，杜鲁门的白宫助理白拉克·克利福德在《美国与苏联关系》的报告中正式提出对苏“冷战”和称霸世界的战略原则。1947 年 3 月，杜鲁门在国会两院联席会议上宣读了一篇咨文。他公开攻击苏联是“极权国家”，是美国的敌人，要求国会授权向希腊、土耳其提供 4 亿美元的紧急援助重建经济，抵制共产主义的“扩张”，“以抵制极权政体强加于它们的种种侵略行动”。他认为世界已划分为“自由制度”与“极权政体”两大阵营，所有国家都必须在两者之间做出选择，美国有领导“自由世界”和援助自由世界国家“复兴”的使命。杜鲁门提出的这项政策主张和思想后来被称为“杜鲁门主义”。这是美国战后对外政策的转折点，它公开打出了反苏反共的旗号，向资本主义世界发出了反苏反共的政治总动员，是对苏冷战开始的标志，同时也确立了此后对社会主义国家的基本态度和政策。杜鲁门主义是战后美国称霸世界的第一个重要步骤。

1947 年 5 月，援助希腊、土耳其的法案在参众两院获得通过后由杜鲁门签署成为法律。1947 年 6 月，美国提出对欧洲实行经济援助的“欧洲经济复兴计划”（又名“马歇尔计划”），次年得到国会批准。这一计划是美国称霸世界计划的又一重大步骤，根据这一为时四年的计划实施，美国不仅帮助战后西欧各国恢复发展了经济和稳定了政局，同时推动了西欧各国的联合，而且通过这一援助加强了美国对西欧各国经济上的控制，为整个西方内部建立巩固的政治军事联盟奠定了经济基础。

1949 年 1 月，美国总统杜鲁门在就职演说中，提出美国全球战略的四点行动计划，并着重阐述了第四点，即对亚、非、拉美不发达地区实行经济技术援助，以达到在政治上控制这些地区的目的。这就是“第四点计划”。本质上，这是一种新殖民主义政策，它是对杜鲁门主义的补充和对马歇尔计划的进一步发展。

1949 年 4 月，为了遏制苏联，维护美国在欧洲的主导地位，美国联合西欧等 12 个国家正式成立了北大西洋公约组织（简称北约），它标志着资本主义世界各国在军事上实现战略同盟，标志着以美国为首的帝国主义阵营的正式形成。50 年代初，美国又同日本、澳大利亚和新西兰等国建立了军事政治同盟，实现了对社会主义国家的全球性包围。针对美国为首的帝国主义阵营的威胁和杜鲁门政府咄咄逼人的攻势，苏联对西方国家采取了针锋相对的措施，把欧亚人民民主国家组织起来，逐步建立了以苏联为首的社会主义阵营。针对杜鲁门主义，1947 年 9 月，苏联与东欧国家建立了九国共产党和工人党情报局。情报局在其成立的宣言中指出，世界已经分裂为两大对立阵营，一个是西方的“反民主的阵营”，另一个是社会主义的“反帝国主义民主阵营”。这是苏联应对冷战形势所采取的第一个重大战略措施。针对马歇尔计划，苏联在 1947 年先后分别同保、捷、匈、波、罗签订了贸易协定，帮助东欧国家恢复和发展经济，以加强经济联系，这些被西方称之为“莫洛托夫计划”。1949 年 1 月，苏联东欧 6 国成立经济互助委员会（简称经互会），后来阿尔巴尼亚和民主德国等相继加入，这是针对西方经济封锁和贸易禁运的对应措施。经互会把社会主义国家从经济上密切联系在了一起，东欧国家的经济发展在某种程度上被纳入了苏联对外战略的轨道。与此同时，苏联与东欧社会主义国家先后缔结了多个双边友好同盟互助（合作）条约，大批苏军进驻东欧。苏联针对北约重新武装联邦德国并把它拉入北约这一行为，苏联全面实施了自己的安全计划。1955 年 5 月，为维护社会主义国家的安全，苏联和东欧社会主义国家在华沙缔结了《华沙条约》，建立了华

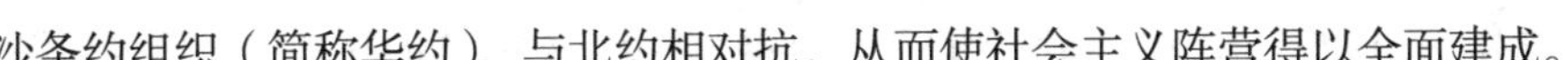

沙条约组织（简称华约），与北约相对抗，从而使社会主义阵营得以全面建成。

至此，建立在雅尔塔体制基础上，以美苏两个超级强国为中心，以欧洲为重点，亚太为侧翼，辐射全球各地的两极国际政治格局最终形成。虽然两大阵营的对峙主要是在欧洲地区，在美苏之间还存在着一些中间地带，但在当时的国际政治全球层面最重要的力量是美国为首的资本主义阵营和苏联为首的社会主义阵营，其战略目标完全相反，因此上两极格局制约了整个世界事务。从冷战开始至 20 世纪 50 年代末，国际舞台上两大阵营的对峙和斗争表现在政治、经济、军事、意识形态诸方面。在政治上，美国为首的帝国主义阵营打着反苏反共的旗号，对社会主义国家进行冷战，在全世界推行战争和侵略政策，积极支持世界各地的反动独裁政权，镇压人民革命斗争和民族民主运动。苏联为首的社会主义阵营则是高举和平民主的旗帜，团结世界上一切爱好和平的力量，同帝国主义的侵略政策、战争政策进行斗争。在经济上，美国操纵西方英法等 15 个主要资本主义国家成立“巴黎统筹委员会”，严格控制向社会主义国家出口。与此同时，苏联提出“两个平行市场”理论，经互会国家同集团外资本主义国家经济贸易往来减少到最低程度。在军事上，美苏在分别组建各自军事集团的同时展开军备竞赛，双方把任何试图突破雅尔塔体制所划分势力范围和边界现状的军事行动都视作是对自己国家利益的严重威胁。在整个 50 年代，在诸如柏林危机、朝鲜战争、越南战争中。两大阵营几乎动用了一切战略资源和力量进行了殊死的较量。

（二）第二阶段，两极格局的动荡、分化与改组

进入 20 世纪 60 年代，整个国际形势发生了深刻而且巨大的变化，世界政治格局发生了动荡、分化和改组，出现了世界政治多极化发展的苗头。

1. 第三世界崛起，强烈冲击两极格局

1945 年二战的胜利给全世界被压迫民族的解放事业开辟了更加广阔的道路，大量的殖民地半殖民地国家由此展开了民族解放运动的高潮。进入 60 年代，涌现出一大批民族独立国家，到 1969 年，亚非拉地区民族独立国家共有 104 个，整个 60 年代新独立的国家达到 69 个，接近 2/3。1961 年，不结盟运动诞生，针对两大阵营的对峙，不结盟运动明确提出了非集团、不结盟的政策，其成员超越了 1955 年万隆会议的地域界限，面向了亚、非、拉、欧等各大洲。不结盟运动在明确反帝反殖的同时，还明确提出了反对苏联的霸权主义，这些标志着不结盟运动成为了新兴民族独立国家政治上的代表。随着民族独立国家反帝反殖斗争的深入发展，1964 年在联合国第一届贸发会议上，77 个新独立国家和地区为了维护其经济权益，改变不合理的国际经济旧秩序，联合起来发表了共同宣言，被称为“七十七国集团”，成为了新兴民族独立国家在经济上的代表。至此，第三世界作为一个整体在国际舞台上成为了一支不容忽视的重要力量，在维护自身的正当权益、支持殖民地的民族解放斗争、缓和世界紧张局势以及反对新老殖民主义和霸权主义方面，起到了极大地作用。它们强烈地冲击着两极格局，只是由于实力所限，不可能立即改变两极格局。

2. 帝国主义阵营分化

20 世纪 60 年代，在帝国主义阵营内部，各国经济实力对比发生了新变化。日本和西欧经济发展迅速，与美国的实力差距日益缩小，美国经济在资本主义世界中呈现出相对衰落的态势。这使得战后以来美国对日本和西欧的政治经济控制力下降，日本和西欧的独立自主倾向加强，力图发挥自

己在国际舞台上的独立作用，以更好地维护和实现自己的利益。此后，欧共体的联合自强趋势加强；法国的“戴高乐主义”出台；联邦德国提出“新东方政策”；欧共体与非洲、加勒比海和太平洋地区的44国签订《洛美协定》；日本要求在对外关系上有更多的自主权，还要求修改50年代初签订的《日美安全保障条约》等，这些都表明在西方阵营内部分化日益明显，但并未完全破裂。60年代末70年代初出现了同盟关系之下的美、日、欧三足鼎立局面。

3. 社会主义阵营解体

社会主义阵营解体是苏联大国主义尤其是霸权主义发展的结果。二战后不久，苏联和南斯拉夫爆发冲突，苏联大国主义倾向暴露并给社会主义阵营造成了严重后果。赫鲁晓夫当政时苏联大国主义发展为霸权主义，提出“美苏合作、主宰世界”。1956年苏联出兵干涉波兰、匈牙利，导致“波兹南事件”和“匈牙利事件”的发生，上述行为使得苏联与社会主义国家间关系日益紧张。20世纪60年代初，苏联和阿尔巴尼亚关系破裂，苏中关系也急剧恶化，社会主义阵营濒临解体。伴随着1964年勃列日涅夫当政，苏联开始和美国争夺世界霸权。1968年，苏联纠集四个华沙条约成员国出兵镇压了捷克斯洛伐克自上而下的改革，并提出“有限主权论”“国际专政论”为其霸权行为辩护。1969年苏联出兵入侵中国珍宝岛，造成流血事件，之后出兵再次侵入中国新疆制造流血事件，遭到中国的反击。苏、中关系完全破裂。尽管苏联东欧集团继续存在，但其中矛盾一直存在和发展着并潜伏着，巨大的危机。

上述三个方面的变化，造成了原有两大阵营全面对峙演变为20世纪60年代末美、苏两个超级大国的争夺，世界政治格局的新变化孕育着向多极化发展的趋势。

（三）第三阶段，美、苏两个超级大国激烈争夺

这一时期涵盖了20世纪70年代初到80年代中期，国际政治格局的核心方面是两个超级大国的激烈争夺，两者互有攻守，70年代“美守苏攻”，80年代前期“美攻苏守”。

1969年尼克松就任美国总统后，针对美国面临的内外交困形势，被迫调整对外战略，实行“尼克松主义”。具体表现为：1972年签署中美《上海联合公报》，打开对华关系大门，借重中国抗衡苏联；1973年结束越南战争，平息了国内的反战运动；与盟国建立“平等”伙伴关系，借以维护出现裂痕的同盟关系，稳住美国的领导地位；对苏关系采取谈判代替对抗，竭力谋求缓和，缓解紧张关系。尼克松主义是美国为维护其霸权地位而采取的一种战略收缩政策。整个70年代，美国的历届政府基本上都奉行了这一政策。直到1981年里根就任总统，面对美国国际地位下降和国内困难局势，提出“扩军抗苏，重振国威”口号，通过加强经济军事实力扭转不利被动局面。1983年里根政府提出“战略防御计划”。在美苏争夺中，美国变守为攻，在80年代前期取得了预期进展。

20世纪70年代，苏联借助自身发展起来的军事经济实力，除了和美国在欧洲和美洲搞局部缓和外，大力在亚非地区进行扩张，与美国展开了全面的战略争夺。苏联向南亚、西亚、中东、北非渗透扩张，企图从亚洲和非洲两个侧翼包抄欧洲：支持印度肢解巴基斯坦，不仅深入渗透南亚，同时加强对中国的威胁；支持越南入侵柬埔寨和反华，力图控制东南亚，出兵太平洋；1979年苏联直接出兵阿富汗，威胁中国；1975年苏联介入安哥拉内战；1977年和1978年支持雇佣军两次入侵扎伊尔；加强向“非洲之角”渗透，控制埃塞俄比亚。到80年代初，由于其全力向外扩张，加重了自身负担，苏联经济出现停滞局面，在国际上陷入空前孤立。尤其是面对里根政府的挑战，有点自顾不暇，被迫调整政策，呼吁缓和，在美苏争夺中转攻为守。

（四）第四阶段，美苏缓和到两极格局的终结

国际政治格局从 80 年代中期到 90 年代初走过了美苏缓和直到两极格局的终结。

1985 年戈尔巴乔夫就任苏共中央总书记，面对苏联内外严峻的局面，决心调整政策进行改革。他在苏联推行并倡导所谓“人道的民主的”社会主义，照搬西方民主模式，搞政治多元化，结果引发了苏联全面的政治危机、经济危机、民族危机和社会危机。在对外方面，苏联谋求和美国缓和。从 1985 年到 1990 年的 5 年时间里，美苏共进行了 8 次首脑会晤和 46 次外长级会晤。会晤的主题是以对话和缓和代替对抗和紧张，裁减军备，政治解决地区冲突，对苏经济援助等。这些会晤的最主要成果是 1987 年签署了《美苏中导条约》，1990 年在苏联的让步下促成了《欧洲常规武装力量条约》的签署，1991 年签署了《美苏关于削减和限制进攻性战略武器条约》。此外，美苏就政治解决阿富汗、柬埔寨、安哥拉等地区冲突和东欧政治民主化问题达成了合作共识。这些缓和措施是在美国占据攻势的形势下进行的，双方各有所需，但从整体上和某种程度上有利于世界总体和平。当然，这些缓和措施得以进行的前提和基础都是在相当程度上以苏联向西方让出了东欧和苏联的权益为条件的，这一切最终使得西方里应外合搅乱了东欧和苏联，加速了苏联的解体。

东欧各国在 20 世纪 80 年达中期以来，特别是 80 年末经济形势日益恶化，造成严重的经济危机，各国共产党束手无策。美国为首的西方国家趁机强化了和平演变攻势，戈尔巴乔夫推行的“国际政治新思维”又起到了推波助澜的作用。结果在 80 年代末 90 年代初，东欧国家纷纷倒向资本主义，华沙条约组织终止活动，社会主义事业遭受重大挫折。

1991 年“8 · 19”事件后，苏联共产党被排挤出国家政权体系，各个加盟共和国纷纷宣告独立。1991 年 12 月 8 日，俄罗斯、白俄罗斯、乌克兰首脑会议后决定建立独立国家联合体，在所发表的声明中指出：苏联作为国际法的主体和地缘政治的现实将停止存在。1991 年 12 月 21 日，在阿拉木图，俄罗斯等原 11 个苏联加盟共和国领导人举行会议宣布建立独立国家联合体。1991 年 12 月 26 日，苏联最高苏维埃共和国院举行最后一次会议，宣布苏联不复存在。苏联解体标志着战后存在了 40 多年的两极国际政治格局的彻底终结，世界进入重新确立政治新格局的过渡时期。

二、转换中的国际政治格局

两极格局终结后，国际政治格局进入了新旧格局转换的时期。这一时期的国际政治形势可以概括为三个突出特点。

1. 新的国际政治格局并未立即形成

由于这次两极国际格局的终结不是战争的结果，而是在 20 世纪 80 年代以来缓和的大背景下，其中一极苏联自行消亡的结果。因此，包括美、日、西欧等发达资本主义国家、中国以及其他发展中国家在内的实力并没有发生剧烈的消长变化，所以没有立即形成新的格局。旧的两极格局结束，美国成为了唯一的超级大国，但由于在冷战时期长期与苏联争夺世界霸权，美国的实力也受到了极大的消耗，相对于其他发达国家的实力优势在削弱。美国在冷战结束后一直试图建立单极格局独霸世界，但由于自身实力限制和其他多种力量的制约，一直难以得逞。客观而言，美国也并没有自觉放弃或者说完全放弃单极格局的目标。冷战后，日本曾提出美日欧合作主宰世界，但一直没有实现。究其根源，是因为这三家缺乏坚实的合作基础，伴随着共同强敌苏联的解体，三者之间的矛盾在不断发展和上升，结果导致了旧格局结束后并未出现由西方大国主宰的单极格局或者三极格局。

放眼全球，当今国际政治中的主要力量是美国、欧盟、日本、俄罗斯和中国，即人们所谓的“一超多强”。客观分析，“一超多强”并不是一种稳定的格局，充其量是一种过渡状态。因为在这几大力量中还存在一些不确定的因素，而且“一超多强”也忽视和排除了一些新的力量发展和上升为国际重要力量的可能性，因此用“一超多强”来认定冷战后的国际新格局是不科学的。在这些不确定的因素中，俄罗斯还需要观察其发展。此外，日本也是一个很大的、很值得关注的不确定因素。冷战后一些新兴力量不断崛起，并努力使自己成为世界大国和未来多极中的一员，因此在新的国际格局中是不能也不应该排斥这种新的力量的。

旧格局被打破，新格局尚未形成，这表明国际政治形势正处于从旧向新的转换之中。

2. 大国关系的深刻调整

20 世纪 90 年代初，面对苏联突然解体所带来的这一巨大深刻变化，各国开始了一系列对外政策和对外关系的调整。90 年代后期，世界大国关系调整出现了伙伴关系化的新特点，如中俄建立“战略协作伙伴关系”，中美致力于建立“建设性战略协作伙伴关系”，中法建立了“全面伙伴关系”，中日构筑“面向 21 世纪的中日睦邻友好合作关系”，还有美俄的“和平伙伴关系”，日俄的“和平的战略伙伴关系”以及欧俄的“伙伴关系”等。2011 年，“9·11”事件后，各国关系又有新的变化，为了对付恐怖主义这一共同敌人，形成了以美国为中心的、松散的反恐联盟。

这些表明，冷战后大国关系经历了重大而深刻的变化调整，各大国都致力于建立一种面向 21 世纪的新型关系。大国关系伙伴化是国际政治进步的表现，同冷战时期相比，大国关系发生了重要变化，其突出特点是不结盟、不对抗、不针对第三国。大国之间既相互合作又相互竞争，既相互借重又相互牵制。这是对冷战时期不正常的国家关系的否定，是有利于大国关系的稳定的，对于国际政治新格局的形成有重大影响。应该看到，这种大国关系调整还是初步的，大国之间依然存在着多种分歧和矛盾，尤其是霸权主义和冷战思维依然存在并时有表现，很显然这是阻碍国际关系民主化和国际政治多极化新格局形成的主要原因。

3. 国际政治格局多极化是必然趋势

针对 1990 年苏联动荡的局势，邓小平曾经预测两极终结之后的国际政治格局将是多极的。苏联解体以后，我国正式提出了“世界格局多极化发展趋势”的论断。

当今国际政治舞台上现实存在着美、欧、日、中、俄五大已经明确的力量，再加上还在形成发展中的新的地区大国或国家集团正上升为世界性的力量，后者如印度、东南亚国家联盟。国际政治格局多极化发展是必然趋势，但其发展又不会一帆风顺。这从 1999 年美国为首的北约发动的对南联盟的战争、2001 年“9·11”事件后美国进行的反恐战争、2003 年美英对伊拉克的战争中可以清楚看到，多极化趋势存在着巨大的阻力。冷战后的国际政治格局存在着单极和多极的矛盾和斗争。

2003 年美国发动伊拉克战争以来，大国关系调整出现了新态势，集中表现为单边主义与多边主义的矛盾。美国与中、俄、法、德之间的矛盾各不相同，但这四个国家都不赞成美国借反恐之名推行单边主义。中、俄、法、德已成为大国关系中多边主义的主要倡导者和推行者，它们在牵制和抵制美国的单边主义中发挥作用，对国际政治格局多极化趋势的发展和最终形成必将起到积极的推动作用。

多极化趋势的最终实现是一个长期的过程，两极格局终结以来，多极化趋势的发展已经让人们看到了多极化格局的雏形，这是现在可以得出的结论。

第二节　当今国际政治格局发展新特点

党的十八大报告指出："当今世界正在发生深刻复杂变化，和平与发展仍然是时代主题。世界多极化、经济全球化深入发展，文化多样化、社会信息化持续推进，科技革命孕育新突破，全球合作向多层次全方位拓展，新兴市场国家和发展中国家整体实力增强，国际力量对比朝着有利于维护世界和平方向发展，保持国际形势总体稳定具备更多有利条件。""同时，世界仍然很不安宁。国际金融危机影响深远，世界经济增长不稳定不确定因素增多，全球发展不平衡加剧，霸权主义、强权政治和新干涉主义有所上升，局部动荡频繁发生，粮食安全、能源资源安全、网络安全等全球性问题更加突出。"这是对当今国际政治形势全面而深刻的论述。

世界多极化深入发展是我们党对世界格局演变趋势的一个重要政治判断。从两极格局结束以来的国际形势来看，当今国际政治格局发展呈现出以下几个新特点。

一、国际政治格局多极化趋势受到多种因素的影响

首先，经济全球化进程对国际政治格局多极化产生重要影响。20 世纪 90 年代初，两极格局的终结为经济全球化在当代的加速发展创造了政治基础。经济全球化在冷战后的迅猛发展对国际政治格局的演变有着重大的作用和影响。经济全球化作为一种客观的历史进程，为国际舞台上各种国际政治力量提供了展开活动、展示力量、进行交往的大舞台。全球化对多极化的作用和影响，首要的是全球化作为国际政治格局的经济基础具有重大意义，市场经济体制世界性地急剧扩展，使它在各国的不平衡发展、国际力量分配结构的演变和定型过程中具有基础性作用。

其次，美国的单边主义对多极化趋势的影响。进入 21 世纪，美国利用其超强力量巩固其世界领导地位的意愿不断提升，采取一系列行为谋求打破现有国际体系中不利于美国单极霸权秩序的部分，这突出表现为美国全球战略中的新帝国倾向以及国际行动中的单边主义，可以清晰地看到，这是美国霸权战略的最新表现，对国际政治格局多极化进程有着相当大的消极影响。

二、国际政治格局多极化趋势不可逆转

国际政治格局多极化是一种强大的发展趋势。它的出现不是人们主观意志的作用，也绝不是偶然因素导致，而是历史发展的必然大势。美国作为唯一的超级大国，极力谋求单极格局，但是美国心有余而力不足，无法为所欲为。多极化趋势的一个重要思想是，并非只着眼于现存的五大力量，还包括了对新兴力量出现的预测，这些新兴力量指那些可能上升为全球性国际力量的地区大国和国家集团。显然，在国际关系相互依赖日益发展的今天，单极格局的前景和稳定性必然受到各种力量的挑战，多极化格局将是历史发展的必然。

首先，从大国实力对比关系的动态发展看，美国的相对实力优势无法提供建立单极霸权的基础。其次，单极霸权是对国际政治民主化的否定，任何一个真正的潜在大国都不太可能心甘情愿地接受单极统治世界的安排。在一系列重大的国际政治问题上，特别是在多极化问题上，美国不

仅与俄罗斯、中国等国存在着难以调和的矛盾，甚至于与其欧洲盟国也多有不和，例如在维护联合国体制的权威及其国际地位上，欧美的分歧就难以弥合。再者，包括中国、俄罗斯、德国、法国等主要国家推动多极化的意志和努力坚定不移。两极格局的瓦解给世界各国尤其是上述主要大国提供了一个难得的展示自身发挥影响的历史机遇。为了在未来的世界格局中占据有利地位，大国之间的矛盾和竞争在所难免。自冷战结束到当前的国际政治发展表明，这种矛盾和竞争在全球层面上的直接表现就是“单极”和“多极”的斗争。俄、德、法、中等主要政治力量对推进国际政治多极化的努力是强大而执着的。特别值得注意的是，冷战后一些亚非拉发展中国家经济得到了迅速发展，实力有了增长，参与国际事务的积极性高涨。一些国家正在谋求联合国安理会常任理事国的席位，这无疑是反对单极格局、支持多极化趋势的重要力量。另外，联合国是保证国际政治格局多极化趋势顺利发展的重要力量和体制基础。联合国的最高国际合法性及其最广泛的国际代表性是联合国在国际政治多极化进程中发挥重大作用的基础。美国在解决特定问题时绕开联合国推行单边主义的做法证明，联合国在国际事务中的作用在加强而不是削弱。冷战结束以来的实践表明，任何国际重大问题的解决都无法离开联合国机制。美国和其他大国围绕单极化或多极化的斗争将继续不断，这种矛盾和斗争也将在联合国及其安理会机制内有所反映。安理会的权威将继续受到超级大国单边主义的挑战和冲击。实践证明，任何大国要想在国际事务中发挥持久影响，彻底绕开联合国体制是不可能的也不现实的。在此意义上，联合国及其代表的国际机制将是美国单极霸权图谋的有力制约者，是国际政治格局多极化的重要推动者。

三、国际政治格局多极化进程将是曲折的

多极化趋势不可避免，并不是说多极化很快就能实现。国际政治发展的实践证明，多极格局的形成关键在于主张多极化的力量和谋求单极霸权的力量之间的对比态势是否会形成有利于多极化力量发展的变化。客观而言，多极格局的实现将是一个非常曲折的历史进程，它取决于这两种对立力量在物质、精神因素等方面的发展势头和潜力后劲。

两极格局终结以来的国际形势基本上是总体和平、局部战争，总体缓和、局部紧张，总体稳定、局部动荡。通过对国际政治形势总的分析，可以确定未来相当长的时间内，这种基本态势不会改变。大国关系将继续呈现出一些新特点：政治上，大国间尽管仍然存在着各种分歧和利益冲突，但已经不是冷战时期那种全面对抗的性质，各国在不同程度上尽量避免采取对抗性政策；经济上，各大国之间的经济联系在全球化的局面下更趋密切，相互依赖，共同利益领域增多扩大。

国际政治格局的变化，归根结底取决于国际舞台上各种力量对比的变化。21世纪，各种力量都将其视为自己难得的发展机遇期，各大国都在竭尽全力发展自己，积淀力量，力图在国际格局的发展变化中占据有利地位。然而，实力的发展和积淀是一个长期的、螺旋式的渐进过程。只有客观、准确地估计力量对比的变化趋势，才能比较科学地预测国际格局的发展趋势；只有科学、如实地估量了自己的相对实力，才能准确地找到自己在国际格局中的位置。

由于各种力量在变化，各自的国家利益在扩展，各国的外交政策也随之调整，各种力量之间的关系在一定时期也会有新变化，会出现一些新矛盾。这些矛盾如果及时得到解决，世界局势就会继续正常发展；如果因为不能及时解决而激化，世界局势就可能出现紧张局面，甚至出现局部冲突和局部战争。二战后50多年的世界形势就是这么发展的，21世纪也会如此。

第二章　国际经济形势

国际形势的另一个重要且基础的方面是国际经济形势，通过了解国际经济形势，可以深层次地理解和把握国际形势的根本走向和趋势。通过对世界经济的研究和了解可以把握国际经济形势的全貌。

第一节　战后世界经济格局的演变

世界经济，是世界各国经济在相互联系中形成的全球范围内的有机整体。二战后，世界经济进入了一个迅猛发展的新时期，特别是冷战后，随着科技革命向纵深发展，包括生产力的发展、经济体制的改革和国际经济关系的变化，都发生了重大突破。在二战结束后的 60 多年时间里，世界各大国或大国集团之间的经济实力此消彼长，由此构成了支配世界经济的权力分配状况也相应变动，经历了从一国独霸到多种力量并存竞争的演变过程。21 世纪，经济全球化浪潮推动世界经济向着市场化、集团化、信息化、自由化继续深化。

世界经济格局作为对世界经济的一个高度概括，是认识国际经济形势尤其是世界经济整体的一个基本范畴。世界经济格局是指一定历史时期活跃于世界经济领域并充当主角的国家以及世界经济组织之间相互关系的一种结构和状态。世界经济格局一经形成，它必将影响和制约世界经济主角以及整个世界经济的发展。一定的世界经济格局总是和一定历史时期的世界经济关系相联系。二战结束以来，世界经济格局经历了从美国独霸世界经济各大领域到世界经济多极化几个主要阶段。

一、战后初期美国独霸世界经济各大领域

经过二战，资本主义国家中的英、法两个战胜国经济实力大为削弱，它们在世界经济、政治中的地位急剧下降。德国、意大利、日本这些国家沦为战败国，其国土被盟军占领，殖民地、海外市场及其投资丧失殆尽，国内经济百废待举。唯有美国的经济在战争中极大地膨胀起来，经济实力在战后初期的世界经济中占有绝对优势，在工业生产、国际贸易及金融等方面确立了自己的压倒性优势。在 1948 年，美国的工业生产总值占整个资本主义世界的 56.6%，出口贸易占 32.5%，黄金储备占 74.6%，并成为世界上最大的资本输出国。基于这一巨大的经济实力和优势，战后初期，美国先后通过建立美元为中心的国际货币体系和基于贸易自由化原则的国际贸易体系关贸总协定，通过实施“马歇尔计划”、建立巴黎统筹委员会、对日本的经济援助等一系列战略安排和相应对外政策，实现了对欧洲、日本的经济控制。通过上述步骤，资本主义经济集团在战后初期逐步形成，美国在此过程中确立了自己在资本主义世界中的霸主地位，建立了有利于自己对外扩张的国际经济秩序，为资本主义世界创造了一个相对统一和稳定的国际经济秩序，客观上为各国的经济发展提供了较良好的国际环境。

美国一手建立的以美元为中心的国际货币制度，实行了货币的自由兑换，关贸总协定则促使各国降低了关税，对非关税壁垒进行了限制。这种情况结束了战前国际经济领域里分裂混乱

的状态，推动了贸易自由化和货币资本在国际间的自由流动，使国际经济关系的正常发展具备了重要条件。战后第三次科技革命、国家垄断资本主义对社会生活的加强干预、廉价的能源及其他原料供应，在上述因素的综合作用下，各国经济迎来了五六十年代高速增长的“黄金时代”，其持续时间之长，范围之广，增速之快在世界经济史上前所未有。这一时期，西欧各国和日本的经济都已恢复和超过战前水平，但经济实力仍与美国有很大差距，美国称霸世界经济各大领域的局面一直延续到20世纪60年代。

二、20世纪70年代后世界经济向多极化方向转变

进入20世纪70年代，世界经济的发展发生了巨大的转折，发达资本主义国家经济高速增长的阶段结束了，随之而来的是经济发展的“滞胀”，资本主义国家都陷入了经济增长缓慢、通货膨胀严重的困境。在资本主义世界里，美国、日本、西欧三足鼎立的局面逐渐明显，它们之间的各种矛盾开始增加。受此影响，发展中国家在 70 年代后半期经济增长速度也开始放慢。苏联则由于深陷于争夺世界霸权的斗争中，加之原有经济体制弊端日益暴露，社会主义国家的经济增长速度也整体大幅度放慢。

造成这一时期世界经济巨大转折的主要原因在于以下几个方面：

首先，战后确立的布雷顿国际金融体系瓦解。50年代后期开始，由于美国国际收支状况不断恶化，黄金储备急剧下降，美元的国际信用发生动摇，引发了多次抛售美元抢购黄金的巨大浪潮，爆发了多次美元危机。美国政府被迫于1971年和1973年宣布美元贬值，各西方国家货币与美元的关系由固定汇率制转为浮动汇率制，马克、日元与美元一起成为了国际货币。这标志着战后的布雷顿国际金融体系瓦解，这一体系瓦解之后一时又无法建立一个新的、相对稳定和统一的体系来替代它。在生产和资本国际化程度不断提高的现代经济中，国际金融的剧烈变化，致使各国经济发展的国际环境趋于恶化，各国经济发展遇到越来越大的困难。

其次，发展中国家在经济领域里反对国际经济旧秩序的斗争，使得发达资本主义国家廉价稳定的能源和原料来源受到了冲击。发展中国家在包括原料生产和出口领域里的斗争，使发展中国家的贸易条件一度有所改善。上述斗争必然对各国尤其是发达资本主义国家的经济形成巨大的冲击。

再次，发达资本主义国家国内经济条件的变化。由于战后发达资本主义国家长期推行刺激经济增长的凯恩斯主义经济政策，到 70 年代这一政策带来日益增大的消极作用，不仅带来了连年庞大的财政赤字，巨额的货币供应和日益增加的公私债务，引起日益严重的通货膨胀，再加上包括石油在内的能源价格大幅度提价致使生产成本上升，各发达资本主义国家的物价涨幅急剧上升。

由于以上因素的综合作用，发达资本主义国家经济在进入70年代后逐渐陷入经济增长缓慢、通货膨胀严重的困境。70年代资本主义世界发生了两次严重的经济危机。由于发展中国家与发达国家有着密切的经济关系，发达国家的经济停滞及其危机必然会对发展中国家产生不利的影响。到了70年代后半期，发展中国家经济增长速度相对于70年代前半期明显下降。这一时期，由于苏联为了争霸世界，军费开支日益庞大，逐渐成为了经济发展的沉重负担，加上其经济管理体制弊端日益突出，其经济增长速度下降到大约只有 50 年代的一半。东欧等其他社会主义国家由于受苏联经济增速放慢的影响，70年代后半期东欧社会主义国家平均经济增长率下降到只有1.9%。中国经济受到“文化大革命”的影响，出现了大幅度滑坡。

世界经济在80年代进入了一个低速发展和激烈动荡的新阶段。直到1982年年底，各资本主

义国家才陆续从 1979 年的经济危机中走出来。80 年代后半期，世界市场每年都有价格大波动的事件发生，使得世界经济发展极不稳定。80 年代是发展中国家经济不断恶化的 10 年，期间除了东亚和东南亚以下国家和地区的经济保持较强经济增长外，其他地区的经济发展都大幅下降。拉美国际经济年均经济增长率只有 1%，非洲大陆只有 1.4%，远远低于其人口的增长，而它们的人均国民生产总值则分别下降了 10%和 25%。苏联、东欧社会主义国家的经济增长速度进一步下降，到 80 年代末进入严重停滞的状态。

上述各类国家经济发展速度在 80 年代均有下降，但其下降原因与后果完全不同。发达国家经济发展速度下降的原因主要是由于经济理论和经济政策调整所致。经过这次调整，发达资本主义国家转变了经济发展模式，由过去追求总量和速度转向了提高产品质量和经济效益，所以它们的经济低速增长有积极意义，实现了低通货膨胀下的低速增长的目标。相反，发展中国家和苏联、东欧国家经济增长速度的下降，更多的是深受不利的国际国内环境的影响，其后果是消极的。结果在不到 10 年的时间内，最不发达国家由原来的 31 个增长到 42 个，苏联、东欧则出现了全面的危机，直至剧变解体。

在 20 世纪 70 年代和 80 年代的世界经济动荡和调整过程中，世界经济格局逐步向多极化方向转变。70 年代初，西欧和日本经济实力极大增强，成为了能够与美国抗衡的新的世界经济中心。一些新兴工业化国家和地区的出现，使世界经济舞台上增添了新的角色，推动了世界经济向多极化发展。这种经济的多极化，就西方内部而言，是对美国世界经济霸权的否定，表现为美国、日本、西欧三足鼎立的局面形成。美国曾经拥有的资本主义世界经济霸主的地位受到了来自西欧和日本强有力的挑战，一国独霸的局面开始向三方竞争的局面过渡。总体上看，在 70 到 80 年代，美国日趋处于削弱的不利地位，西欧、日本显出咄咄逼人的上升势头。特别是西欧，作为一个整体，它在经济领域的不少方面已经超过了美国，到了 80 年代，美、日、欧在经济上三足鼎立的局面日益深化。西欧和日本成了美国强有力的竞争对手。

在推进世界经济多极化的过程中，引人瞩目的还有第三世界的一些新兴工业化国家和地区。它们的经济发展在工业化方面取得决定性进展，其发展程度处于从发展中国家向发达国家过渡的阶段。这些地区有“亚洲四小龙”，还有拉丁美洲的巴西、阿根廷、墨西哥、智利等国。这些国家和地区的经济发展是促进世界经济朝着多极化发展的新生力量，具有重要意义。此外，中国从 70 年代末开始增长迅速的经济也使得整个东亚地区的经济保持高速增长的势头。

三、20 世纪 90 年代世界经济集团化趋势加强

冷战结束后，经济因素在国际政治中的作用空前突出。为了在竞争激烈的世界经济中占据优势，世界范围之内不同类型的国家一方面普遍在内部进行经济调整和改革，另一方面通过加强与周边国家的合作交流，通过联合取得集团优势增强自身实力。区域集团化成为 20 世纪 90 年代后世界经济发展显著的发展趋势。美、欧、日三大经济中心的竞争与较量愈发复杂激烈，它们的斗争直接推动了西欧、北美、亚太三大区域组织的发展，形成了三大区域组织相互依赖、矛盾斗争的局面。

欧洲联盟，前身欧共体，是当前世界上最完备、效率最高的区域化集团，最具有超国家实体色彩。进入 90 年代后，欧洲经历了一系列事件，如德国统一、苏联解体、东欧剧变、马斯特里赫特会议、波黑内战、科索沃战争等，欧洲联盟在这些事件中显示了作为欧洲核心力量的强大地位。1993 年，欧洲统一大市场正式启动，成为了经济集团化的最高层次。1995 年开始，欧盟确

定了实施单一货币“欧元”的具体时间表。1998年，欧盟确定了首批欧元区的国家。同年，欧洲中央银行成立，并确定了欧元区各成员国货币的汇率。1999年欧元如期启动，2002年，欧元正式进入了12个成员国的流通领域，这成为了70年代布雷顿森林体系崩溃以来的国际货币体系最重大的变革，对国际金融和世界经济产生了重大影响。2007年，欧盟形成了横跨欧洲27国，人口达到4.9亿，国内生产总值超过14万亿美元的经济共同体。

北美自由贸易区是由美国、加拿大、墨西哥三国组成的统一大市场。1994年北美资自由贸易协定正式生效，根据协定美国、加拿大和墨西哥将逐步取消货物与服务进出口关税及投资障碍。客观而言，三国经济实力悬殊，美国在其中居于绝对的领导地位，加拿大和墨西哥严重依赖美国。但这种不同经济发展水平的国家的区域集团化同欧洲联盟相比，具有重要意义。它是美国实现“美洲倡议”新战略的第一步。根据美国的计划，美国要以自己为核心，建立一个北起阿拉斯加、南到阿根廷的全美洲的区域经济集团。

冷战结束后，东亚经济非常活跃，面对来自北美自由贸易区和欧盟所表现出来的排他性，东亚地区迫切需要加强地区经济合作。1989年首次亚太经济合作部长会议召开，亚太地区有组织的经济合作正式起步。1993年，正式启用亚太经济合作组织的名称，并确定了每年举行一次领导人非正式会晤。这些年来，亚太经济合作组织在协调亚太经济关系方面取得进展，形成了独具特色的“亚太经合组织方式”。它不同于欧盟那样的排他性、体制完备的经济集团，而是一个具有广泛经济协商功能的“大家庭”式机构，它通过采取共同参与、自主自愿、协商一致和承诺机制来推动成员国合作。目前，该组织共有21个成员，分布区域极为广泛，成员中既有资本主义国家，又有社会主义国家；既有美国、中国这样的大国，又有新加坡、文莱这样的小国。这种成分复杂、经济发展状况差异较大的成员状况，决定了亚太经合组织在迈向一体化的道路上只能在承认多样性和灵活性的基础上循序渐进。90年代中期后，亚太经合组织对协调成员国利益、促进地区和全球经济发展发挥了积极作用，自身的实力也得到壮大，已经成为了亚太地区乃至世界上最重要的区域组织之一。

除了上述三个区域集团化组织取得长足进展外，还有众多的区域一体化组织遍及世界各地，较为重要的有东南亚国家联盟和南方共同市场。

四、21世纪以来世界经济的调整与秩序重建

进入新世纪以后，随着经济全球化浪潮的冲击，世界经济在整体上保持了强劲增长的同时，经历了格局、结构等各个领域的深刻变化，繁荣与危机并存。新兴国家为代表发展中国家经济获得了显著增长，逐步改变了与发达国家的力量对比。

世界经济是在衰退中进入21世纪的。2001年，世界经济经历了突然、短暂的衰退，随后回升。2003到2006年，是20世纪70年代后世界经济增长最为强劲的4年。然而，世界经济失衡的危险已经显现，油价高涨、房地产泡沫化、美元汇率波动，使世界经济面临的风险加大。2007年，随着美国爆发次贷危机迅速蔓延全球，世界经济被拖入衰退之中。在经济全球化大背景下，此次危机冲击力强、涉及范围广，成为了1929年经济大萧条以来最大的社会经济动荡。全球主要经济体无不受到程度不同的打击。2008年世界经济明显减速，直到2009年下半年全球经济才逐步回暖。然而，2010年，欧洲债务危机爆发，这次危机导致了主要发达国家经济复苏放缓，同时也是世界经济陷入了严重的衰退，对战后以来的世界经济秩序和治理结构提出了严峻挑战。

新世纪以来发端于美国的经济危机充分暴露了现行国际金融体系的严重缺陷。战后美国凭借超

级经济实力和美元作为国际货币的霸主地位，主导了整个世界经济。此次危机中，美国经济的制度漏洞暴露无遗。因此，改革国际金融体制，构建新的国际经济秩序，避免类似危机的再度爆发，成为世界各国的共识。2008 年后，二十国集团召开了多次金融峰会，确定了改革国际金融体系的原则，包括加强国际合作、促进金融市场诚信、加强透明度和问责等。但美国绝不会轻易放弃经济霸主的地位，二十国集团内部也存在着博弈，在金融危机肆虐的大背景下，各国必须共同捍卫世界经济的稳定，秩序的改革与重建是大势所趋。

作为一个转折点，2008 年的全球金融危机给世界经济带来了机遇和挑战，当前世界经济秩序的转变依然处于初级阶段。

第二节　当今世界经济主要特点和趋势

世界经济是一个由主权国家、区域性经济集团、跨国公司、贸易与金融机构等相互联系、相互制约形成的有机整体。世界经济通过国际分工、国际贸易、国际金融、国际投资等纽带建立起来的各种经济关系，构成了世界经济体系的主要内容，推动着世界经济的运行。冷战结束后，世界经济的变化是深刻和广泛的，出现了一些新特点和新的发展趋势。

一、经济全球化浪潮席卷全球

20 世纪 90 年代以来，世界经济发展最明显的一个趋势就是经济全球化，它是世界范围内生产力发展的客观结果。经济全球化一般是指由于生产、贸易、投资、金融等经济行为超越一国领土界限的大规模活动，各国经济相互交织、相互融合、相互依赖、相互渗透的一种经济状态，是生产要素在全球范围内广泛流动，从而实现资源最佳配置的过程。作为一个具有特定内涵的经济现象和过程，经济全球化不仅是二战后经济国际化发展的自然结果，更是以信息技术为标志的现代科技迅猛发展的产物。进入 20 世纪 90 年代以来，经济全球化加速发展，成为了国际社会不可逆转的一个事实。90 年代以来经济全球化的具体表现主要有，市场经济体制席卷全球，囊括了所有发达国家和发展中国家；国际分工发展为水平型分工为主，使得各国的生产在某种程度上成为了世界生产的一部分；世界贸易迅猛增长，国际多边贸易体制形成；国际资本流动加速，全球性投资规范开始形成，各国金融融合进程加速；跨国公司迅猛发展，并对世界经济影响日益加深。这其中，经济全球化加速发展的动力主要源于以下几个方面：

第一，经济全球化的根本推动力是科学技术的发展。冷战结束后，新科技革命掀起了新的高潮，世界各国开始把国际竞争的重点从军备竞争转向了经济领域，许多冷战时期的军工技术逐渐向民用领域转化，使得国际科技合作交流进入空前繁荣活跃的阶段。尤其是信息技术的突破，互联网的迅速延伸和发展，为经济全球化加速发展提供了物质条件和手段。

第二，全球性世界市场的形成为经济全球化快速发展提供了基本条件。冷战后，市场经济体制在全球范围内取代了中央集权的计划经济体制，一个真正意义上的世界市场开始形成。同时，各类不同国家之间的经济联系和交往也在加强，相互之间不断扩大开放和加深融合，单个国家经济的发展日益与整个世界经济的变动相互影响和制约。

第三，全球性问题制约并影响着全人类的共同发展和生存，客观上要求各国共同努力，同时也强化着经济全球化的趋势。

经济全球化是一场深刻的历史变革，它对促进全球经济的发展和生产力水平的提高具有巨大的推动作用。在这一背景之下，世界各国的经济资源得以在全球范围内有效配置，发达国家的资金、技术、管理经验和发展中国家的资源、廉价劳动力和广阔市场能够实现最优组合，是各国有可能在世界经济中实现优势互补，促进共同发展。

由于发达国家在经济全球化中占据主导地位，它们掌握了世界最先进的生产力、大量的资本和高新科学技术，并在全球分工体系中处于优势地位，因此发达国家是经济全球化的最大受益者。对于发展中国家而言，经济全球化是一把“双刃剑”。一方面，发展中国家有机会吸取更多的外资、技术和管理经验，进行经济调整与改革，从而提高制造业和工业的国际竞争力。一部分具有潜力的发展中国家由此可获得“后发优势”，能够在经济实力上赶上甚至超过某些发达国家。另一方面，经济全球化加剧了发展中国家的竞争压力和经济风险，总体上，发展中国家在与发达国家的竞争中处于不利地位。特别是强权政治和霸权主义仍然以各种形式作祟，对发展中国家的安全和主权造成新的冲击和挑战，影响经济全球化进程的平稳发展。事实上，经济全球化已经把世界各国联系在了一起，世界经济的持续健康和共同发展客观上需要各个国家都成为经济全球化的受益者。发展中国家如果不能在经济全球化进程中获得充分发展，发达国家的经济繁荣也终将受到影响。所以，世界各国应该加强经济技术的交流，努力改变不公正、不合理的国际经济旧秩序，重视并帮助发展中国家形成和提高自我发展的能力，为发展中国家创造良好的外部环境，使经济全球化达到共赢和共存的目的。

二、科技革命对世界经济影响日益加深

世界经济发展的历史上，科学技术的每一次重大突破，都引起了生产力的深刻变化，带来了人类社会的巨大进步。二战后，以原子能、电子计算机为核心，合成材料、宇航技术相继出现，人类迎来了第三次科技革命，这次科技革命成为了推动半个世纪世界经济增长的基本因素。进入70年代，第三次科技革命掀起了新的高潮，它以信息技术、生物工程、新能源、新材料为主要内容，大规模地向多层次的应用领域推进，对世界经济和国际关系产生了深刻的影响。

20世纪90年代，随着新科技革命的发展特别是信息技术的广泛应用，美国率先打出“新经济”的旗帜，并创造了连续125个月持续经济增长的记录。同时引发了日本、欧洲等发达国家和一些发展中国家效仿美国，制定自己新经济发展的战略规划。

“新经济”也被人们称为“知识经济”，它是与传统的农业经济、工业经济相对应的概念，是由信息技术和当代其他高科技驱动，以人力资源为依托，以知识和信息的生产、加工、分配、使用为基础的可持续发展的新型经济形态。相对于传统经济，“新经济”的经济活动中心由物质生产转向知识生产，知识本身成为生产中的首要因素，知识、智力等无形资产的投入起到决定性作用。

相对于传统经济，“新经济”具有以下优势，它引导以信息技术、生物技术、新能源为代表的高技术不断产业化并成为第一支柱产业，同时向传统产业注入新技术，使传统产业建立在科技进步的新基础之上，从而使整个产业结构高级化；经济活动日益数字化和网络化，知识的生产、流通、使用通过计算机和网络技术得以实现，加速了先进科技的扩散和更新换代，促进整个世界经济的增长；改变了资源配置的方式，现有资源利用更为合理、高效，也使得新资源开发成为可能，自然环境和生态环境承受的压力破坏相对减轻，可实现经济的可持续发展；以全球市场为导向，资本、商品、劳务、生产、管理、信息、技术都是跨国界流动，国与国之间，企业与企业之间的经济贸易、

技术联系与合作得到了加强，同时竞争也趋于激烈。“新经济”的核心技术是信息技术，互联网带动的现代金融与电子商务进一步加剧了国际竞争，加速了经济全球化进程。作为一种以智力资源为依托，以高新技术为主要支柱的新型经济形态，它代表了 21 世纪世界经济的发展方向。

三、世界经济主体间相互竞争相互协调

到目前为止，主权国家依然是世界经济运行的基本行为体。全世界的主权国家，按社会制度可以划分为社会主义国家和资本主义国家，按经济发展水平可以划分为发达国家和发展中国家。

冷战时期，社会主义国家和资本主义国家的经济往来相当有限，双方的经济竞争是在极度对立的意识形态和美苏争霸的背景下展开的。苏联解体、东欧剧变之后，社会主义事业陷入低潮，但是两种社会制度在经济领域的斗争依然长期存在。发达国家与发展中国家的经济竞争中，由于发达国家经济已经达到相当高的水平，在相当长的时间内它们仍将在世界经济中占据绝对优势。发展中国家经历了战后数十年的努力，经济上取得了一定的成就，但其内部已经分化为不同的层次。上述这些不同制度、不同水平的国家都是世界经济的主体，它们之间经济实力的消长关系构成了变化的世界经济基础，决定着世界发展的方向。

与此同时，包括国际经济组织、跨国公司在内的非国家行为体在当今世界经济中的地位日益显著。其中，跨国公司扮演了越来越重要的角色，成为世界经济全球化的重要推进器。冷战结束后，跨国公司数量激增，规模膨胀，加速了生产和资本的全球化，促进了全球资源配置的优化组合，同时加快了高新技术的国际性转移，以其强大的经济优势在一定程度上削弱了主权国家的影响力。

经济全球化在不断推进的同时，世界经济领域的竞争日趋激烈。基于不同的国家利益和经济发展目标，不同的经济制度和经济发展水平，世界各国围绕经济发展展开了实力较量。2008 年金融危机虽然重创了美国，但美国通过转嫁危机的办法最大限度地减少了损失，迄今为止美国依然是世界上最大的国家经济体，是带动世界经济的主要动力。欧盟多年来致力于通过深化一体化增强竞争力，在金融危机的冲击下，欧元区成员国经济差异明显，受债务危机拖累，实现经济稳定和平衡发展尚需时日。日本经济自从 90 年代以来持续衰退，但规模依然可观，仍然拥有坚实的基础，亚洲新兴经济体进口的不断增长加快了日本经济复苏的步伐。中国、印度、巴西、俄罗斯等新兴经济体持续强劲增长，对世界经济增长的贡献越来越大。尽管发展中国家经济面临国际经济环境中保护主义上升、通货膨胀压力增大的风险，但总体上发展中国家经济增长速度超过发达国家，南南之间区域合作加快，南北之间对话加强，开始涌现出一批极具潜力的经济增长点。

各经济体在激烈竞争的同时，也加强了彼此的协调。由于经济全球化把各国、各地区经济联成了一体，任何国家的经济状况都无法脱离世界经济的整体运行，世界经济的任何波动和变化，都会通过生产、贸易、金融、投资、消费迅速波及它国。因此，为了避免各个力量之间矛盾和竞争发展到激烈对抗的地步，避免由于一国的经济危机或政策失误而对它国产生不利影响，加强协调与合作成为了世界各国的共同要求。世界经济中目前的协调机制既包括了全球性、地区性或者专业性的国际经济组织等多边机构代表的各种会议、仲裁机制，也包括由各国政府直接派代表举行的两国或数国之间定期或者不定期的贸易谈判或会晤协商制度等。通过这些渠道和方式，各国政府调整各自的货币政策、财政政策、外贸政策、关税政策等，以达到协调的目的。2008 年以来，为应对金融危机和经济衰退，世界主要经济体加强协调，二十国集团升级为国际经济合作的主要论坛，这是世界经济迄今为止发达国家与发展中国家围绕全球经济开展合作的最重要的一个创举。

第三章　中美关系新走向

第一节　中美关系现状

中美关系，既是大国之间的关系，也是世界关系格局中的重要关系。从美国方面来说，中华人民共和国成立以来，美国经过 20 年对新中国的孤立政策，逐渐意识到对华政策的失败，而 20 世纪五六十年代美苏争霸中，美国处于劣势，不得不考虑改善中美关系。从中国方面来说，20 世界 50 年代末以后的一段时期中苏关系恶化，苏联驻兵中苏边境对中国国家安全构成威胁，因而也有改善中美外交关系的要求。从国际关系来说，中华人民共和国成立以来，在国际事务中发挥着越来越重要的作用，尤其是对第三世界国家，同时中国恢复了在联合国的合法席位，国际地位也日益重要。中美关系的缓和与两国建交，不仅是中美两国人民的共同愿望，也是世界和平发展的共同需要。

一、中美建交和三个联合公报

1979 年 1 月 1 日,《中美建交公报》正式生效，中美两国正式建立大使级外交关系，美国宣布断绝同台湾的所谓“外交关系”，标志着中美关系走向正常化。

中美三个联合公报，是中美关系发展的指导性文件，包括：

（1）《上海公报》。1972 年 2 月 28 日，中美正式发表谋求两国关系正常化的联合公报。联合公报是美国总统尼克松 2 月 21 日至 28 日访问中国期间，同中国领导人多次会谈后，于 27 日在上海达成协议后形成的，故又称《上海公报》。联合公报的发表使两国间中断 20 多年的交往得到恢复。公报中，双方回顾了经历着重大变化和巨大动荡的国际形势，阐明了各自的立场和态度，并确定了共同的基本原则。中美两国一致认为，各国不论社会制度如何，都应根据“互相尊重主权和领土完整、互不侵犯、互不干涉内政、平等互利、和平共处”的原则来处理国与国之间的关系。国际争端应在此基础上予以解决，而不是诉诸武力和武力威胁。

（2）《中美建交公报》。1978 年 12 月 16 日，中美两国发表了《中华人民共和国和美利坚合众国关于建立外交关系的联合公报》，即《中美建交公报》。中美两国决定自 1979 年 1 月 1 日起互相承认并建立外交关系，美国宣布断绝同台湾的所谓“外交关系”，并于年内撤走驻台美军，终止美台《共同防御条约》，即同台湾断交、撤出军队和设施、废除美蒋条约”。在公报中，美国承认“中华人民共和国是中国的唯一合法政府”，“只有一个中国，台湾是中国的一部分”，“在此范围内，美国人民将同台湾人民保持文化、商务和其他非官方关系”。公报重申《上海公报》中双方一致同意的各项原则，并决定 1979 年 3 月 1 日互派大使并建立大使馆。

（3）《八一七公报》。1982 年 8 月 17 日，中美两国政府就分步骤直到最后彻底解决美国向台湾出售武器问题发表了联合公报，即《八一七公报》。双方重申了《上海公报》和《中美建交公报》所确立的指导中美关系的根本原则。对美国向台湾出售武器问题，中国的立场是：美向台出售武器是侵犯中国主权的行为，中国坚决反对；同时考虑到历史的因素，从实际出发，同意美国在切实尊重中国主权的前提下，逐步减少直至最后终止向台湾出售武器。美国方面做出三点承诺：美向台出售武器在性能和数量上不超过美中建交后近几年的水平；美国准备逐步减少对台的武器出售；经过一段时间使这个问题得到最终解决。

中美建交，究其历史意义而言，一是结束了中美长期的对峙，开始了两国关系的新阶段；二是提高了中美两国的战略地位，改变了国际战略格局，对亚太地区的和平与稳定有重大意义；三是有利于中美两国的经济、贸易、科技、文化、金融等各方面的交流与发展；四是中国处于美苏之间的关键性制衡地位，使中国战略地位空前提高。

二、中美关系的发展进程

1949 年中华人民共和国成立，中美关系随即进入全面对抗时期。1971 年中美双方以“乒乓外交”，拉开了两国建交的序幕。1979 年邓小平访问美国，中美两国开始实质意义上的双边交往关系。

从 1949 年至今，中美关系大致经历了五个发展阶段。

1. 第一阶段：战略对抗阶段

这一阶段历经 1949 年新中国成立到 1972 年，中美关系笼罩在冷战的阴影下。中美两国战略对抗的标志性事件是 1950 年爆发的朝鲜战争和 60 年代美国卷入越南战争。1949 年 10 月 1 日，新中国成立，美国对中国实施封锁、遏制，迫使新中国奉行一边倒的外交政策。1950 年 2 月，中国与苏联签订《中苏友好同盟互助条约》。1950 年 6 月 25 日，朝鲜战争爆发。随即，美国第 7 舰队进驻中国台湾。从 1950 年 10 月 19 日至 1953 年夏，中美双方在朝鲜半岛大打出手。1964 至 1973 年，美国又出兵越南，企图从西南威胁中国的领土安全。中国被迫进行抗美援越。在中美战略对抗阶段，中国一边倒向苏联社会主义阵营抗击美国，而美国则对中国进行封锁、包围和直接干涉，中美关系经历了残酷的“热战”和尖锐的“冷战”，中美关系成为全面对抗的敌对关系。

2. 第二个阶段：战略合作阶段

1970 年，中美恢复大使级会谈。1972 年 2 月 21 日，美国总统尼克松正式访华。2 月 28 日，中美两国发表了指导两国关系的《中美联合公报》，中美交往的大门终于被打开。在这一阶段，中美三个联合公报的发表是双边关系发展进程中的标志性文件。美国在完成同台湾“断交、废约、撤军”和与中华人民共和国正式建交后，基本上遵守了三个公报的原则和精神，使中美关系保持正常、良性发展势头，中美双方是战略合作的准伙伴和朋友关系。

3. 第三个阶段：动荡中发展阶段

从 1989 年到 2001 年，中美关系在动荡中不断发展。在此期间中美关系先后遭遇六次危机。第一次危机是从 1989 年中国发生“六四”政治风波之后，美国对中国实施全面制裁；第二次危机发生在 1993 年，克林顿接替老布什当选为美国总统，表示一定要对中国施压，对中国采取贸易壁垒政策，将美国与中国的贸易往来与人权挂钩；第三次危机是 1993 年发生的“银河号事件”，美国认为中国向伊朗出售威胁性武器，而且在公海上进行拦截检查，这对两国关系造成了很大伤害；第四次危机是 1995 年李登辉访美，美国派两艘航母到台湾海峡；第五次危机是 1999

年美国轰炸中国驻南斯拉夫大使馆，中美关系遭遇严重伤害；第六次危机是 2001 年小布什上台后不仅采取强硬的对华贸易政策，继而在中国南海上空明目张胆地对华实施了“撞机”。撞机事件之后小布什在电视上公开表示要武力协助台湾，而且宣布大规模对台出售武器。

在这个阶段，一方面中美政治关系起伏不定，另一方面中美关系在经济关系上则有较大的突破。1991 年苏联解体后，中美之间日益紧密的经贸关系成了两国关系的基础。到了 2001 年，中美两国的年贸易额达到近 800 亿美元，美国直接对华投资累计达 500 亿美元。至此经贸关系称为是中美两国关系的“压舱石”。尤其中国于 2001 年年底正式加入世界贸易组织，为两国经贸关系的进一步发展提供了更为有利的保障。

此外，从克林顿政府第二届开始，中美政治关系出现了改善的势头。1997 年克林顿访华，1998 年江泽民访美，这是两国元首自“冷战”后的首次互访，并宣布要努力构建“中美建设性战略合作伙伴关系”，中美两国政府为稳定双边关系也在不断作出努力。

4. 第四个阶段：相对稳定阶段

自 2001 年“9·11”事件以来，直到 2009 年奥巴马总统访华，在这 8 年里，中美关系进入了一个相对稳定的发展时期。胡锦涛 2006 年对美国的国事访问，确认了两国拥有广泛而重要的共同战略利益，不仅是利益攸关方，而且应该是建设性合作者。中美关系稳定发展的主要原因在于：

其一，“9·11”事件发生后，美国把打击恐怖主义和防止大规模杀伤性武器扩散作为对外战略的重点，这不仅使美国转移了原来对中国的注意力，而且为两国在众多全球和地区问题上开展合作提供了相当大的空间，包括反恐、防止大规模杀伤性武器扩散、维护多边贸易体制、维持全球金融稳定、防止各种传染病等。这是中美关系回归稳定的一个非常重要的原因。

其二，中美关系日益机制化。中美两国政府之间建立起了顺畅的工作关系。中美是两个大国，而且是意识形态、社会制度有很大差异，在经贸领域常常产生摩擦。为了应对这种局面，中美两国努力实现中美关系的机制化。这主要有两方面内容：一是高层首脑经常性的互访、见面。二是两国不仅保持一些原有的对话机制的畅通，还开辟了许多新的对话机制，包括中美战略对话、中美经济战略对话、中美能源对话、中美反恐磋商机制等。

其三，台湾问题上的共识。2003 年以来中美在两国关系最重要也是最敏感的台湾问题上达成了有限但非常重要的共识。新中国成立以后，台湾问题一直是影响中美关系发展最大的一个问题，也是中美最可能发生军事冲突的问题。2003 年以来，美国立场发生了一些变化。美国开始认识到维持台海的稳定既符合中国利益，又符合美国利益，还有利于整个亚太地区的稳定。从这以后，美国对台湾问题由原来鼓励分裂势力转变为压制分裂势力的挑衅行动。中美之间最易引发冲突的台湾问题稳定下来，中美关系也就相对稳定下来。

5. 第五阶段：新型大国关系构建阶段

2009 年是中美建交 30 周年。建交 30 年来，中美两国因各种原因摩擦不断，历经波折。中美之间既有共同点，也有分歧，中美关系一直在曲折中向前发展。2009 年 11 月 17 日奥巴马总统与时任国家主席胡锦涛在会谈后共同会见从世界各地来的 400 多名记者。面对世界媒体，奥巴马说，“美中关系从未像现在这样对我们共同的未来如此重要。美国欢迎中国在国际舞台上发挥更大作用”。2008 年爆发的金融危机让世界重新认识了中国，因此，2009 年以来，中美进行了多次战略经济对话。对话最突出的成果是中美在能源和环境领域扩大了合作。此外，2009 年胡锦涛在与奥巴马会谈时，对中美关系发展提出了五点主张：持之以恒地增进中美战略互信、保持密切高层交往和其他各级别对话磋商、加强宏观经济金融政策协调、继续推进各领域交流合作、共同应对各种地区和全球性挑战。

因此，中美关系可能进入了一个不确定的过渡期，但是中美两国都认为中美关系又很重要。2011 年 1 月胡锦涛访问了美国，目的是增进互信、加强友谊、深化合作，推动 21 世纪积极合作全面的中美关系继续向前发展。2013 年 6 月习近平主席与奥巴马总统在加州成功举行历史性会晤，达成构建中美新型大国关系这一具有战略性、建设性和开创性的重要共识，为中美关系的未来指明了方向。

第二节　中美关系的基本格局

从中美关系看，自习近平和奥巴马于 2013 年 6 月在美国加州会晤以来，中美关系出现了新的发展趋势和新的变化。

一、既不是敌人，也不是朋友

中美两国的关系始终保持这种非敌非友的基本格局已经有很长历史了。长期以来，两国领导人对双方关系的共识就是合作和对话才是两国关系的基石。因此，美国前国务卿希拉里·克林顿称，中美关系“不是像敌友那种黑白分明的关系”，“我们在共同树立典范，力争在合作和竞争之间达到一种稳定和彼此都能接受的平衡。这是前无古人的”。总体来看，中美关系 35 年的发展历程始终是“螺旋上升、起伏不定”，两国关系发展的基调就是“斗而不破、合而不同”。所谓“斗而不破”，就是两国都能始终恪守战略底线，不因个别事件影响两国关系的大局。因此，中美关系无论遭遇多少波折，总能柳暗花明、化险为夷、转危为安。

1. 中美之间存在广泛的合作关系

中美关系是当今世界最重要的双边关系之一。作为最大的发展中国家和最大的发达国家，中美两国对世界、特别是亚太地区的和平、安全与繁荣负有重要责任。2011 年 1 月中美双方签署的《中美联合声明》中，双方一致认为，“中美关系既重要又复杂。中美已成为不同政治制度、历史文化背景和经济发展水平的国家发展积极合作关系的典范”。不仅如此，作为两个世界性大国，中美两国拥有广泛而重要的共同利益，这是第一位的，中美应该而且能够发展长期稳定的建设性合作关系。现在的中美关系在经济、文化、科学技术、教育、国际交流等各个方面有着深入的交流与合作。尤其是中美经贸合作是互利双赢的，给中美两国人民带来了实实在在的利益。此外，在两国的军事交流、民间交往、气候问题合作等领域，中美之间也有良好的局面。尤其是两军交往日益增加，增进了双方的相互了解和信任。

2. 中美之间缺乏有效的战略互信

中美关系经历 30 余年的发展，在经济领域关系密切，但中美之间一直缺乏战略互信。金融危机爆发以来，中美之间缺乏战略互信的现象日益突出。自 2013 年习近平与奥巴马的“阳光之乡”会谈以来，尽管中美两国在经济、文化和生态环境建设等领域的合作前景十分明朗，但两国外交关系的现实，却愈发像两条渐行渐远的平行线，难以回到相交点。随着东海与南海局势升级，以及“网络间谍”指控的不断加剧，两国在实践中正从“努力构建新型大国关系”到“口水仗”交锋不断，双方都陷入了“战略互信”缺失的困境之中。尤其是美国奥巴马政府 2010 年提出的“亚太再平衡”战略，一直让中国难以释怀美国遏制中国崛起的战略用意。

二、你中有我，我中有你

伴随世界政治和经济格局的深刻调整，中美两国日益紧密的相互依存，以及共同面临的广泛挑战和共同利益，已经使双方形成某种程度上“一损俱损，一荣共荣”的关系。自 2009 年以来，历经波折而不断发展的中美关系再次证明，中美之间不再是“你输我赢”的零和关系，而是互利共赢的关系。因此，在两国经济发展空前地相互依存，文化交流与合作亦日益广泛而深入的全球化背景下，中美之间的新型大国关系必须以平等、互利、合作为基调，这既是两国人民共同的利益诉求，也是中美两个大国关系适应世界政治格局多极化发展的需要。

1. 中美之间的合作伙伴关系

2009 年 11 月 17 日，应时任国家主席胡锦涛邀请，美国总统奥巴马首次访华。两国元首在会谈后发表了《中美联合声明》，这份声明是两国建交以来，指导中美关系发展的一份最重要的政府间文件。《中美联合声明》强调双方尊重各自的核心利益，并就共同致力于解决地区及全球性挑战、气候变化、能源与环境等问题达成了共识，双方决心共同努力，推动全球经济实现更加可持续和平衡的增长，在双边关系和应对重大国际问题中愿成为“合作伙伴”，实现互利共赢。2011 年 1 月 18 日，胡锦涛访问美国，中美两国元首再次发表《中华人民共和国与美利坚合众国联合声明》，鉴于两国面临重要的共同挑战，《中美联合声明》强调中美决定继续建设相互尊重、互利共赢的合作的伙伴关系，以推进两国的共同利益、处理两国共同关切和强调的国际责任。至此，中美两国达成了“致力于共同努力建设相互尊重、互利共赢的合作伙伴关系”的重要共识。

由于全球地缘政治、经济出现诸多重大变化和不确定因素，加之美国国家战略高调重返亚太，并在亚太地区实施“亚洲再平衡”战略，引发了中国对美国在遵守和践履上述《中美联合声明》上的疑虑，双方战略互信随之削弱。由此，中美两国关系一直处于“飘浮不定”的状态，这给两国的合作伙伴关系形成了一定的障碍。

2. 中美之间的新型大国关系

中美关系既重要又复杂。中美两国领导人都有突破大国兴衰历史宿命、构建和平共赢新型大国关系的政治意愿和历史使命感。2012 年 2 月习近平访美期间进一步提出中美之间应建立一种“前无古人，但后启来者”的新型合作伙伴关系。2012 年 5 月 3 日，胡锦涛在第四轮中美战略与经济对话开幕式上，就如何发展中美新型大国关系提出“创新思维、相互信任、平等互谅、积极行动、厚植友谊”的五点构想。中美新型大国关系的主要特征是“挑战与利益同在”“竞争与合作并存”，合作与共赢构成相互关系的主要方面。2013 年 6 月中国国家主席习近平与美国总统奥巴马在加州举行历史性会晤，双方着眼世情国情以及中美关系未来发展，就构建以相互尊重、合作共赢为基础的新型大国关系达成重要共识。习近平对中美新型大国关系的内涵，做了精辟概括：一是不冲突、不对抗。就是要客观理性看待彼此战略意图，坚持做伙伴、不做对手；通过对话合作、而非对抗冲突的方式，妥善处理矛盾和分歧。二是相互尊重。就是要尊重各自选择的社会制度和发展道路，尊重彼此核心利益和重大关切，求同存异，包容互鉴，共同进步。三是合作共赢。就是要摒弃零和思维，在追求自身利益时兼顾对方利益，在寻求自身发展时促进共同发展，不断深化利益交融格局。

2014 年 11 月 11 日，中国国家主席习近平在中南海会见了前来北京参加 APEC 峰会的美国总统奥巴马。11 月 12 日，国家主席习近平在人民大会堂同美国总统奥巴马举行会谈。双方重申安纳伯格庄园会晤时就发展中美新型大国关系达成的目标，习近平提出从 6 个重点方向进一步推进中美新型大国关系建设，表示要以积水成渊、积土成山的精神，推动实现中美新型大国关系的战略目标。第一，加强高层沟通和交往，增进战略互信。第二，在相互尊重基础上处理两国关系。第三，深化各领域交流合作。第四，以建设性方式管控分歧和敏感问题。第五，在亚太地区开展包容协作。第六，共同应对各种地区和全球性挑战。对此，奥巴马表示美中是世界上两大重要的经济体，两国人民都是充满活力、富有创造性的人民，两国利益深度融合，美中加强合作，可以造福两国人民和世界人民，美国愿意同中方坦诚沟通对话，增进相互了解，相互借鉴经验，有效管控分歧。

3. 中美新型大国关系的建设展望

中美生活在一个错综复杂、不确定因素日益增多的世界格局中。中美关系要顺利、健康地向前发展，需要双方有正确的态度，保持战略和政治定力，克服偏见和矛盾，持之以恒地共同推进。这个态度首先指战略互信、相互包容。如果相互缺乏起码的信任，互相猜忌，那其他都是空谈，再好的声明、协议和对话机制也不管用，最后不仅可能一事无成，还会对立、对抗，甚至发生冲突，损害双方的根本利益。

第一，中美双方要脚踏实地，促进务实合作，使中美新型大国关系的利益纽带更加坚固。以投资和服务贸易为核心的“市场准入”已成为全球关注的重点。中美正以准入前国民待遇和负面清单为基础积极推进双边投资协定实质性谈判，这体现了中国政府推进改革开放、深化两国经贸合作的决心。中美在新能源、城镇化、环境保护、生物技术、基础设施建设等领域合作潜力巨大。

第二，中美两国要积极开展人文交流，扩大民间来往，使中美新型大国关系的民意基础更加坚实。“国之交在于民相亲”，民意决定两国关系走向，中美新型大国关系能否得到两国广大民众的理解和支持是成败的关键。要积极鼓励和扩大两国民众在家庭、社区、学校、民间团体等基层层面的往来，以增进、深化了解和友好。文化交流和交融有助于实现相互包容与融合，消除误解和偏见，希望扩大交流能推动中美友好合作成为主流声音和社会基础。

第三，中美两国要共同负起责任，在国际地区热点及全球性问题上紧密合作，使中美新型大国关系惠及世界各国。世界格局的变化在今后一段时间将主要反映在全球治理体系和机制的改革上。金融危机深刻暴露了现有全球治理体系的缺陷和不足，二十国集团峰会机制替代八国集团成为全球经济治理的主要平台，新兴市场国家在国际金融、经济机构中的发言权逐步扩大，都充分说明改革全球治理体系的紧迫性和必要性。

邓小平同志早就指出，中美关系好不到哪里去，也坏不到哪里去，对此要有清醒认识。[①]习近平主席指出，中美作为政治制度、历史文化背景、经济发展水平不同的两个大国，构建新型大国关系，既要有“不到长城非好汉”的决心和信心，也要有“摸着石头过河”的耐心和智慧。他

① 袁鹏. 关于构建中美新型大国关系的战略思考[J]. 现代国际关系，2012（5）.

在2013年6月与奥巴马总统会晤时还表示，太平洋足够大，能容纳中美两国的共同发展。

当前，中国以宽广的胸怀迎接人类一切先进、优秀文明，美国亦然，从而两国各方面的交流之深、之广，为世上罕见，即便是美国老牌盟友英国，也未必能及中国与美国方方面面的交往。正如2014年1月外交部部长王毅为中美建交35周年撰文所言，“中美两国已从当初的相对隔绝状态变成了‘你中有我、我中有你’的利益共同体”。

三、大事没有，小事不断

自2008年金融危机爆发以来，中美这对重要经贸伙伴频繁互动，贸易、投资联系日趋紧密，利益交融、相互依存的关系不断得到深化和巩固。在世界经济复苏的关键时刻，作为最大的发展中经济体和发达经济体，正如美国前总统小布什的评价“中美关系是重要而复杂的”。从重要性上讲，基于中美两国关系对世界政治格局的影响是深刻而重要的，双方在大是大非问题上都能够保持谨慎和克制，因而没有放任影响两国关系的“大事”发生，所以“大事”没有；从复杂性上来讲，基于中美两国在经济、文化、政治、外交等领域都有一定的分歧、误解和矛盾，影响双方关系的各种正负因素相互交织，剪不断理还乱，因而一直以来两国关系都受困于一系列阻碍和影响两国关系的“小事”。

1. 中美之间发生“大事”的可能性较小

由于中美两国间的文化基础、价值观念和经济发展等方面存在诸多的差异性，两国间在国际事务的认知和处理上不可避免地存在分歧、摩擦、冲突和矛盾。但是，由于中美关系相对于中国与其他大国之间的关系来说还是显得更为成熟，而且两国间也存在相对正面的历史认知和相似的民族个性，以及新型大国关系的沟通机制也逐步完善。因此，中美两国之间在多数国际事务的处理上能够寻求有效的内在默契，双方都不会非理性地采取极端、简单、粗暴的方式解决争议，因而也就不会出现导致两国关系陷入僵局或走向反面的“大事”。

2. 中美之间产生“小事”的诱因较多

由于中美两国迥异的政治体制、价值观和国家安全关切，以及两国关系的复杂性，中美之间偶尔经历一些“小事”是正常现象。尽管，自2009年11月以来，两国摩擦似乎在数量、频率和强度上都有增多增强的趋势，但由于双方都无法承受双边关系破裂的后果，因而小摩擦会被理性地限定在一定范围内，不易升级和扩展。

对于中美关系而言，由于双边关系的重要性和合作领域的广泛性，加之两国现实交往中各自的利益诉求不一致，几乎各领域都存在爆发小摩擦的可能性。一方面，中国的崛起必定引起各大国之间的关系进入深刻变化与调整之中。另一方面，在国际经济危机背景下，加之世界传统安全和非传统安全问题交织在一起，中美两国都没有应对相关问题的经验，都试图以探底对方的方式解决双方的分歧和矛盾，这就不可避免地会引发一些“小事”。例如贸易摩擦、汇率争端等经济领域的“小事”就经常性地存在。再如在朝核问题、伊核问题、东亚区域合作问题、气候变化问题上，由于双方对彼此的国际权利和国际责任有着不同的分配预期，产生分歧和摩擦也是难免的。中美两国的小摩擦不断增多表明中美关系已然成为利益高度交织、利害高度相关的双边关系。

总之，作为一个复杂的混合体，中美关系既包含了两国的结构性差异和原则性分歧，又汇聚了双方的战略共识和利益交汇点。因而中美两国政府都在守护各自战略底线的基础上“斗而不破”，深度合作与相互依赖伴随偶然的紧张与摩擦。无论是在军事方面还是经济层面，中美两国并不愿意发生真正的冲突。因此，中美两国之间 30 多年都是在“起伏不定，波折不断”中走过来的，这几乎成为中美关系的基本规律或发展轨迹。

第三节　中美关系面临的机遇和挑战

中美两国都是当今国际战略格局中举足轻重的大国，中国是最大的发达国家，美国是最大的发展中国家，两国关系作为当今最为重要的双边关系已经被世界认可。1979 年，邓小平指出：“两国人民的利益和世界和平的利益要求我们从国际形势的全局，用长远的战略观点来看待中美关系。”① 近几年来，两国在战略互信、经贸互补和构建新型大国关系方面取得了重要进展。目前看来，中美两国关系发展既存在良好的合作基础和重大机遇，也存在障碍性因素和挑战。

一、中美关系发展面临的机遇

中美建交 35 年来，两国关系虽然在跌宕起伏中历经风雨和波折，但总体是在前进中得到了历史性发展。

1. 中美双边关系已经有良好的发展基础

经过中美两国政府的不懈努力，中美双边关系已经取得了良好的效果。截至 2013 年年底，两国建立了 90 多个政府间对话机制，涉及政治、经济、军事、教育、科技、文化、反恐、防扩散、国际地区事务等多个方面，主要包括中美战略与经济对话、中美联合商贸委员会、中美人文交流高层磋商、中美联合科技委员会等，为建设新型大国关系提供了机制保障。从当年的“乒乓外交”“秘密外交”“密室外交”发展至今，已形成 60 多种、几乎无所不包的全方位对话机制网络，这在大国关系史上是空前的。尤其是两国开创的战略与经济对话机制，以及派生出的战略安全对话、亚太事务磋商、中东事务磋商等机制，成为稳定双方战略关系的重要平台。同时，两国元首推动成立了中美人文交流高层磋商会议机制，将两国科教文体交流进行整合，使人文交流同战略对话、经贸合作一起，成为支撑中美战略关系的三根重要支柱。在中美双边关系的推动下，两国双边贸易获得了长足的发展，不仅双边贸易额增长了 200 多倍，2013 年达到了 5 200 多亿美元，而且双向投资存量也已经超过了 1 000 亿美元。此外，“国之近在于民相亲”，人民交流是国家关系发展的重要基础。中美两国还建立了 41 对友好省州和 202 对友好城市，两国人员往来每年超过 400 万人次。

2. 中美之间已有的合作伙伴关系是构建新型大国关系的重要依托

中美关系在双方已有的合作伙伴关系基础上，正在着力构建新型大国关系。中美正式建交以来的发展历程证明，两国关系总体运行是成功的，这是构建中美新型大国关系的重要前提。2013 年 6 月，中国国家主席习近平访美期间，与美国总统奥巴马在安纳伯格庄园举行了历史性会晤，双方在中美已经建起的合作伙伴关系基础上，达成了构建中美两国新型大国关系的共识，以使两

① 黄安全. 新中国外交史[M]. 北京：人民出版社，2005：86.

国围绕有关国际和地区问题以及全球性问题开展密切协调，合力应对攸关人类前途命运的挑战，继续携手应对国际金融危机影响，努力推动世界经济复苏。

3. 中国、美国和俄罗斯之间的战略格局有利于中美关系的改善和发展

中国、美国和俄罗斯之间的大国战略格局，客观上提出了改善和发展中美新型大国关系的要求。在当今的世界大国格局中，基于国家综合利益考虑，近年来，中俄之间建立起高度信任的战略伙伴关系，这为中美关系的改善和发展创设了一个重要前提。中俄两国的战略接近，尤其是 2013 年习近平把上任后的首站国家放在俄罗斯，并在访俄期间与俄方达成了一系列共识，让美国感到加强和改善对华关系的紧迫性和重要性。从中国方面来讲，中国的外交理念始终是建立在和平共处五项原则基础上的，从战略高度和长远角度看待和处理与世界各国之间的关系，并为构建新型国际关系不懈努力。从俄罗斯的角度来看，中国和美国之间的竞争很激烈，在许多国际和地区间重大问题上，很难进行充分的协调并达成一致，中国始终会把发展中美关系放在重要地位，而发展中俄关系，更多是平衡了国际力量的需要。当然，中国在复杂的国际战略格局中的关系考量是立足于国家利益和世界和平发展的时代主题。中国的大战略思维，是建立在为实现“两个一百年”奋斗目标和中华民族伟大复兴的中国梦而奋斗的基础上，更是建立在为全人类和平而努力的基础之上，这是中美建立新型大国关系、也是中国与世界各国建立友好合作关系的最好基础。

二、中美关系发展面临的挑战

当前中美两国都被推到了大国“权力更替”的国际政治游戏之中，两国能否在这场游戏中互利共赢，对双方来讲都是重大的考验。目前，最为急迫和具体的挑战就是面对实力对比之变、战略心态之变、内外环境之变，中美如何构建新型大国关系？中美两国如何在软硬之间，合作、竞争与遏制之间寻求最佳平衡？

1. 中美两国对新型大国关系的解读不完全一致

可以说，中美关系已经是塑造亚太地区基本格局的重要力量。自中美两国领导人在安纳伯格庄园会晤时达成关于构建“中美新型大国关系”共识以来，两国都同意构建新型大国关系，但这种新型大国关系应该是什么样的，中美两国并没有完成一致的解读方式。两国能够在新型大国关系的概念上达成共识就已经是一个很大的进步，但是两国要达到真正精神上和理解上的共识，还有困难，可能需要相当长的时间。

从中国方面来讲，发展新型大国关系是中国外交的新思维、新方向。党的十八大报告明确指出：“我们将改善和发展同发达国家关系，拓宽合作领域，妥善处理分歧，推动建立长期稳定健康发展的新型大国关系。”新型大国关系由此成为中国外交战略的重要内容。一方面，中国也因此不断努力与“一批大国”构建新型大国关系。新型大国关系始于但不限于中美两国，还包括美、欧、日等传统大国以及金砖国家为代表的新兴大国。也就是说，中国对“新型大国关系”的理解是广义的，中国不仅仅与美国等传统大国之间发展新型大国关系，还要与其他大国建立起“新型大国关系”。另一方面，中国构建新型大国关系的目的是要超越“新兴大国”与“守成大国”必然走向对抗冲突的国际关系旧模式，建设性地管控分歧，将挑战转化为机遇，开创大国间对话与合作、互利共赢的崭新局面。因此，习近平主席对中美新型大国关系的内涵界定就是：不冲突、不对抗；相互尊重；合作共赢。其中，“不冲突、不对抗”是新型大国关系的底线。

作为崛起大国和守成大国对未来彼此关系的战略定位，新型大国关系是在新形势下中美两个大国本应该建立的正常国家关系。奥巴马政府对中美新型大国关系的认识也不断深入。避免重蹈历史的覆辙，也是美国的愿望，因此在中国提出新型大国关系后，美国认同不冲突、不对抗原则。但是，美国对如何界定这一概念及其内涵的认知与中国存在分歧，并对中国提出的三个基本原则选择性地做了回应。中国强调新型大国关系的原则性，认为相互尊重是增加互信、管控分歧的基础；而美国则强调功能性，要求依托新型大国关系来解决美方关切的具体问题，认为只有务实合作，才能有效化解分歧，实现互利和双赢。例如，美国总统国家安全事务助理多尼隆在 2013 年 3 月 11 日亚洲协会讲话中指出中国在亚洲不断扩大的军事存在可能会增加美中在西太平洋地区发生军事摩擦或误判的风险，要求双方要深化军事对话，应对不安全因素和潜在的竞争。在经济领域，多尼隆要求中国改变出口型经济发展模式，共促国际金融稳定，应对气候变化和能源安全等全球挑战。

2. 中美两国关于构建新型大国关系的责任划分上存在分歧

中美关于谁应该在构建新兴大国关系上采取主动、谁是构建新型大国关系的主要障碍，理解上也是不同的，是有分歧的。

从学术研究和探讨的角度，中美两国的专家学者对此都有争论和批评。中国学者认为构建新型大国关系的主要障碍是美国制造的，而美国学者则认为中国应负担更多的责任。从中国学者的视角来看，一方面，美国在涉台、涉藏、涉疆、网络安全等问题上频频制造事端，干涉中国内政，损害了中国利益。另一方面，美国不断调整亚太军事部署，强化同盟体系，推进亚太反导体系，推行海空一体战；不仅支持和纵容日本打破限制、提升行动能力，以制衡日益强大的中国，而且美韩不断在黄海军演“亮剑”，直接威胁中国安全。美国的这些举动直接导致了东北亚、东海和西太平洋地区的军事冲突风险不断攀升。应该说这些举措都是美国有意而为，没有恪守信诺。相反，美国的学者则认为中国原则性地提出“新型大国关系”这样的模糊概念，是在给美国施压，要求美国尊重中国的“核心利益”，要求美国停止在中国的专属经济区里开展情报侦察和水温勘察的行动，减少对台军售等，这些仅仅有利于中国与美国建立沟通管道，提高双方管控危机的能力。因此，中美在关于构建新型大国关系的责任认识上是不一致的。

3. 中美在新型大国关系的关注点上存在分歧

为避免重蹈历史覆辙，中美两个大国两国元首在构建“新型大国关系”上达成了共识，但是在“新型大国关系”的具体议题上则存在分歧。这也是中美关系的复杂性和竞争性所在。从中国方面来讲，为维护国家安全和主权完整，必须旗帜鲜明地强调反对美国参与“台独”和对台售武，反对美军对中国的抵近侦察等问题；同时也反对美国在钓鱼岛、南海岛屿等中国周边安全问题上的立场和态度，反对美国针对中国崛起而构建的亚太军事同盟关系，以及美国在藏独、疆独、人权等涉及中国内政问题上的态度。而从美国方面来看，中国军事力量的增长、朝核问题、伊朗核问题是一个关注重点。近年来，美国尤其关注中国军事现代化，特别是中国军费快速增长和军事力量快速提升，是美国政府和军方多年来一直关注的话题。此外，全球大气变化、海上通道安全、网络安全、知识产权、市场准入与服务贸易等问题也是美国需要关注的问题。不仅两国在上述关注的侧重点上有分歧，即使两国有共同关注的侧重点，但两国的态度和立场也是有分歧的。例如，在朝鲜半岛和平与安全问题上，中国的立场是反对朝鲜拥有核武器，同时希望朝鲜国内政局保持稳定；而美国则首先关注朝鲜的核武器和导弹武器问题，其次是朝鲜对韩国的“挑衅”问题，最后才关注朝鲜内部政治突变可能引发动乱的问题。

总之，在美国实施亚太再平衡战略的大背景下，中美关系面临许多新的挑战，仅仅大而无当地谈“战略合作”是不够的。必须从矛盾分析入手，弄清楚构建新型大国关系良好的基础和机遇是什么，面临的困难和挑战有哪些实事求是，才能脚踏实地地走好前边的路，诚如中国古人所言“好朋友，勤算账；好邻居，勤打墙”。

三、中美关系的战略选择

近年来，中美关系跌宕起伏，出现了一些新情况、新问题和新挑战，怎样处理和应对这些新问题已经成为中美双方都值得思考和把握的关键。

1. 从大处着眼，拓宽全球视野

今天，中美关系仍面临诸多矛盾，既有强权的压力，又有周边矛盾，也要面对全球化市场、资源竞争。中国已经成为最大的新兴发展中国家，同时也成了守成大国的众矢之的。因此，在处理中美关系时需要有大智慧、大气魄、大思路，不能逞强好胜，也不能手软，要找准利益共同点，避免“鹬蚌相争，渔人得利”。要从发展的角度融入国际社会，在融入中参与对政治、经济秩序的改革，使国际秩序向着有利于发展中国家改革。俄罗斯、印度同样是发展中国家，对建立新型国际秩序同样有着更多的需求。金砖国家、拉美共同体、非盟也同样需要国际秩序的变革，因此，要把文章做大，要团结一切可以团结力量，构建和谐的国际环境。面对美国采取的战略围堵要主动作为，要走出去加强外线合作，西进东出，稳定周边才能赢得主动。建立中美新型大国关系已成为两国关系的最佳选择。

2. 主动作为，发挥战略优势

当前我国面临的外部安全环境可分为三个层次：一是来自霸权大国的安全压力；二是周边国家安全挑战；三是全球竞争的能力不足。美国战略重心东移又使上述三个层次的安全问题相互影响，相互交织，因此，应对这种复杂局面就需要有新的思路。

我国倡导的世界多极化理论是全世界的共同愿望，得到了发达国家和发展中国家的共同支持，我国主张多种文明共融，相互学习、相互借鉴的思想也得到了世界各国的认可，我们要始终不渝地坚持走和平发展之路，赢得战略上的优势，实现共同理解、共同努力，建立世界多极化格局的有利态势。中美关系是维持世界和平的重要条件和基础，双方都有避免矛盾升级的愿望和需求，维护好两国关系是双方共同利益所在，在斗争中求平等、求均衡是中美关系实践的战略重点。

3. 趋利避害，关键在国内

美国所构建的国际环境根本不可改变我国的发展方向和深入发展的动力。真正能够制约我国快速发展的关键仍在国内，美国深谙此道。因此，美国正利用我国内部经济快速发展中的矛盾，使其扩大化，这里既有我们自身存在的主要矛盾，也有美国和西方制造的外部因素，如所谓“人权、民主、普世价值”等问题。但关键还是在我们内部如何解决贪污、腐败、分配不公、贫富差距等一系列发展中的问题。

4. 应对两手，扩大合作空间

在军事上，中美两国的军事能力差距仍旧很大。我国要走自己的路，尽快补上军事科技短板，打造自己优势，确立适应我国国防安全的发展道路。

从国家安全发展的战略目标出发，中美双方要能相互尊重，坦诚面对分歧，随着两国平等互信的增强，可能逐渐实现新的平衡。但两国的对抗与合作将逐步常态化，在缺少互信的情况下可能使矛盾加剧。对未来中美关系应以两手对两手来制衡来自美国的压力，不卑不亢、有节有利，坚决打破美国对我国的战略围堵，防止危机失控，扩大合作领域，这是保持中美新型大国关系的基本选择。

第四章 中俄关系新走向

在亚洲，中国和俄罗斯是两个互为最大邻国的国家，两国关系的性质和状况，对亚洲和国际战略格局有着重要的影响。苏联解体时，俄罗斯作为独立国家出现在国际舞台上，在国际法上继承了苏联的国际地位，也继承了苏联同中华人民共和国的外交关系。中国和俄罗斯亚洲部分的国土加在一起几乎占亚洲陆地面积的一半以上，两国之间有 4 300 多公里漫长的边界线，两国又都是联合国安理会的常任理事国和拥核国家中的成员。

第一节 中俄关系现状

一、苏联解体后的中俄关系

苏联解体时，俄罗斯作为独立国家出现在国际舞台上，在国际法上继承了苏联的国际地位，也继承了苏联同中华人民共和国的外交关系。因而中俄关系的发展是以中苏关系为基础的。冷战结束以来，面对变幻莫测的国际局势，本着维护两国国家利益的原则，中俄两国领导人开创了后冷战时代新型大国关系的新途径，找到了大国以诚相待、相互协作的样式，并且保持两国关系发展的可持续性。

（一）1991 年到 1999 年，中苏关系向中俄关系的过渡

1991 年苏联解体后，中俄关系有了新的定位和发展。中俄关系在继承中苏关系的基础上，有了开拓性的创新和发展。在 20 世纪 90 年代风云变幻的国际形势下，由于中俄两国领导人在两国关系上都能保持冷静、理性的态度，都能尊重两国人民企盼互信互利的诉求，都能坚持从国家利益出发的外交原则，中俄关系在苏联解体后的几年中不但没有停滞和倒退，而且呈现出空前的良好发展势头。1992 年，中俄宣布双方“互视为友好国家”，1994 年两国关系上升到“建设性的伙伴关系”，1996 年双方又宣布建立“平等与信任的、面向 21 世纪的战略协作伙伴关系”。5 年之内，中俄关系连续迈上了 3 个台阶。

1. 俄罗斯对外政策的调整及“互视为友好国家”

1991 年 12 月 25 日，苏联正式宣布解体，俄罗斯联邦成为苏联国际法意义上的继承者。俄罗斯继承了苏联的大部分领土，依然是世界上领土面积第一大国，但其国际地位却无法与苏联相比较。当时俄罗斯领导人期望通过进行政治经济改革，完成从苏联到俄罗斯的过渡。为此，俄罗斯需要一个良好的外部环境，亲西方的外交自然也就成了俄罗斯领导人的选择。但是，这一外交政策的推行，不仅未使俄罗斯的国际环境得到任何改善，反而日益恶化。在国内，各种势力对亲西方外交批评强烈，反对派们一致强调，亲西方外交的推行已经给国家的外交和利益带来了严重后果。无论在国内还是国外，亲西方的政策都失去了推行的基础。至此，俄罗斯的

外交政策出现重大变化，它力求实行“全方位”的对外政策，即既同西方国家建立伙伴关系，也同东方国家发展友好关系，并努力维护国家利益，重振俄罗斯的大国地位。

1992 年 12 月俄时任总统叶利钦访华标志着中俄关系迈上了睦邻友好、互利合作的新台阶。双方发表了《关于中俄相互关系基础的联合声明》，其中明确规定：中俄互视为友好国家，双方按照和平共处五项原则发展睦邻友好和互利合作关系；尊重各国人民自由选择其国内发展道路的权利，社会制度和意识形态的差异不应妨碍国家间关系的正常发展；以和平方式解决争端，不以任何方式使用武力或以武力相威胁；不同第三国联合反对对方或损害对方利益，等等。

2. 从“建设性的伙伴关系”到“战略协作伙伴关系”

1994 年 9 月初，时任国家主席江泽民首次访问独立后的俄罗斯，同叶利钦总统签署了关于两国未来关系的《中俄联合声明》。《中俄联合声明》宣布：“两国具有新型的建设性伙伴关系，即建立在和平共处五项原则基础上的完全平等的睦邻友好互利合作关系，既不结盟，也不针对第三国”，双方“决心面向 21 世纪，把两国关系提高到一个崭新水平，并且最大限度地发挥和利用中俄合作的巨大潜力，为促进两国国内改革和发展经济的重大任务，以及在亚太地区和全世界建立持久和平提供有利的条件。”新的《中俄联合声明》还规定了双方在政治、经贸、科技、军事和国际问题领域进行合作的步骤。在这次访问期间，双方还签订了《中俄两国首脑关于不将本国核武器瞄准对方的联合声明》和《中俄西段边界协定》。

1996 年 4 月下旬，叶利钦总统再次访问中国。俄罗斯总统在来华的专机上，对事先准备好的《中俄联合声明》作了重要修改，将原文中“发展长期稳定的睦邻友好、互利合作和面向 21 世纪的建设性伙伴关系”修改为“发展平等与信任和面向 21 世纪的战略协作伙伴关系”①。中方迅速表示同意这一标志着双方关系新水平的新概念。在这次访问期间，双方签署了十几个合作文件。叶利钦总统强调，《中俄联合声明》规定中俄关系是“平等的、相互信任的、面向 21 世纪的战略协作伙伴关系”。中俄战略协作伙伴关系的核心是，两国为维护自己的国家主权、领土完整和民族尊严，为加强两国的全面合作，实现共同发展，为推动世界多极化、民主化和建立公平合理的国际政治经济新制序而密切合作。

（二）进入新世纪，中俄战略协作伙伴关系继续发展

中俄战略协作伙伴关系的建立标志着两国关系的发展进入新的时期。20 世纪 90 年代后半期，中俄两国遵循战略协作伙伴的原则和精神，各个领域的合作都取得了丰硕成果：

第一，中俄两国之间政治互信增强。2001 年 7 月 16 日，时任国家主席江泽民和普京总统在莫斯科签署签订了《中俄睦邻友好合作条约》，将两国和两国人民“世代友好、永不为敌”的和平思想用法律形式确定下来，是两国关系史上的一个重要里程碑。为落实条约精神，中俄双方于 2004 年制定了《〈中俄睦邻友好合作条约〉实施纲要（2005—2008 年）》。

第二，成立了上海合作组织。在中俄两国的推动下，中国、俄罗斯、哈萨克斯坦、吉尔吉斯斯坦和塔吉克斯坦成立了上海合作组织，建立了一整套组织机构和合作机制，成为国际关系中一支独特的力量。解决了绝大部分历史遗留的边界问题；在边境地区建立信任措施和实行裁军；联合打击“三股势力”，维护地区稳定；拓展包括经贸在内的各领域的合作；在国际事务中加强协调和配合等。

---

① 崔宪涛. 面向 21 世纪的中俄战略协作伙伴关系[M]. 北京：中共中央党校出版社，2003：309.

第三，解决了历史遗留的边界问题。中俄两国以 1991 年 5 月 16 日签署的《中苏国界东段协定》、1994 年 9 月 3 日签署的《中俄国界西段协定》为基础，2004 年 10 月 14 日，双方签署了《中俄国界东段补充协定》，将长达 4 300 多公里的中俄边界线走向全部确定下来，为两国睦邻合作和世代友好奠定了稳固的基础。

此外，中俄两国还取得了包括举行联合军演、举办“国家年”活动，以及在国际事务的处理和国际问题的解决上也进一步加强了合作。实践证明，中俄建立和发展战略协作伙伴关系，不仅为两国人民带来了实实在在的利益，也有利于世界的和平与发展事业。

（三）新形势下，中俄两国的交流与合作全面深化

2013 年 11 月，乌克兰亲俄派总统亚努科维奇拒绝与欧盟签署自由贸易协定，引发乌克兰政治危机。乌克兰危机的爆发和美国页岩气革命引发的俄罗斯能源经济的萎靡，导致俄罗斯在国际社会的被动和孤立，越来越多地要借重中国力量。这成为深化中俄全面战略协作伙伴关系的一个重要背景。

1. 科技领域的合作日益加深

科技是中俄两国互补性强、发展潜力巨大的一个合作领域。在当今世界科技进步日新月异的背景下，随着中俄两国战略协作伙伴关系的不断发展，两国在科技创新领域的互惠互利合作日益深化，并取得累累硕果。

中俄总理定期会晤委员会框架下的科技合作分委会是两国政府间科技合作的机制化平台，为中俄科技合作形成了良好的机制。1992 年两国签订了《中俄政府科技合作协定》，以此为法律基础中俄双方开始正式按照国际惯例开展科技合作。1995 年在俄罗斯的提议下，两国各自建立“中俄科技和高技术中心协会”。其目的在于，利用中国高新技术开发区的优惠政策和发挥俄罗斯的科技优势并吸引国际资本促进各自国家的高新技术产业的发展。在 1997 年 6 月两国总理第一次会晤中，双方正式决定，在委员会框架下设立科技合作分委员会，以统一协调和管理在科技合作领域中的事宜。1999 年，在中俄科技合作分委员会框架下成立了“中俄创新联合工作小组”。同年，两国总理在定期会晤期间签署了《〈中俄政府科技合作协定〉框架内知识产权保护和权利分配协定书》，为解决两国间知识产权问题提供了法律依据。

2006 年，中国科技部与俄罗斯教育科学部成立了高技术和创新合作工作组，以专门协调和指导双方在高新技术研发及科技成果产业化方面的合作。2007 年 11 月，在中俄总理第 12 次定期会晤框架下，双方签署了《中华人民共和国科学技术部和俄罗斯联邦科学与创新署关于在科技优先发展领域开展共同项目合作的谅解备忘录》2012 年 4 月，主管中国高新区发展的中国科技部火炬高新技术产业化中心与俄罗斯“硅谷”——“斯科尔科沃”创新中心在莫斯科签署合作协议，决定在科技企业孵化、高新技术研发等方面开展合作。

近年来，中俄两国之间的科技合作已经由最初的“单向流动”转变为如今的“双向互动”。截止 2012 年底，中俄双方在科技合作方面共举行了 16 届科技合作分委会例会，列入并执行了数百项中俄政府间科技合作项目，涵盖了航空、能源与节能、新材料、生物、信息、化工、机械制造、电子等各个领域。而且，随着中俄两国关系大发展，中俄科技合作呈现出理性和务实的新特点，合作重点正逐渐转向高新技术和创新领域。

目前，中俄两国科技合作正逐步向更充分意义上的“互利共赢”稳步迈进。2014 年 10 月 15 日，全国政协副主席、科技部部长万钢 10 月 14 日在莫斯科出席了第三届“开放式创新”莫斯科国际创新发展论坛，并以论坛“伙伴国”科技部长身份在“创新对话：伙伴国创新政策互动”活动中发表主旨演讲。万钢倡议，“让我们携起手来，以本次两国总理会晤为契机，把握方向，开拓进取，共同为推进两国的创新合作作出更大贡献。”强调中俄科技部门应加强战略协作，加强深层次合作，加大重大项目的合作，以及加强民间科技合作。

2. 中俄文化交流日益频繁

中俄两国战略协作伙伴关系深入发展，两国各方面的交流非常密切，水平逐年提高。中俄不仅在科技方面有着广泛的合作与交流，文化方面的交流也取得长足进步。20 年来，在中俄两国政府主导下，中俄文化交流的最突出特点就是官方交流和民间交流并存，“国家年”和“语言年”成为中俄文化交流的盛会。两国的总理会晤机制成为文化合作的重要平台。1992 年，两国政府签署了《文化合作协定》，在该协定框架内，两国文化部陆续签订了 7 个文化合作议定书，使中俄文化交流达到了一个新的高度。1995 年 6 月，中俄两国签署了《中俄关于相互承认学历学位证书的协议》。2001 年 9 月，中俄两国签署《中俄总理第六次定期会晤联合公报》，公报指出，双方同意在对等的原则基础上定期举办文化节，制定并实施包括电视、电影和戏剧艺术领域的文化合作项目，开展文艺人才培训方面的合作，制定并协商相互设立文化中心的思想。2013 年 11 月 22 日，中国文化部部长蔡武访问俄罗斯，并与俄罗斯联邦文化部长梅津斯基共同签署《中华人民共和国文化部和俄罗斯联邦文化部 2014—2016 年合作计划》。

3. 中俄军事交流日益发展

中俄军事关系是中俄战略协作伙伴关系的重要组成部分。随着中俄军事关系的不断深化和发展，双方在军事领域的合作也在不断加深。

第一，军队高层领导互访并且签署协定。1992 年 12 月，俄罗斯总统叶利钦访华，中俄两国外长签署了《关于在边境地区相互裁减军事力量和加强军事领域信任问题的谅解备忘录》，以及一些军事合作协定。1994 年 7 月 12 日至 15 日，中国国防部部长迟浩田上将访问俄罗斯，与俄罗斯国防部长举行了会谈，并签署了《中俄两国政府预防危险军事活动的协定》，该协定规定了处理双方边防军队发生突发事件的办法，不允许军队日常生活中可能出现的突发事件。1996 年 5 月，中国人民解放军总参谋长傅全有上将访俄，与俄签署了关于落实 1993 年两国军事部门签订的军事技术合作协定的议定书。中俄军事互信机制进一步完善，使得双方军事冲突发生的可能性大为降低。1994 年 9 月 3 日，中俄两国元首签署了《关于不将本国战略核武器瞄准对方的联合声明》，并重申了关于不首先使用武力，特别是互不首先使用核武器的义务。开启了两国在多边框架下开展军事合作的历史。1997 年 4 月，五国元首在莫斯科举行会晤并签署了《在边境地区相互裁减军事力量的协定》。协定的有效期至 2020 年 12 月 31 日，经双方同意可以延长。

第二，军事交流与联合演习已经定期化、制度化。首先，军事交流成为中俄两军增进彼此了解的重要渠道。自 1996 年以来，已有大批中国军官根据中俄两军交流计划，陆续在俄军各级指挥学校进修学习，同时，俄罗斯也排除大批高级军官到中国做短期培训和交流学习，加深了两国军事合作与交流的发展。其次，两军联合军事演习是中俄军事交流的重要途径。联合军演是提高军队联合作战，应对新威胁、新挑战的一种有效手段。自 2002 年中俄边境的小规模联合军演以来，将双边联合军事演习作为军事合作的重要内容定期举行，表明联合军演已成为中俄两军常态化合作形式。从2003年至今，中俄两国组织参与的双边和多边联合军演已有10多次了，可以说联合军演已经成为中俄两军常态化的合作形式。

二、多边框架中的中俄关系发展现状

进入21世纪以后，中俄关系取得一系列重大和突破性进展，中俄新型国家关系更加完善和成熟。除了中俄两国基本的国家利益以外，新世纪又出现了许多新的因素推动两国关系向前发展。

1. 中俄高层的频繁互动

进入21世纪以后，中俄关系取得一系列重大和突破性进展。中俄高层的互动更加频繁，更具活力。

2000年7月18日至19日，俄罗斯总统普京对中国进行了就职后的首次国事访问。时任国家主席江泽民与普京在北京举行会谈后，双方签署了《中华人民共和国和俄罗斯联邦北京宣言》和《中华人民共和国主席和俄罗斯联邦总统关于反导问题的联合声明》。2001年7月15日至18日，时任国家主席江泽民对俄罗斯进行国事访问。双方签署了《中俄睦邻友好合作条约》，并发表《中俄元首莫斯科联合声明》，将两国和两国人民“世代友好、永不为敌”的和平思想用法律形式确定了下来。

2002年12月1日至3日，普京总统对中国进行国事访问。会谈后，两国领导人签署了《中华人民共和国与俄罗斯联邦联合声明》，并出席了两国间5个合作协定的签字仪式。

2005年6月底至7月初，时行国家主席胡锦涛对俄罗斯进行国事访问，两国签署《中俄关于21世纪国际秩序的联合声明》和《中俄联合公报》。

2006年3月，俄罗斯总统普京对中国进行国事访问，并出席“俄罗斯年”开幕式和中俄经济工商界高峰论坛开幕式，两国签署了《中华人民共和国和俄罗斯联邦联合声明》。

2010年9月，俄罗斯总统梅德韦杰夫对中国进行国事访问，时任国家主席胡锦涛同梅德韦杰夫总统举行会谈。两国元首签署了《中俄关于全面深化战略协作伙伴关系联合声明》。2011年6月16日，胡锦涛在莫斯科同梅德韦杰夫举行会谈，双方签署《中俄关于当前国际形势和重大国际问题的联合声明》，发表《中俄元首关于〈中俄睦邻友好合作条约〉签署10周年的联合声明》。

中国共产党第十八次代表大会召开以来，习近平主席于2013年3月22日至24日，对俄罗斯进行国事访问。习近平主席将俄罗斯作为就任后的首访国，充分说明中俄全面战略协作伙伴关系的重要性和特殊性。此次访问双方共签订32项合作文件，数额大，期限长，被称为“世纪合同”。这不仅提升了两国深度合作的水平和层次，也进一步全面深化了中俄两国的全面战略协作伙伴关系。

中俄两国高层的频繁互动说明了发展中俄关系在两国各自外交全局中占据的重要地位。中俄双方对彼此的重要战略价值都不可替代。正因为这样，中国领导人强调将俄罗斯视为具有战略意义的优先合作伙伴。与之相对应，俄罗斯领导人频繁访问中国，表达了对中俄关系的充分重视及肯定。

2. 经贸合作规模和领域不断扩大

进入21世纪以来，两国经贸合作迎来大发展时期。2000年中俄签署了《中俄政府间2001—2005年贸易协定》，2001年7月两国又签署了《中俄睦邻友好合作条件》，使中俄贸易渡过了10年的磨合和过渡时期。2000—2001年中俄贸易增长速度超过了我对外贸易总额增长速度俄罗斯也成为中国最重要贸易伙伴国之一。

进入新世纪以来，中俄两国能源合作朝着全方位、多层次、多形式的方向发展。2011年，中俄原油管道在双方共同努力下正式运营。此外，在原油增供、东线天然气管线建设、建设合资炼油厂等合作领域也在积极进行扩展。在2013年习近平访俄期间，两国签署了相关合作协议，展现了新时期中俄能源合作的新方向。中俄能源合作已经从简单的资源买卖向技术和工程方向发展，实现合作的深度拓展。除了油气外，电力、煤炭、可再生能源的合作也如火如荼地开展起来，实现合作的广度拓展。

进入新世纪，中国以前期改革开放成果为基础，积极向外投资。俄罗斯作为中国的战略性合作伙伴，在中国的对外投资中占据重要地位，两国企业相互投资和各类项目合作继续推进。据中国商务部数据，截至2014年6月，中国对俄累计非金融类直接投资增长109.5%。为促进投资合作，两国还成立了中俄投资基金，能源、基础设施、林业等成为优先合作领域。此外，中俄金融合作近年来也取得巨大进展。特别是2010年12月 15日卢布和人民币实现挂牌交易，有利于降低交易成本和汇率风险，有效推进了本币结算进程。中国驻俄罗斯大使李辉在仪式上致辞时说："卢布对人民币挂牌交易是今年11月中俄总理第十五次定期会晤的重要成果之一，是两国战略协作伙伴关系不断深化的生动体现，也是中俄经贸和金融关系史上具有历史意义的一件大事，将加速两国货币的国际化进程，并将在区域性货币结算方面扮演重要角色。"①

3. 重大国际问题上相互合作

人类进入21世纪，国际形势变幻莫测，世界政治和国际关系比过去更加复杂多变。

针对复杂多变的国际局势，1997年中俄两国专门就国际问题发表《中俄关于世界多极化和建立国际新秩序的联合声明》，此后在2005年7月胡锦涛主席和普京总统又发表了《关于21世纪国际秩序的联合声明》。中俄两国认为，多极化是世界格局最民主的模式，最符合各国的利益，有利于维护世界的和平与发展。反对任何建立单极世界的企图，任何国家都不应谋求霸权，推行强权政治，垄断国际事务。中俄在国际问题上有广泛的共识和共同的利益，在维护联合国的权威性、反对恐怖主义、解决热点问题，特别是在维护对两国利害攸关的中亚和东北亚的安全和稳定方面，进行了卓有成效的协作。中俄两国面临着共同的任务与国际环境，在维护亚太地区和世界的和平、稳定与发展，建立公正合理的国际新秩序等重大国际问题上，中俄两国立场相近或一致。②

中俄双方认为，联合国的维和行动应符合《联合国宪章》的宗旨和原则，必须严格遵守安理会相关决议，应严格按照安理会授权并在其监督下实施。安理会在维护国际和平与安全方面负有首要责任，在任何情况下其地位和作用都不应受到置疑和削弱。在1999年3月南斯拉夫战争和2003年伊拉克战争中，中俄两国对美国未经联合国安理会决议授权所采取的战争行动表示了坚决反对。正是在中俄等国的强烈要求下，使美国不得不重新回到联合国安理会决议的轨道上来。

① 张光政. 卢布对人民币挂牌交易在莫斯科启动[N]. 人民日报，2010-12-16.

② 李静杰. 跨入新世纪的中俄关系[J]. 俄罗斯中亚东欧研究，2007（2）.

中俄在防止外太空及信息技术领域内的军备竞赛，执行核不扩散条约和禁止化学武器公约方面有着一致或相近的立场。在联合国裁军会议上，中俄共同提出了防止在外空部署武器，对外空物体使用武力或威胁使用武力的国际法律文书要点草案。2005 年 9 月，中俄在国际裁军谈判大会上就此提交了共同文件。中俄在亚太经合组织、东盟地区论坛和上海合作组织等各种地区性组织中开展积极合作。

4. 其他领域合作日益密切

进入 21 世纪以后，中俄关系在双方的共同努力下取得了突破性的进展，中俄国家关系更加完善，两国间的合作在经贸、政治、军事及科技的合作交流基础之上，在诸如文化、艺术、旅游等许多领域都有着深入的交流与合作。

中俄两国积极推动科技、文化、教育各领域的交流，扩大地区和边境间的联系。2004 年举办了中俄青年友好年，组织了几十项活动，其中包括青年企业家、记者代表团互访，俄中边界双方儿童夏令营，青年艺术家展览，各种会议和竞赛等。在中俄友好、和平和发展委员会范围内举行了几十次非政府间的社会文化活动。举行中俄国家年活动具有重要意义。2006 年在中国举办俄罗斯年，2007 年在俄罗斯举办中国年活动。2006 年俄罗斯将在中国举办 200 多项“俄罗斯年”活动，这些活动涵盖了政治、经贸、文化、教育、卫生、体育、传媒、科技、军事和地方等中俄两国合作的各领域，使中国和俄罗斯年活动真正能起到加深两国公民间相互了解，发展人民间友谊，推动两国各领域全面合作的目的。正如 2006 年 3 月 21 日发表的《中俄联合声明》所指出的，使“国家年”活动为“进一步增强中俄政治互信，深化双方在政治、经贸、科技、人文等领域的合作，巩固中俄友好的社会基础，为中俄战略协作伙伴关系全面发展注入强大的推动力。”2013 年“俄中友好协会”仅在莫斯科举办的活动就多达 28 场，还多次邀请中国各领域代表团前来俄罗斯访问、交流。友协成员也多次率团到访中国，双方密切的合作使两国人文领域互动不断增多，为增进民间友谊起到了显著的作用。

2010 年 9 月 27 日，时任中国国家主席胡锦涛与俄罗斯总统梅德韦杰夫在北京签署《中华人民共和国和俄罗斯联邦关于全面深化战略协作伙伴关系的联合声明》，声明中说：“双方商定互办旅游年，责成两国有关部门制定具体活动清单并确定举办日期。”2011 年 10 月 11 日，时任中国总理温家宝与俄罗斯总理普京在北京签署的《中俄总理第十六次定期会晤联合公报》中指出：“双方将积极协助 2012 年在中国成功举办‘俄罗斯旅游年’,2013 年在俄罗斯成功举办‘中国旅游年’。”

中国和俄罗斯在新世纪之初各领域的积极交流和合作，无不显示中俄两国紧密的战略性合作伙伴关系。当今世界仍然有许多矛盾与冲突，中俄两国的发展振兴都面临外部经济环境和深刻演变的国际格局等各种因素。两国进一步加强合作具有充分的必要性。

第二节　中俄关系面临的机遇和挑战

在国际国内形势纷繁复杂的背景下，俄罗斯需要中国这个战略大后方，中国也需要俄罗斯这个他国无法替代的战略伙伴。作为较成熟的新型大国关系，中俄两国关系的发展不仅事关两国国家利益和人民福祉，也对世界政治格局有着深刻的影响。当前，中俄两国关系的发展既面临一些挑战，也有着良好的机遇。

一、中俄关系发展面临的机遇

自冷战结束以来，中俄两国关系在互利合作中尚存在一些不尽如人意的问题，但总体发展趋势依然强劲有力。中俄两国战略协作伙伴关系进一步提升，互利互惠合作全面展开，有力地促进了两国现代化建设和人民福祉的改善。

1. 中俄两国经济互补性强，合作的潜力巨大

目前，中俄两国经济的互补性来自于两国经济结构和能源状况。众所周知，苏联的经济一直偏重于军工业和重工业，而中国经济则偏重于轻工业和服务业，长期以来，苏联和中国经济的互补性一直存在。虽然俄罗斯的经济发展潜力在 90 年代以后受到抑制，近些年来俄罗斯经济日渐恢复和发展，尤其是重要的科技、工业潜力也得到了恢复，中俄之间的经济互补性依然存在。目前，俄罗斯是能源出口大国，中国是能源进口大国。中国是俄罗斯的最大对外贸易国，但是俄罗斯并不是中国的最大贸易国，中俄 700 亿美元的贸易额连中韩年度贸易额的一半都不到。这就是中俄经济贸易发展的潜力所在，也是中俄关系进一步发展的重要基础。正如德国波恩大学教授兼全球研究中心主任辜学武所说："对俄罗斯而言，和中国建立友好的关系意味贴近了中国这个有巨大潜力的市场。当其与欧洲之间的贸易出现壁垒时，中国可以提供一个很好的回旋余地。"由此可见，中国广大的能源消费市场和发达的轻工业体系是俄罗斯未来发展的重要支撑。对此，中国总理李克强 2014 年 10 月 12 日访俄时，在莫斯科接受俄罗斯全俄电视广播公司专访时也指出："当前中俄全面战略协作伙伴关系在高水平上向前发展。两国从领导层到全社会都希望达成世代友好。"因此，两国要"中俄经济互补性强，开展合作需要发挥各自优势。两国不仅要搞好能源资源、工业等传统领域合作，也要在高科技产品、清洁能源、制造业等领域开展更广泛的合作，实现互惠双赢。"

从能源合作与互补的角度来讲，未来 20 年，中国在全面实现工业化的进程中，基于中国庞大的人口数字，能源消费还将会大大增加，甚至可能导致国内能源短缺的局面。中国石油研究报告数据显示，2005 年、2010 年、2015 年、2020 年中国原油的需求分别为 2.7 亿吨、3.1 亿吨、3.5 亿吨和 4 亿吨。中国是能源进口大国，中国的经济发展能源对外依存度非常高，高达 55% 能源要靠对外进口。在这种情况下，实现原油进口的多渠道和运输方式多元化，显得尤为重要。作为能源出口大国，俄罗斯成为中国能源供应的主力，而中俄原油管道也被定位为中国四大能源战略通道之一。从俄罗斯的角度来看，在与亚太国家的能源合作中，中国也被俄罗斯放在突出的位置。

从产业互补的方面看，苏联的经济偏重于重工业，俄罗斯继承了苏联绝大部分的重工业和军事工业，也继承了后者经济结构中的不合理性——农业、轻工业发展水平低，消费品制造业不够发达，经济发展中对重工业和军事工业的倚重更加明显。由于俄罗斯的工业结构不合理，虽然在资源开采和初加工工业上有一定的优势，但是其加工业特别是机械设备制造业的发展受到了极大的限制，资金不足和设备陈旧等问题始终没有得到很好的解决。俄产业结构的特点决定了在可预见的若干年内仍需要进口大量的消费品和工业制成品；而中国经济则一直偏重于轻工业，具备了国际制造业优势，并且这种优势日益凸现出来。中俄在经济结构和外贸结构上均形成一定的差异和互补，这决定了未来的中俄双边贸易规模将稳步扩大。

同时，中俄双方在建筑市场、旅游市场，以及保税区等都具有联合开发的潜力。此外，当前俄罗斯人口形势严峻，劳动力极度匮乏。普京在 2006 年国情咨文中明确提出，人口问题是俄罗斯面临的"关键问题"。尽管普京总统提出了鼓励生育的政策，但人口周期的客观规律仍然使

俄罗斯经济迅速增长时期的劳动力匮乏问题难以得到有效的解决。因此，俄罗斯许多专家认为，目前只能借助移民人口来补偿劳动力人口的减少。相比之下，中国却有着大量富余的劳动力，这不仅仅是指可以从事建筑、种菜和养殖业的农业工，还有近年来大量的大学毕业生。这些大学毕业生具有较高的文化素养和专业技能，从客观上可以满足俄罗斯不同行业的劳动力需求。如果将中俄之间的经济移民进程纳入法制、有序的轨道，不仅将在很大程度上满足俄罗斯的劳动力需求，相应地缓解中国的就业压力，还将积极地促进中俄两国的人文交流，增进两国民间的理解与友好。

正是基于经济结构的互补性和经济合作的巨大潜力，2012 年普京总统曾经表示，“我们看到了中国领导层和中国人民有意与我们构建睦邻友好关系”，中国是俄罗斯非常重要的“可靠”和“杰出的战略与合作伙伴”，是“俄罗斯商品销售市场和经济投资者”。并在其总统竞选纲领的系列文章《俄罗斯和变化中的世界》中，对中俄关系做了新的重要战略定位，并力挺“中国机遇论”。普金认为俄中两国“所有的重大政治问题均已解决，包括主要的边界问题。两国已建立起牢固的、拥有坚实条约法律基础的双边关系。两国领导人的互信达到前所未有的高水平，可以确保俄中双方本着真正的伙伴精神，在务实和相互照顾对方利益的基础上开展合作。我们业已建立的俄中关系模式前景广阔”。

2. 中俄两国共同面临美国战略挤压，有着相似的国家安全诉求

冷战结束以后，美国成为世界上唯一的超级大国，在国际战略格局中占领着主导地位。美国为了独霸世界，防止可能同美国并驾齐驱、对美国构成挑战的大国出现，针对中国和俄罗斯采取了一系列战略遏制和挤压，既挤压俄罗斯的战略空间，又遏制中国的发展。面对美国的战略挤压，中国和俄罗斯特别需要相互靠近，结伴而行，为中俄关系的发展提供了前所未有的历史机遇。

苏联解体后，西方国家防止和遏制俄罗斯作为一个世界经济和军事大国复起，重建或恢复其势力范围，成为西方国家首先是美国的竞争对手①。东欧剧变后，北约的对立面华约已经不复存在，照理说北约也该寿终正寝。但美国不仅不解散北约，还依托北约把战略基地不断向东扩张，战略目标直指俄罗斯。美国通过北约东扩逐渐蚕食俄罗斯周边的地缘空间，直至将导弹体系设置在俄罗斯的后院，使俄罗斯丧失维护其安全的纵深地带，以达到与俄罗斯争夺“后苏联空间”的目的，对俄罗斯构成巨大的地缘战略压力。西方国家在近二十年对俄罗斯战略空间的压制，导致俄罗斯崛起空间的萎缩。俄罗斯对美国的战略意图看得很清楚。为增强自身在俄美关系中的筹码，俄罗斯改变过去一边倒向西方的做法，积极开展东方外交，更加注重和中国、日本、印度、伊朗等发展关系。

2014 年以来，美俄之间的对抗性关系在乌克兰危机中展示得十分清晰，并伴随危机不断升级和扩散。乌克兰危机始于 2013 年年底乌克兰亲俄派总统亚努科维奇中止和欧洲联盟签署政治和自由贸易协议，欲强化和俄罗斯的关系。危机爆发以来，俄罗斯一直鼎力支持亚努科维奇总统的选择。2014 年 2 月 28 日，乌克兰南部克里米亚自治共和国局势趋紧，俄罗斯外交部发表声明，承认俄黑海舰队装甲部队进入克里米亚，以保卫俄在当地驻军的安全。对此，美国采取了与俄罗斯对立的立场，美国总统奥巴马不仅向俄罗斯总统普京发出严重警告，并于 2014 年 3 月起，终止了与俄罗斯的军事合作，向乌克兰政府提供经济军事援助，其主导的北约针对俄罗斯举行多次

① 北约东扩和美俄关系研讨会纪要（1997年4月29日）[J]. 现代国际关系，1997（6）.

军演，受美国影响的西方各国也中止了俄国的 G8 成员资格。同时，美国带头发起对俄罗斯实施了数轮制裁，对“参与导致乌克兰危机升级”的 7 名俄罗斯个人和 17 家公司实施制裁；2014 年 9 月美国政府对俄罗斯主要的银行、国防和能源公司实施了新一轮制裁。制裁的目的是要从经济层面再次阻断俄罗斯崛起的步伐，逼迫俄罗斯政府做出有益于西方国家的改变。因此，可以说乌克兰危机不仅展露了美俄之间强硬的对立态势，也无情地撕裂了俄罗斯与欧洲各国之间的信任与合作，使俄罗斯陷入了被孤立的战略困境。

在美国的战略考量中，中国也被视为潜在的威胁国家，遏制中国发展也是美国战略的重要部分。因此，2012 年年初美国推出的新军事战略时，奥巴马甚至直言不讳地表示，美军处于“一个过渡时期”有必要对其关注重点进行再平衡，把重心转向亚太地区，以维护亚太的“安全与繁荣”。正是美国遏制中国的战略，激发了周边与中国有利益冲突的国家参与到遏制链条当中，这是中国目前面临的主要地缘安全挑战。面对美国咄咄逼人的战略遏制，中俄两国的国家安全和战略利益受到了相同的威胁和挑战，中俄两国练手应对美国的战略围堵和空间挤压成为必然的选择。《孙子兵法》在《谋攻篇》中指出，“不战而屈人之兵，善之善者也。故上兵伐谋，其次伐交，其次伐兵，其下攻城”。中俄加强全方位合作也是“伐谋”及“伐交”的具体应用，宗旨就是同占强势地位的美国相抗衡。

二、中俄关系发展面临的挑战

近年来，由于两国高层互访频繁，两国经贸往来也十分活跃，中俄关系继续保持积极向上的发展势头。但是，两国深入合作仍受到一些主客观因素的干扰，使彼此合作的深度和广度难以达到预期值，双边合作潜力的发挥也会受到一定程度的影响。

1. 俄军方对中国综合国力的增长有所顾虑

在俄罗斯，如同在欧美和日本一样，长期以来，人们习惯于一个贫弱的中国，对于中国的迅速崛起没有思想准备，并由此引起某种担心和恐惧。俄罗斯军方非常担心中国日益强大的经济力量会转变成为军事力量。近年来，由于美国不断推进针对中国的军事基础设施、扩大反导系统且制定全球快速打击的战略，这迫使中国除了在质量和数量两方面壮大战略核力量之外别无选择。对此，俄罗斯军方也表现出了夹杂多种情绪的关注。2014 年 1 月 27 日，俄罗斯之声电台网站刊登了俄罗斯战略和技术分析中心专家瓦西里·卡申撰写的题为文章《中国的核武器与亚洲局势》。文章指出：“中国核力量期待的不仅仅是技术进步和数量增长……它业已成为中国崛起的重要指标之一。”文章进一步指出，“中国核潜力的急剧上升将迫使人们重新审视美国为其亚洲盟友提供的安全保障。如果与中国发生军事冲突意味着不仅仅是丢掉几座城市的风险，而是可能面临彻底的灭顶之灾”。俄军方对中国除核武器之外军力接近或正在超过俄罗斯、进而赶超美国的看法一直以来都存在。因此，俄罗斯军方对中国军力上升表现出的关切和忧虑，在俄中关系日益密切背景下，政治上不容许显露这种心态，俄军只能找其他理由落实对策，诸如继续调整靠近中国的远东地区军事部署就是一种释放忧虑情绪的策略。同时，为避免太落后于中美两国，俄罗斯军方也继续推进未来 10 年斥资 6 100 多亿美元更新武器装备的宏伟计划，以期能够提升并确保军事实力的相对优势不受到影响。

2. 俄罗斯忧虑中国崛起会影响东亚地缘政治结构

相对于地广人稀的俄罗斯而言，中国拥有庞大的人口优势和巨大的经济增长潜力。面对中国的崛起，俄罗斯存在既想借重中国经济发展，又不想陷入被裹挟和依赖的矛盾心态。这种心态对中俄双方的进一步合作是一个掣肘。

首先，在俄罗斯看来，中俄在远东地区的人口数量和经济发展的对比严重失衡，对俄罗斯远东地区边境安全会形成一定的压力。俄远东地区面积 600 多万平方公里，人口已减少到 670 万，而对面的中国东北三省就有 1 亿人口。中国移民大量涌入西伯利亚和远东，甚至超过当地的俄罗斯人。

其次，在经济发展方面，部分俄罗斯人认为中国目前经济的飞速发展是建立在大量原材料的透支消耗基础上，还有些人对发展同中国的经济合作怀有顾虑，担心俄罗斯会变成中国的“资源附庸”，未来大量的中国商品涌入俄罗斯，将挤垮俄罗斯的民族工业。

再次，在地缘政治结构来看，任何一个国家都会不安于周边大国的崛起和强大。正在摆脱国家解体之痛和刚刚走出衰退的俄罗斯，会以怀疑和警惕的眼光观察外部世界。尽管俄罗斯是一个军事实力堪与美国比肩的大国，但在综合国力迅速得到提升的崛起大国（中国）面前，加之中俄之间历史上还存在过领土和边界纠纷，俄罗斯不可避免地会担心中国的崛起会使力量对比进一步发生不利于俄罗斯的变化，打破东亚地缘政治的平衡，使俄罗斯在同中国的合作中变成“小伙伴”。

当然，目前两国关系正处于历史最好时期，双边关系发展已经比较稳定和成熟，能够经受得住一些国际重大事件的考验。虽然影响双边关系进一步发展的因素依然很多，但是双方在考虑自身利益时，已经能够兼顾对方利益关切，而且随着两国国内政局的稳定，两国外交政策不断成熟，中俄关系仍会稳中有进。

第五章　中印关系新走向

中国外交需要处理好三个方面的核心关系，分别是大国关系、邻国关系、发展中国家关系，这三大关系处理好坏直接关系到中国外交的成败得失。① 因此，这三大关系之间应保持平衡、协调，既要考虑主次轻重，又要做到统筹兼顾，要以与大国外交为关键，以与周边外交为首要，以对发展中国家外交为基础。② 环顾周边 14 个邻居，放眼世界 190 多个国家，只有与印度的外交关系重叠包含了上述三层含义。印度是一个正在兴起的新兴大国，又是中国的邻国，还是发展中国家。因此中印关系也就带上了关键性、首要性和基础性的特点。③ 李克强总理把上任以来访问的首站设在印度，2014 年 9 月，习近平主席又对印度进行国事访问，这些访问突出反映了中国政府对优先发展中印关系的重视程度。因此，了解、认识中印关系的发展与走向具有积极意义。

第一节　中印关系的形成与发展

一、冷战期间的中印关系（新中国成立至冷战结束）

中印两国都曾遭到西方殖民主义的侵略和统治，殖民统治给两国人民带来了深重灾难，因此两国在争取各自解放和独立的斗争中相互支持，1947 年 8 月 15 日，印度独立。1949 年 10 月 1 日，中华人民共和国成立。1950 年 4 月 1 日，中印两国建交，印度是第一个与中国建交的非社会主义国家。1953 年周恩来在接见印度代表团时首次提出了和平共处五项原则。1954 年 6 月，周恩来总理访问印度，这是周恩来总理第一次访问印度，两国总理在联合声明中再次重申了著名的和平共处五项原则。此后不久，印度总理尼赫鲁对中国进行了回访，这是新中国接待的第一位外国首脑。20 世纪 50 年代是两国友好交往的黄金时期。但是，1959 年后中印关系开始恶化。印度插手西藏问题，干涉中国内政，并不断侵蚀中国藏南地区，给两国和平友好发展埋下了阴霾。1962 年，中印边境发生大规模武装冲突，两国关系降到了冰点，外交关系仅维持在代办级。1965 年至 1976 年的 11 年间，两国经贸往来完全中断。直到 1976 年两国才恢复了正常大使级外交关系，经贸合作有所增加，但仍然处于低水平发展的阶段。中印边界战争给双方都留下了深刻烙印，阻碍了高层交往与政治互访，特别是增加了两国民众的敌对情绪，给两国友好交往史留下了不愉快的一页。然而，1979 年后，在国际大气候的积极影响下，中国和印度调整了各自的对外政策，相互发出积极信号，中印关系朝着正确方向发展。1979 年时任印度外长瓦杰帕伊首次访问中国，中国副总理邓小平与其长谈，表达中国愿意和印度在和平共处五项原则基础上发展友好合作关系，这次会见是两国关系解冻的真正开始。1980 年，英迪拉·甘地再次出任印度总理，其执政期间印度对中印边界问题的政策发生了微妙变化，开始向积极方向发展，印度方面不再强调解决边界问题是中印关系正常化的前提。随后，中国外交部长黄华访问印度，双方协商后一致同意发展其他领

①、③ 赵伯乐. 中印关系——新型的大国关系[J]. 当代亚太，2005（8）：31，36.

② 李而炳. 21 世纪前期中国对外战略的选择[M]. 北京：时事出版社，2004：4.

域的关系与解决边界问题同时进行。但是直到20世纪80年代后期起，两国各领域的交流才日益增多。

经济上看，这段时期中国和印度的合作不多。新中国成立初期，两国刚摆脱了殖民统治，百废待兴，可以进行经贸合作的领域不多，整个20世纪50年代都是以互惠互助，互通有无为主。20世纪60、70年代受西藏问题和中印边界争端的影响，两国经贸往来几乎中断，这种冷淡局面一直持续到80年代中后期。

总体来说，冷战期间中印关系落差比较大。新中国成立初期至20世纪50年代中期，是中印友好交往的黄金时期，“印地秦尼巴伊巴伊”（印中人民是兄弟）的口号便是那段友好历史的见证。而1962年两国则兵戎相见。到80年代，在两国政府和人民的共同努力下，中印关系才逐步走上正常化轨道。因此，外交终归是外交，无论是新中国成立初期的友好关系，还是60、70年代两国关系的恶化，以及80年代关系的改善，归根到底还是国家利益决定一切。正如印度首任总理尼赫鲁所说，无论是帝国主义国家，还是社会主义、共产主义国家，应该考虑的最基本一点就是国家利益。不可否认，即使在中印交往的最好时期，尼赫鲁政府制定的对中国政策也始终是围绕印度国家利益。中印关系很不稳定，有诸多不确定因素，全面发展尚需时日。

二、冷战后的中印关系（冷战结束至新世纪初）

冷战逐渐走向终结之际，世界格局剧变，中国和印度两个大国突然发现，它们对世界形势的看法以及在诸多领域的观点几乎不谋而合，比如在建立国际政治经济新秩序、人权等领域。至此，中国和印度都意识到改善双边关系的重要性。

1988年12月，印度总理拉吉夫·甘地对中国进行了里程碑式的国事访问，这是中印边界冲突后两国首脑恢复互访的重要标志，基本消除了两国交往的政治障碍。时任国家总理李鹏会见了拉吉夫·甘地总理，双方举行会谈，一致认为在和平共处五项原则基础上恢复、改善和发展中印睦邻友好关系，是两国的共同愿望，双方同意通过和平友好方式协商解决边界问题。虽然早在1976年中印在外交层面就有过各种接触，但双方高层会见的时机似乎始终未成熟，因此这次访问具有里程碑式的意义。1993年，时任印度总理拉奥访华，中印签订了关于在中印边境实际控制线地区保持和平与安宁的协定。1996年，时任国家主席江泽民访问印度，这是中印建交以来，中国国家元首首次访问印度。访问期间，两国领导人进行了富有成效的会谈，签署了关于在中印边境实控线地区军事领域建立信任措施的协定，共同确立在和平共处五项原则基础上建立面向21世纪的建设性合作伙伴关系，同时双方在推动经贸合作、加强高层互访、推进多领域合作等方面达成了广泛共识。

但是事态发展并不如愿。1998年，印度核试验，并且把核试验原因归咎于中国，大肆宣扬“中国威胁论”，两国关系严重受挫，一下降到了冰点。尽管后冷战前期，两国关系一度正常化，双方高层往来不断，但就在这时，突然出现印度视中国为“头号敌人”的看法，使中国不得不重新评估对印政策，再次审视两国关系，这促使双方关系不可能会向积极方面发展。印度核试验风波是当代中印关系发展史上的一段小波折，僵持时间不长。一年以后，经过双方高层的共同努力，为摆脱外交现实困境，印度政府领导人表示愿意寻求发展对华关系。1999年，印度外长贾斯旺特·辛格访华，双方再次确认两国交往的基础是和平共处五项原则，发展中印关系的前提是互不视对方为威胁。

由此，中印关系步入改善和发展的进程，两国在科技、文化、经贸等领域的交流与合作日益加深。20 世纪 90 年代初以来，中印双边商品贸易额持续增长。由 1990 年的 2.633 亿美元，增加到 1998 年的 19.22 亿美元，增长了 7 倍多。① 总体来看，中印双边贸易总额不大，但基本趋于平衡。

后冷战时期的中印关系仍处于“正常化”进程中。两国政治互访与交流虽然不断，但起点仍然较低，还未步入正常轨道；边界磋商谈判虽然进行了多轮，形成了解决边界问题的政治指导原则，但是要确定一条稳定、清晰、双方均认可的共同边界尚需时日；经济贸易关系虽然有所增长，但是发展水平仍然比较低。另外，印度以“中国威胁论”为借口进行核试验，也给双边关系发展蒙上了阴影。总体来看，两国关系进展缓慢，水平较低，受到诸多不利因素干扰，更加紧密的中印政治经济关系仍然还在构建之中。

三、新世纪的中印关系（2000 年至今）

2000 年，正值中印建交五十周年，两国各领域的交流与和合作全面展开，中印双边关系得到了进一步的改善和发展。

政治上，高层互访不断，推动政治互信。2000 年 5 月 28 日至 6 月 3 日，应时任国家主席江泽民邀请，印度总统纳拉亚南对中国进行国事访问，双方就两国关系深入交谈，并就两国共同关心的地区和国际问题交换了意见，取得了诸多共识。2002 年，朱镕基总理访问印度。2003 年 6 月，印度总理瓦杰帕伊对中国进行了为期 6 天的正式访问，双方签署了《中华人民共和国和印度共和国关系原则和全面合作的宣言》，宣言确认双方同意开展经常性高层交流、互访，两国外交部长有必要每年举行会晤。2004 年 11 月，时任国家总理温家宝在老挝首都万象会见印度总理辛格时表示，中印关系目前正处于历史上“最好时期”。2005 年 4 月，温家宝访问印度，中印签署《中华人民共和国与印度共和国联合声明》，宣布建立战略合作伙伴关系。2006 年，时任国家主席胡锦涛对印度进行国事访问，这次访问是自 1996 年江泽民访问印度以来，中国国家元首第二次访问印度，印度方面举行了盛大的欢迎仪式，双方共同确定 2006 年为中印“友好关系年”。2010 年中国和印度建交 60 周年，两国举行了丰富多彩的庆祝活动，同时，为加强民间交流，双方确定 2011 年为“中印交流年”，鼓励两国学者、社会团体、青年开展学术交流，以增进相互了解。2013 年，李克强总理出访印度，对深化中印合作，实现互利共赢具有积极作用。2014 年，中国国家主席习近平对印度进行了为期三天的国事访问，在访问期间，中印两国在贸易、投资、金融、基础设施等领域签署近 20 项协议。印度总理莫迪与中国国家主席习近平的会晤表明中国与印度的关系达到历史最好时期。

经济上，近年来中印经贸关系发展迅猛，2000 年双边贸易额为 29.1 亿美元，2001 年达到 36 亿美元。2002 年，朱镕基总理访印期间，双方签署了 6 个合作文件，据中国海关总署统计，当年中印贸易额上升到了 49.46 亿美元。2003 年中印签署了《中华人民共和国和印度共和国关系原则和全面合作的宣言》，两国贸易额达到 76 亿美元，2004 年增至 136 亿美元，2005 年 187 亿美元，2010 年 617 亿美元，2011 年增加到 740 亿美元，2012 年略有下降为 665 亿美元。② 总体来看处于平稳上升趋势。习近平主席访问印度时，我国对印度作出超过 1 000 亿美元的投资承诺，中国企业还将在印度铁路更新改造及高速列车等项目上投资超过 500 亿美元，在印度的交通建设、港口建设及

① 蔡宜斌. 21 世纪中印经贸关系走势探析[J]. 财经贸易，2000（6）：36.
② 高骞. 中印经贸关系及其前瞻[J]. 经济视角（下），2011（8）：170.

河流连通计划上再投资500亿美元，中国将在印度投资建立工业园区。

新世纪的中印关系基本沿着稳步上升的轨迹前行。尽管双方高层接触明显加强，政治互信有所增进，经济合作和贸易关系继续改善，文化和民间交流快速发展，但是，在过去一段时间里，双边仍然经历了不小的风波，特别是双方在中印边界西段的“帐篷对峙”事件引起了媒体的广泛关注甚至热炒。这种情况说明，尽管中印政治关系已经达到了一定层次，但由于受边界争端等不利因素的影响，中印整体关系还存在较大脆弱性，未来不排除会出现因各种偶然因素而导致双边关系起伏波折的情况。对此，我们要保持警惕和清醒，力争避免不必要的麻烦，推动中印关系不断向前迈进。

第二节　中印关系的基本格局

中印关系是目前亚洲最重要也是最复杂的双边关系之一，纵观两国建交60多年的风雨历程，总体上可以说是在曲折中稳步前进。20世纪50年代是两国的“蜜月期”，60年代两国因为边界问题交恶，70年代中印关系开始解冻，但是两国关系真正步入比较稳定和健康的轨道却是始于1988年，印度总理拉·甘地访华起。除1998年印度核试验后有过一段时间不长但影响不小的挫折外，两国关系保持了良好发展势头。中印都从过去双边关系的经验教训中得到了启迪，都认识到和平共处五项原则，过去是、将来仍是发展中印关系的基础。

在国家关系上，中印关系的基本格局表现为合作与冲突交织并存。一直以来，印度在中国对外战略中的地位比较边缘，其原因在于中印既不是全面互信、具有共同战略利益的伙伴，也不是危机四伏、冲突频仍的敌人。[①] 正确认识印度在中国对外战略中的地位是正确处理中印关系的必要前提之一。

当前中印关系进入一个新的活跃发展时期，其中既包含了合作协调、积极正面的动因，也有诸多对立冲突、消极负面的因素将两国关系不断推向不稳定的方向。目前，中印关系的积极因素主要体现在经济、贸易、民间交流、文化、环境保护等全球性领域，通常将此归入所谓的“低政治”领域；而消极因素相对较多地体现在政治、军事、安全等领域，通常被归入传统的“高政治”领域。近年来，围绕两国边界争端产生的问题来看，这种消极的趋势有所发展，并直接指向中印关系中令人不安的一面。[②]

近年来，中印在“高政治”领域的摩擦不断增多，如在边界问题上，尽管2010年12月温家宝总理访印后，双方成立了处理边界问题工作小组，对缓解两国已出现的矛盾摩擦有一定积极作用，但从近期看，在中印边境实际控制线印方一侧，印度有加快军事部署的趋势，意在保持对华军事优势。2011年以来，印度国防部多次宣布在边境地区扩大军事设施建设，不仅建立了能打到中国境内的导弹基地，派驻了更多战机，而且还决定要增派多达10万人的山地作战部队进入边境地区。同时，印度还高调开发战略武器系统，大力扩展国防能力，目标或明或暗针对中国，更是直接激发了中国媒体和舆论的强烈反响。印度的行动与两国1996年签署的军事互信协定的基本精神是相违背的，而印度辩称其行为是防御性的，是为不测做准备的，并将矛头直接指向中国，鼓吹“中国威胁论”。由此可见，中印边界争端的前景不容乐观。[③]

在西太平洋和印度洋地区，中印安全关系存在着一些新的变数。印度公开介入南海事务，派遣舰只进入有争议水域，加强与中国有争议国家的军事合作，并公开宣称印度在本地区有重

① 叶海林. 中国龙印度象竞争与合作并存[N]. 京华时报，2013-7-15：3.

②、③ 赵干城. 中印关系：现状、趋势与应对[M]. 北京：时事出版社，2013：60，66.

大利益需要维护等，这些公然侵害中国利益的事端随着南海争议激烈化而呈上升趋势。更主要的是印度日益重视在印度洋上掌握主导权。印度首任驻华大使、现代海权理论奠基人潘尼迦就认为印度的前途不是在陆地的边境，而取决于其三面环绕的广阔海洋；印度洋是印度的洋，印度的安危系于印度洋，民族的利益在于印度洋，未来的崛起也依靠印度洋。因此，印度方面视中国在印度洋的活动为重大障碍，千方百计排除中国在印度洋的合理参与，极力排斥中国海军力量在印度洋活动，对中国与印度洋沿岸其他国家的正常合作持怀疑和排斥的态度。印度在进入直至控制印度洋方面有着天然的地理优势，但目前缺少实现目标的力量。因而近年来印度一方面全力投入远洋海军建设，另一方面加强与美日等海军大国合作，多次在印度洋上进行联合演习。印度把持的“印度洋海军论坛”邀请诸多非印度洋国家参加，唯独坚持不让中国参加。这些举动都反映出印度对中国进入印度洋戒心甚重，在政治、安全、军事等“高政治”领域确实存在高度戒备现象。

在达赖和涉藏问题上，印度近年来的态度有明显变化，印度前总理辛格在印度议会公开表态支持达赖，以及印度政府竟然允许达“赖窜”访所谓的“阿鲁纳恰尔”邦等，都显示印度在该问题上与中国政府达成的默契在逐步消解，印度可能在考虑进一步利用当前形势来增强对中国的话语权。①

在经贸、文化和民间交往等所谓的“低政治”领域，双方交往建立在全球化背景下互利互惠的基础上，因此发展相对较迅速。仅从两国贸易量看，2011 年两国贸易额达到创纪录的 739 亿美元，相比 2002 年两国贸易量不到 30 亿美元，在短短 10 年时间里增长了 20 多倍，速度非常快。2002 年朱镕基总理访问印度时就曾提出中印两国的经济结构具有互补性，印度软件服务业较发达，而中国硬件制造业较好，合作前景非常广阔，印度软件四大巨头相继落户上海浦东。另外，2002 年 4 月，印度亚洲信息技术学院（AIIT）与首都师范大学联合创办非学历的高等软件学院——华印软件学院。③ 中国的通信设备制造商华为公司也在印度软件之都班加罗尔建立了研发中心。可以说中印经贸关系的合作平台早在 2003 年瓦杰帕伊访华时双方就已经筑就，推动经贸合作是两国领导人会谈的必要主题之一。经过双方共同努力，两国经贸关系取得了长足进步，无论在质上还是量上都有突出体现，这对中印不太稳定的政治关系都会产生一定积极影响。

两国文化、民间交流近期呈现出积极良性的态势。中印建交 60 周年时，两国互办“印度年”和“中国年”。2012 年是“中印友好合作年”，两国携手举办了一系列人文合作项目。中印“百人青年团”互访活动反响较好，进展十分顺利。中国演艺团体在印度成功举办了商演，为两国加深了解注入了新动力，增进了两国民间交流和互访。2013 年，中国领导人习近平主席和李克强总理上任后，也是通过多方途径与印方领导人建立积极友好的合作关系，双方签署了《文化合作协定 2013—2015 年执行计划》，内容涉及文化、艺术、教育、新闻传媒等，双方同时商定把 2014 年定为“中印友好交流年”。这一系列文化交流活动对增进两国关系具有积极意义。

虽然中印在经贸、文化、民间交流等领域取得了诸多成绩，但是双方仍然存在不少问题：一是印度对华贸易逆差突出，并且这种贸易逆差呈逐年上升趋势，在短期内较难改变现状；二是印度多年来强调要改善对华贸易结构，希望提高对华出口商品的技术含量，改变一直以来向中国出口铁矿石等原料为主的状况，但是这种努力并未见成效，现状仍没有真正改变；三是中国和印度虽然同为新兴的发展中经济体，但是两国经济地位还在拉大，政治地位也有悬殊，印度能否容忍

①、② 赵干城. 中印关系：现状、趋势与应对[M]. 北京：时事出版社，2013：68-71，26-28.

这种差距，也是我们需要积极关注的。[②]

因此，就目前中印关系来说，两国需要审时度势，加大合作，避免卷入冲突，推动两国关系向前发展。2014年习近平在印度《印度教徒报》和《觉醒日报》发表题为“携手共创繁荣振兴的亚洲世纪”的署名文章中提出，亚洲的崛起需要中印国携手共进，共促繁荣。“世界工厂”和“世界办公室”的强强联合，将形成最具竞争力的生产基地、最具吸引力的消费市场，由中印崛起带来的“亚洲世纪”已越来越明显。

第三节　中印关系面临的机遇和挑战

一、中印关系面临的机遇

1. 高层交往提升政治互信，营造推动中印友好交往的良好氛围

高层互访对改善、提升国家间政治互信有重要作用。印度驻华大使苏杰生曾指出，在过去25年中，高层互访在中印关系发展中扮演了重要角色，自1988年以来，印度总理访问中国5次，总统访问中国3次；中国国家主席访问印度2次，总理访问印度5次。为推动两国关系发展，增信释疑、交流沟通起到了积极作用。此外，上海合作组织、金砖峰会、东盟地区论坛等多边舞台也是两国领导人交流、沟通的重要平台和渠道。[①]李克强总理2013年5月访问印度的一个重要成果就是，双方达成一致从战略或全局角度看待中印关系，求同存异，寻求共同利益，推进全面合作，造福两国和两国人民。

2. 相似政治诉求奠定合作基础，为两国解决政治分歧明确了途径

发展经济增强国力，是中印两国目前以及未来相当长时期内的主要奋斗目标，中国和印度都十分需要一个和平的周边环境。然而目前，国际形势不稳定性增加，中印两国领导人意识到，两国在双边、区域和全球事务上有许多共同利益，两国基于共同利益的双边或多边合作，是两国共同应对挑战的基础，也是中印关系平稳发展的根本。印度也不希望这个世界由一超主导，它希望建立一个多中心的世界，印度则是中心之一。两国领导人也反复强调要通过协商解决分歧，而不是武力手段。因此，中印两国需要顺应大势，抓住全球战略力量变化带来的机遇，务实创新，凝聚共识，进一步推动国际格局向多极化方向发展，扩大话语权，共同推进国际政治经济新秩序的建设。

3. 经济交往互惠互利，中印经贸合作成为推动中印关系向前发展的原动力

中印经济实力的提升和经济规模的不断扩大，为两国关系发展奠定了坚实基础。中国于1978年改革开放，印度1991年实行经济改革，此后两国经济都保持了快速增长，成为引领世界经济发展的佼佼者。无论是20世纪90年代发生的金融危机，还是在这些年世界经济不景气情况下，中国和印度仍然能够保持较快、平稳的增长，为世人所瞩目。随着两国经济实力的增强，人民生活水平稳步提升，市场需求不断扩大，成为美欧等西方国家看好的“十大新兴市场”；同时，中印两国互为有潜力的大市场，两国经济规模的扩大和经济实力的提升一定能够为中印合作创造有利条件。

中印两国在经济上各有优势，通过合作可以达到优势互补，取长补短。随着中印经济发展和科技进步，两国间经贸合作的机会越来越多。过去，中印工商界和经济界对双方的互补性认识不

---

① 吴兆礼. 试析目前中印边界谈判面临的机遇与挑战[J]. 国际关系研究，2013（12）：88.

足，贸易往来的产品局限于初级产品，例如，印度缺少煤矿资源，中国向印度出口煤和焦炭，可以满足印度钢铁工业需要，而中国钢铁工业发展需要铁矿砂，印度每年向中国出口大量铁矿砂。这只是两国在初级产品领域的合作。今天，中印都是有科技竞争力的国家，双边贸易正迅速由初级产品和原材料交换转向高附加值产品的交易，一些中国企业，如海尔集团、华为科技等企业经成功走进印度市场；印度著名软件企业也在上海建立了软件开发公司，越来越多的印度技术人员来到北京硅谷“中关村”工作。通过交流合作，两国可以达到优势互补，取长补短。

4. 推进民间交往，是未来保证中印关系发展的重要支撑

中印两国领导层对此有深刻认识。2002 年，朱镕基总理访印时就强调加强两国人民相互了解，特别是对彼此现状了解的重要性。2005 年，中印宣布开展经常性青年交流活动，开启两国青年百人团互访，目的就是夯实中印友好的基础。同时，两国还邀请媒体记者互访，取得了一定成功，其目的也是基于加强沟通以发展两国长期友好关系。可以说，加强两国民间交流与促进相互了解，是两国高层推进彼此了解的重要举措。这些举措无疑会对中印民间交往产生积极影响，成为两国关系发展重要支撑。

二、中印关系面临的挑战

1. 在国际层面，中印大国战略十分相似，两国在大国政治地位上是有冲突的

在过去 20 年中，印度实现了经济的持续增长，并且在下个 10 年中保持继续增长的前景看好。2020 年，印度可能成为世界第三大经济体。尽管印度国际政治地位不如中国，它不是联合国常任理事国，但是印度的理想、抱负并不是作一个二流国家。早在印度建国时，尼赫鲁就曾说过：“印度要么成为有声有色的大国，要么销声匿迹。”[①] 因此，在谁是发展中国家领头羊？谁是发展中国家的后起之秀？谁代表了世界新兴工业国家的前进方向？这些问题上中国和印度有冲突。

2. 中印关系中的巴基斯坦因素

中巴关系是影响中印关系的一个重要因素。中国和巴基斯坦有着十分友好的传统友谊，两国在经济、政治、国际问题等方面相互支持，保持着长期且有效的合作。在 1965 年和 1971 年的两次印巴战争中及克什米尔问题上，印度都指责中国站在巴基斯坦一边。中巴关系始终是印度关切的问题。印度认为中国想利用巴基斯坦遏制印度，指责中国不仅在印巴问题上支持巴基斯坦，而且还暗中武装巴基斯坦。因此，在中、印、巴三边关系中，印度一直心存戒备，耿耿于怀。

中国表示愿意同步发展中印、中巴关系，中国在与巴基斯坦保持友好关系的同时，也愿意与印度发展同等水平的友好关系。其实早在冷战结束前后，中国就调整了南亚政策。转折点是，在印巴最敏感的克什米尔问题上，中方采取的是相对中立和超脱的态度。1991 年时任国家总理李鹏访印期间在发表的中印联合声明中，提出在西姆拉协定框架下，印巴两国通过谈判和平解决克什米尔争端。1996 年江泽民访问巴基斯坦时，在巴议会的演说中提议，印巴双方应搁置历史遗留问题，建立和发展相互关系。同时，中国支持南亚区域合作联盟，鼓励南亚小国与印度合作。1999 年，卡吉尔冲突在克什米尔印巴控制线地区发生，中国保持中立立场，呼吁双方尊重之前划定的控制线、早日停火。2002 年，在印巴关系急剧恶化的情况下，中国采取了中立立场，呼吁双方保

① [印]贾瓦哈拉尔·尼赫鲁. 印度的发现[M]. 齐文，译. 北京：世界知识出版社，1956：57.

持冷静，做了很多劝和工作。中国的立场是视印度和巴基斯坦都是朋友，表明不会因为印巴关系而影响到中印关系的发展，也不会因此而忽视中巴关系，中国愿意和印度、巴基斯坦同步发展双边关系。印度的周边外交也发生了一定程度的调整，积极发展印巴关系，向巴基斯坦抛出了橄榄枝，在对等原则上恢复了两国的民航运输，恢复了同巴基斯坦的大使级外交关系。

3. 在双边层面，中国和印度最大的冲突就是领土问题

中印领土争端区域涉及三段：东段有 9 万平方公里，即我们的藏南地区，由印度实际控制；西段 3.3 万平方公里，是我们的阿克塞钦地区，中国实际控制；中段有 2 000 平方公里，双方已经交换了实控区地图，问题较少，已得到初步解决。

中印边界问题，究其根源，是英国殖民主义制造出来的。1914 年 3 月 24 日 ~ 25 日，出席西姆拉会议的英国政府代表（英印殖民政府外务大臣）亨利 · 麦克马洪背着中国中央政府的代表，通过威逼利诱等手段，在会外同西藏地方当局代表秘密会晤，用换文的方式双方画了一条“麦克马洪线”，即所谓的“印藏边界”，企图把藏南地区 9 万多平方公里的中国领土划归英属印度。中国历任政府都未承认过这条线，它是非法的、无效的。

1947 年印度独立后，尼赫鲁政府没有正确认识英国殖民主义非法炮制的“麦克马洪线”，宣称“麦克马洪线”“就是我们的边界”，“我们坚持这条边界”。对于印度的无理要求，中国政府坚持通过和平谈判的途径解决边界问题。1959 年后，两国总理通过书信往来、边界会谈等途径协商解决边界问题。1961 年开始，尼赫鲁政府实行“前进政策”，决心要用武力甚至战争来达到其领土扩张的目的。尽管中方经过多次努力但都没有成功，中印边界争端越演越烈。1962 年 10 月，中印边境爆发了短暂而激烈的边境战争，中国取得了军事上的完全胜利，但是中印边界线并没有就此划定。此后，两国虽然经过多轮谈判，取得了某些进展，但是中印边界分歧问题没有得到根本解决。

4. 西藏分裂势力是中印关系的主要困扰

西藏是中国的固有领土，其战略地位十分重要。印度一方面承认西藏自治区是中国领土的一部分，不允许在印西藏分裂势力从事分裂中国的政治活动，另一方面对达赖分裂中国的行径态度暧昧，企图利用这个问题向中国施压。

第六章　中欧关系新走向

中欧地处欧亚大陆的两端，早在两千多年前，古丝绸之路已将中欧紧密相连。这一条横贯东西、连接亚欧的丝绸之路，是东西方的贸易商道、文化桥梁，借助这条道路，东西方的经济、政治、文化得到广泛交流与合作。历史发展到今天，“作为最大的发展中国家和最大的发达国家联合体，中欧是维护世界和平的‘两大力量’；作为世界上两个重要经济体，中欧是促进共同发展的‘两大市场’；作为东西方文化的重要发祥地，中欧是推动人类进步的‘两大文明’”①。因此，携手共创中欧更加美好的未来，为世界的和平与发展贡献力量，以创新的模式共建“丝绸之路经济带”，赋予古丝绸之路新的时代内涵，促进中欧全面战略伙伴关系上新台阶就成为了中欧双方共同的诉求和期待。

第一节　中欧关系的形成与发展

中国与欧盟（其前身是欧洲共同体）的关系，以中欧正式建交为起点，主要经历了三个阶段：中欧正式建交阶段、中欧建设性伙伴关系阶段、中欧全面战略伙伴关系阶段。随着三个阶段的发展演进，中欧双方交流合作的广度、深度日益拓展，关系愈加密切，未来前景令人期待。

一、中欧正式建交阶段

新中国成立后不久，东欧各社会主义国家就纷纷同新中国建立了外交关系，而英国等部分西欧和北欧的国家也先后承认了新中国，这就为新中国对外关系的开创和发展创造了有利的国际环境。20 世纪 70 年代中国与欧洲多国的双边外交关系进展顺利，在“1970—1973 年间，中国分别与包括意大利、奥地利、比利时、冰岛、卢森堡、塞浦路斯、希腊、马耳他、联邦德国、西班牙等一批西欧国家建立了外交关系，中国和英国以及荷兰长期的代办关系也升格为大使级外交关系。在 70 年代晚些时候，中国还和葡萄牙及爱尔兰等欧洲国家建立了外交关系”②。与此同时，西欧已经通过一体化进程获得了新的政治和经济特性。作为制约美国和苏联的一支强大力量，中国对西欧经济、政治、军事一体化进程给予了明确支持和坚决拥护。据资料显示，周恩来总理在 1971 年 6 月对到访的罗马尼亚总统齐奥塞斯库表示，欧洲“出现一种新的发展，即这些国家正在联合起来反对大国的侵略、控制和干涉”。③1975 年，欧委会副主席索姆斯访华期间，双方就建交事宜达成一致，于 1975 年 5 月 6 日中国政府和欧洲共同体宣布建立正式外交关系。中欧正式建交，开启了中欧关系的新篇章。

① 习近平会见欧洲理事会主席范龙佩和欧盟委员会主席巴罗佐[EB/OL]（2013-11-20）. http://news. xinhuanet. com/politics/2013-11/20/c_118225824.htm.

② 周弘. 中国与欧洲关系 60 年[J].欧洲研究，2009（5）：38.

③ [瑞士]哈里什·卡普尔. 觉醒的中国巨人——一个外国人看新中国前 30 年的外交政策[M]. 北京：国际文化出版公司，1987：248.

这一阶段，中欧关系的发展主要集中在经贸谈判方面：当时由于欧共体自身的发展壮大，共同体委员会已经获得了在经济贸易领域里签订协议的权力，而中国与欧共体一些主要成员国之间的双边贸易协议已经到期，在双方建交时中方又明确承诺与欧共体签订经贸协议，所以，欧共体委员会积极敦促中国就贸易协定（特别是纺织品贸易协定）与共同体（而非成员国）进行谈判。在中欧双方的积极配合和共同努力下，到1975年，欧共体与中国的贸易大幅增加，已接近日本，位居第二。1977年后，中欧双方在北京和布鲁塞尔之间展开了一系列的经济贸易谈判①，议题涉及："平等互利原则"，即中欧双方相互给予最惠国待遇；"普遍优惠制待遇"，即根据第二届联合国贸发会议决议，工业国家单方面对发展中国家的某些制成品或半制成品在一定限额内给予关税减让优惠；"减免税问题"，即对中国输往欧共体的某些货物实行进口关税减免。1978年，中国和欧共体签订了一般性贸易协定后一致同意成立中国/欧洲经济共同体混合委员会，混委会的成立，成为中国对外关系中机制建设的一个范例，也促成了1985年中欧贸易和经济合作协议的签署。

二、中欧建设性伙伴关系阶段

20世纪80年代和90年代，中国和欧洲都经历了一个快速发展的时期。一方面，中国将工作重心重新转移到经济建设的正确轨道上，实施了改革开放的重大决策，加快了社会主义现代化建设的步伐，经济和社会各项事业都得到了长足发展，综合国力显著增强，国际影响力逐渐提高。另一方面，欧洲各国也都呈现出良好的发展势头，欧洲一体化进程迈出大步：1991年12月，欧洲共同体马斯特里赫特首脑会议通过《欧洲联盟条约》，通称《马斯特里赫特条约》（简称《马约》）；1993年11月1日，《马约》正式生效，欧盟正式诞生。欧盟在对外政策领域里拥有更多的权力，开始着手制定欧盟对亚洲和中国的政策。1994年，欧盟出台了《新亚洲战略》文件，接着又于1995年公布了《中欧关系长期政策》文件，正式宣布同中国全面发展政治、经济和贸易关系，初步形成了欧盟对华战略性政策框架。1996年11月，欧委会提出了《欧盟对华合作新战略》，将欧盟对华政策具体化，强调这一政策要提高到"战略高度"，体现全面性、独立性和长期性。1998年3月，欧委会公布了《同中国建立全面伙伴关系》的战略性文件，指出要把欧中双边政治关系提高到与欧美、欧日关系同等的水平上，支持中国加入世贸组织，还提议建立欧盟—中国首脑峰会对话机制。欧盟在其1998年文件中列出了欧盟对华政策五项目标：① 将中国进一步纳入国际社会；② 支持中国向以法治和尊重人权为基础的开放型社会转化；③ 将中国进一步融入世界经济；④ 更有效运作对华资助合作项目；⑤ 提升欧盟在中国的形象。1998年，中欧决定建立面向21世纪的长期稳定的建设性伙伴关系。由此，中欧关系在双方正式建交之后又迈上了一个新台阶。

这一阶段，中欧政治交流与合作明显加强，同时双方的经贸合作有进一步的发展。首先，在政治领域，尽管中欧政治制度不同、意识形态各异，但双方在求同存异原则的指导下，积极开展政治领域的交流与合作。20世纪80年代以来，双方的政治交流明显增多，而在80年代末90年代初由于"六四"政治风波的影响，西欧发达国家追随美国一道对我国实行"制裁"，一度导致双方政治关系受到严重考验。1994年，时任国家主席江泽民访问西欧时，为了促进中欧

① 周弘. 中国与欧洲关系60年[J]. 欧洲研究，2009（5）：40.

关系平稳发展，避免消极因素的干扰，提出了中国与西欧关系的四项原则，即面向21世纪，发展长期稳定的友好合作关系；相互尊重，求同存异；互补互利，促进共同发展；加强在国际事务中的磋商与合作。这些原则为中欧关系的长期稳定发展指明了道路。同年，中欧双方签署政治对话协议，确立了结构性政治对话框架。在1998年召开的第二届亚欧首脑会议期间，中欧领导人决定建立年度会晤机制，并于当年举行第一次中欧峰会。自此，中欧峰会以机制化的形式固定下来。

其次，在经贸领域，双方都把改善经贸关系作为促进各自发展的重要前提。在这一共识下，1985年，在中欧贸易协定的基础上又签订了《欧中贸易和经济合作协定》，双方同意在工业、农业、科技、能源、交通运输、环保和发展援助等领域开展合作。1989年以后的几年，欧共体与美国等一起对中国实行制裁，使中欧经贸关系受到严重损害。但自1992年起大体恢复的中欧政治关系又为中欧经贸关系发展提供了新的动力。欧盟此后通过的几个对华政策文件，都强调要同中国发展经济和贸易关系。与此相对应，中国也在为发展良好的中欧经贸关系做出自己的政策努力。1999年双方贸易总额已达到557亿美元，欧盟已是中国的第四大贸易伙伴。

三、中欧全面战略伙伴关系阶段

进入21世纪以来，中欧关系继续保持健康稳定发展。2001年双方建立全面伙伴关系，2003年中国与欧盟各自发表对欧与对华政策文件，并在第六次中欧领导人会晤期间表示愿意发展全面战略伙伴关系，中欧关系由此进入一个新的阶段。2003年10月，欧委会再次发表了新的对华关系战略文件：《成熟的伙伴关系：欧盟——中国关系中的共同利益与挑战》，阐述了未来三年欧盟对华政策和行动的指导方针和战略发展框架。与此相呼应，中国政府于2003年10月也发表了首个对欧政策文件：《中国对欧盟政策文件》。文件指出："加强与不断发展中欧关系是中国外交政策的重要组成部分，中国致力于构筑中欧长期稳定的全面伙伴关系"，并且提出了对欧关系的具体目标。中欧关系由建设性伙伴关系、全面伙伴关系进一步提升到全面战略伙伴关系，既符合中欧双方的利益，又顺应了国际形势发展的要求。

2004年5月温家宝在访问欧洲五国和欧盟总部时曾发表了题为"积极发展中国同欧盟全面战略伙伴关系"的演讲，在演讲中对中欧全面战略伙伴关系的含义做了权威性的解读。他指出，致力于发展全面战略伙伴关系，是中欧双方的共识。所谓"全面"，是指双方的合作全方位、宽领域、多层次，既包括经济、科技，也包括政治、文化；既有双边，也有多边；既有官方，也有民间。所谓"战略"，是指双方的合作具有全局性、长期性和稳定性，超越意识形态和社会制度的差异，不受一时一事的干扰。所谓"伙伴"，是指双方的合作是平等、互利、共赢的，在相互尊重、相互信任的基础上，求大同存小异，努力扩大双方的共同利益。[①]中国同欧盟致力于发展这样一种新型关系，不仅符合中欧双方的利益，也有利于地区和世界的和平、稳定和发展。所以，中欧全面战略伙伴关系确立以来，双方在经贸、政治、人文等各方面都取得了显著成绩。

2014年3月22日到4月1日，国家主席习近平访问欧洲，又将中欧全面战略伙伴关系提升到了一个新的阶段。在访欧期间，习近平出席了在荷兰海牙举行的第三届核安全峰会，对荷兰、法国、德国、比利时进行了国事访问，并访问了联合国教科文组织总部、欧盟总部。在11天的访

① 温家宝．积极发展中国同欧盟的全面战略伙伴关系[N]．人民日报，2004-05-07.

问期间，中国与欧洲四国共签署了价值700多亿美元的120多项合作协议；中国与欧盟首次发表联合声明，宣布共同打造和平、增长、改革、文明四大伙伴关系；2014年4月2日，中国政府发表了第二份对欧盟政策文件：《深化互利共赢的中欧全面伙伴关系——中国对欧盟政策文件》，规划了今后五到十年中欧双方的合作蓝图，对深化中欧全面战略伙伴关系发挥着重要作用。正如有学者所言，“习近平主席此行促使中欧关系迈上了新台阶：中国和荷兰建立开放务实的全面合作伙伴关系；中国和法国开创紧密持久的全面战略伙伴关系新时代；中国和德国建立全方位战略伙伴关系；中国和比利时深化全方位友好合作伙伴关系；中国和欧盟深化互利共赢的全面战略伙伴关系。”①

中欧关系从与成员国的双边交往起步，逐步走向全面、深入，具有越来越深刻的战略性和全球性，这是双方共同努力的结果，更是国际关系世界格局发展的必然。

第二节　中欧关系的基本格局

中欧自1975年5月6日建立正式外交关系至今，已共同走过了40年的历程，在双方的通力合作下，已经形成了全方位、宽领域、多层次的平等合作、互利共赢的基本格局。目前中欧双方已经建立起了60多个对话机制，合作领域涵盖经济、政治、文化、科技、社会等80多个领域，未来还将进一步扩大和深化交流与合作。在众多领域的交流与合作中，经贸、政治和人文构成了支撑中欧关系的三大支柱。

一、中欧经贸合作稳步发展

经贸关系始终是中欧关系最重要的推动力量，中欧双方也一直致力于发展经贸关系，建交40年来，中欧贸易突飞猛进。1975年，中国同欧共体建交时，双边贸易额仅为24亿美元。1978年中国与欧共体签订了第一个双边贸易协定，据欧方1979年统计，中欧进出口贸易总额为46.89亿美元，只占欧共体外贸总额的0.6%。而在20世纪八九十年代，中欧贸易有了较快增长，大约每5年翻一番。到了1999年，双方贸易总额就达到了557亿美元。进入21世纪以来，中欧贸易增长速度明显加快，大约每三年翻一番。2003年，双方贸易额首次超过1 000亿美元，达到1 252.2亿美元，2004年双边贸易总额达到1 773亿美元，是双方建交时的74倍，占中国当年外贸总额的15.4%。2008年中欧贸易额达到4 256亿美元，增幅达177倍。2012年，欧盟与中国双边贸易总额达4 338.7亿美元，占欧盟对外贸易总额的12.5%；2013年的双边贸易额更是增加到6 580亿美元，欧盟连续10年成为中国第一大贸易伙伴，中国则是仅次于美国的欧盟第二大贸易伙伴。而据欧洲委员会最新数据显示，每年中欧货物额超过 5 886 亿美元，相当于每天16亿美元。在2014年4月2日中国政府发表的《深化互利共赢的中欧全面战略伙伴关系——中国对欧盟政策文件》中，提出到2020年要实现中欧双边贸易额1万亿美元的目标，该目标意味着双边贸易将增长52%。欧洲中国总商会秘书长闫宗伟在接受《中国贸易报》记者采访时说：“欧盟已连续10年保持中国最大的贸易伙伴地位，欧洲是近年来中国对外投资增长最快的目的地。如果说10年欧盟市场对于中国来说意味着经济增长的来源，那么，现在的中国市场则成为欧盟寄予厚望的未来增长极。”②

① 钟声.“欧洲之旅”的喜悦和思考[N]. 人民日报，2014-04-13：3.

② 陶海青. 习近平访欧中欧经贸合作提速[N]. 中国贸易报，2014-03-25：1.

二、中欧政治基础日益巩固

中欧关系在政治领域日益走向制度化、机制化、完善化，政治基础不断巩固，为经济和人文领域的交流与合作奠定了基础。中欧政治对话由五个层面组成[①]：① 领导人会晤。② 高级别战略对话。③ 部长级会晤，包括：中国外交部长与欧盟成员国驻华大使每半年举行一次会晤；除在联合国大会期间举行中欧外交部长年度会晤之外，还可根据需要，随时召开欧盟“三驾马车”外长与中国外长的会议；欧盟“三驾马车”负责全球政治事务的官员以及负责地区事务的官员与中国负责相应事务的官员每年举行会晤；以及欧盟轮值主席国外交部长与中国驻该国大使每半年举行一次会晤。④ 专题性对话，包括安全、防务、危机管理、非洲事务、发展问题、人权等问题。⑤ 定期专家级对话，涵盖亚洲事务、核不扩散、传统武器出口、互联网安全等问题。近年来，中欧双方高层往来日益频繁，政治对话不断深入。

其中，作为中欧之间最高层级的政治对话机制——中欧领导人年度会晤，自建立起来，已成功举行 11 次，规划并引导着双方关系的战略方向。双方建立起涵盖各层次、各议题的政治磋商机制，就双边及重大国际和地区问题定期进行交流和沟通。另外，中欧高级别战略对话也在发挥着日益重要的作用。中欧高级别战略对话于 2010 年正式启动，双方最高官员为欧盟高级代表与中国负责外交事务的国务委员。该对话迄今已举行三轮，分别于 2010 年 9 月在贵阳、2011 年 5 月在布达佩斯以及 2012 年在北京举行。中欧高级别战略对话为中欧双方就战略性问题和外交政策交换看法、增进双方之间的政治理解和互信、深化互利合作增添了一个重要渠道，这也是最高领导层与从事实际工作的政府部门之间的一个重要环节。

总体来说，中欧政治关系发展平稳，且未来前景比较乐观，因为，正如温家宝 2009 年在剑桥大学的演讲中所说：“中欧合作基础坚实，前景光明”，既不存在历史遗留问题，又不存在根本利害冲突。中欧之间多层次、全方位的政治对话与合作正是这一“坚实基础”所在。与此同时，同为世界上重要的政治力量，中欧双方在国际层面的政治合作也在日益拓宽和加深。

三、中欧人文交流方兴未艾

近年来，随着文化软实力在国家综合实力中的地位的不断凸显，世界各国普遍重视开展“文化外交”，着力构建官方与民间广泛参与、文化交流活动和文化产业合作并举的国家文化交流与合作框架。与此相适应，中欧之间的人文交流也呈现方兴未艾的大好趋势，2010 年中欧峰会宣布，将把中欧人文交流机制建设成为“中欧全面战略伙伴关系”在经贸关系与政治对话之外的“第三支柱”。2012 年 2 月，第十四次中欧领导人会晤期间，该机制正式建立。同年 4 月 18 日，机制第一次会议在布鲁塞尔举行。

自中欧关系进入全面战略伙伴关系阶段以来，中欧之间对人文交流的重视程度日益提高。2003 年 10 月，中国在对欧盟政策文件中率先表示应大力发展中欧人文交流，认为双方应“互鉴互荣，取长补短，扩大人文交流，促进东西方文化的和谐与进步”，承诺“中国将以更加开放的姿态，巩固和深化与欧盟成员国在文化领域的交流与合作，逐步形成中国与欧盟、欧盟成员国及其地方政府，以及民间、商业等多层次、全方位的人文交流框架，为中欧人民相互了解对方优秀文化提供便利。

① 关于中欧政治对话框架的简介可参见欧洲联盟驻华代表团网站：http://eeas.europa.eu/ delegations/china/political_relations/pol_dialogue/index_zh.htm.

中国将逐步在欧盟成员国首都及欧盟总部布鲁塞尔建立中国文化中心，也欢迎欧方根据对等、互利原则，在北京设立文化中心；鼓励中欧共同举办高水平的人文交流活动，开拓文化产业合作的新模式；探讨建立中欧文化合作磋商机制和共同举办‘中欧文化论坛’”（《中国对欧盟政策文件》）。欧盟在随后发布的对华政策文件中回应了中方的表态，表示“支持中方所提出在文化和文明对话框架内处理人际关系的倡议”，“为促进相互理解，应采取措施，通过加强旅游、教育和文化领域的交流，推动人员之间的往来”。（《欧盟对中国政策文件》）在双方共识的指导下，近年来，中欧人文交流活动全面发展，中国与欧盟 15 个成员国分别签订了文化合作协定或年度交流计划，欧盟 10 多个国家的文化部长和欧盟委员会文化与教育委员相继访华。目前，中欧双方已经建成多层级、多主体、内容广泛的文化交流机制，规模和范围都空前扩大。

在中欧高级别人文交流对话机制启动仪式上，欧盟委员会教育、文化、语言多样性及青年事务委员瓦西利乌发表讲话指出，开展人文交流的主要目的是：“通过密切的双边人文交流，促进中欧之间的了解和认知；在充分的信息交换的前提下，鼓励开展具体的活动；在充分尊重受到双方高度重视的差异性前提下，支持双方社会的积极发展。”① 会议期间，中欧双方在教育和语言多样性、文化、研究人员流动和青年等四个方面进行了商讨，采取了一系列后续活动；会后双方共同签署了《中欧高级别人文交流对话机制第一次会议联合宣言》。中欧高级别人文交流对话机制的建立，能够为双方在人文领域交流信息，增强互信，促进中欧关系持续发展发挥重要作用。而 2014 年 4 月国家主席习近平在对荷兰进行国事访问并出席第三届核安全峰会之际，在荷兰《新鹿特丹商业报》发表了题为《打开欧洲之门携手共创繁荣》的署名文章。在文章中习近平主席又特别指出：“人文交流是促进和平发展的积极要素，也是经济发展的重要推动力。中欧作为东西方两大文明的代表，为人类进步做出了不可磨灭的贡献。中欧人口总量和经济总量分别占世界四分之一和三分之一，扩大人文交往，对增进相互了解、促进社会繁荣至关重要。我将同欧洲领导人就深化中欧人文合作、便利双方人员往来等交换意见，努力增进双方民间友好，促进东西方两大文明互通互鉴，推动人类文明进步和繁荣。”②

第三节　中欧关系面临的机遇和挑战

一、中欧关系面临的机遇

中欧关系在近年来取得了显著进步，双方交流合作的广度、深度、密度都达到了前所未有的程度。这一方面得益于经济全球化背景下良好国际环境的影响，另一方面也得益于中欧双方利益共同点的不断扩大，从而为中欧关系的良性发展奠定了坚实的基础。

1. 经济全球化加快发展为中欧关系的进一步发展提供了良好的国际环境

进入 21 世纪以来，中欧关系之所以能够得到迅速发展，一个重要的契机就是经济全球化的加速发展。经济全球化是 21 世纪最突出和最鲜明的特点，对于密切不同国家或地区之间的关系，具有重要作用。概括来说，经济全球化是生产要素的全球配置与重组，是生产、投资、贸易、消

① 安德鲁拉. 深化中欧人文交流　促进文化教育合作——在中欧高级别人文交流对话机制启动会议和签字仪式上的讲话[J]. 瓦西利乌，金雷，译，世界教育信息，2012，6（下）：16.

② 习近平在荷兰《新鹿特丹商业报》发表署名文章打开欧洲之门携手共创繁荣[N]. 人民日报，2014-03-25：2.

费在全球范围内的大规模流动，是世界各国、各地区的经济融为统一的、相互依存的经济体系的过程，它已经成为21世纪不可逆转的历史洪流。主要表现为世界经济内在联系的密切性和外部互动的包容性，由它释放出来的巨大的世界生产力动能，是推动世界巨变的根本动力。如果没有经济全球化带来的商品、资本、人才、劳务的大量广泛流动以及跨国公司大发展所提供的良好国际环境的推动和保证，就不可能出现中欧经贸关系如此迅猛的发展。此外，科学技术的突飞猛进，也为中国和欧盟各自的蓬勃发展提供了巨大空间，给中欧关系带来了难得的发展机遇。与此同时，良好的中欧关系又促进了全球的战略稳定和经济、科技的发展。

2. 中欧之间利益共同点不断扩大为中欧关系良好发展奠定了客观基础

国家利益是外交关系的核心，一切外交关系都是围绕着国家利益展开的。不同国家或地区之间具有共同的利益和诉求，是开展外交关系的基础和前提。中国与欧盟之间建立全面战略伙伴关系，中欧关系愈加密切，主要原因是双方有着重要的共同利益、广泛的共识及众多的合作需要，而且随着经济全球化和政治多极化的深化，这种利益、共识及合作需要在不断增加。中国梦的实现离不开欧洲，欧洲梦的实现也离不开中国，由此决定了双方在国际关系上应当相互理解和支持，加强战略合作。而双方利益共同点的不断扩大为推动中欧关系的进一步发展奠定了良好基础。

首先，中欧在经济上有很强的互补性和相互依存度。欧盟是发达国家联合体，可以向中国提供现代化建设所必需的资金、技术、高端技术以及管理经验等；经济保持快速发展势头的中国具备世界上最丰富的人力资源和最广阔的市场潜力，它所蕴含的巨大商机，是欧盟及其成员国不愿也不能丢失的。双方的互相依赖程度越深，合作的范围越大，对对方的借重和期望值也随之升高，以期最终达到“双赢”。中欧经贸合作已经成为发达国家和发展中国家之间国际分工互利合作实现共赢的典型模块组合。

其次，中欧在政治领域对话不断加强。目前中欧在政治领域已建立了高级别的领导人对话机制，这种首脑会晤机制最重要的功能是创造一种“对话”的氛围，以便为各层次的对话打好基础。对话的目的不仅是提供一个交流的论坛，而且可以提供双方发现共同立场的舞台，为进一步合作创造条件。由于中欧关系已经确立了“以合作取代对抗”的基调，所以双方的合作才得以全面展开。

最后，中欧双方在许多重大国际问题上有着广泛共识。中欧在双边和多边重大国际问题上有着一系列的共识：一是在新的世界格局和国际秩序的建立方面，中欧双方都主张世界格局的多极化，反对霸权主义和强权政治；二是在联合国的作用和改革问题上，中欧双方都主张依靠联合国，通过对话、协商的方式，积极推动国际关系民主化和法制化；三是在区域合作问题上，中欧双方支持对方各自的计划并支持世界其他地区的区域合作；四是在气候变暖问题上，中欧双方都认识到必须强调气候变暖所带来的威胁的迫切必要性，必须要采取有效措施加以改善；五是在能源、资源和治理问题上，中欧双方在现有能源供应的稳定性、新型能源供应、合理范围内的可预测价格、新技术与可再利用资源的开发等方面，都有着重大的利害关系；六是在核不扩散问题上，中欧在联合声明中已确立了核不扩散的一致意见，而且已经开始施行这一声明。由此可见，中欧的接近不是某个突发事件或利益凑合的结果，加强和发展相互关系的共同利益具有长期性和根本性，中欧关系长期向好的基本面和趋势只会不断加强。

二、中欧关系面临的挑战

从总体上讲，目前中欧全面战略伙伴关系的势头是良好的，在稳步向前发展，然而由于中国和欧盟之间存在社会制度、价值观念、经济发展水平和历史文化等多方面的差异，中欧关系无论在经济还是政治领域，都不可避免地存在着一些矛盾和摩擦。因此，在客观分析中欧关系现状、肯定双方关系发展面临良好机遇的同时，也要清醒地认识到其中的问题和面临的挑战，以便化消极因素为积极因素，变被动为主动，优化我们的战略决策。具体来说，当前阻碍中欧双方关系发展的障碍主要有以下三个方面。

1. 欧盟不承认中国的完全市场经济地位①问题

对于是否承认中国市场经济地位问题，中国与欧盟的争论由来已久，尽管近些年来中国在改革开放和市场经济建设中取得了举世瞩目的成就，但欧盟却一直未承认中国的市场经济地位。在欧盟的贸易法中，中国一直被定为“国营贸易国家”。由于这一“待遇”，中国出口的商品价格因为要与我国香港、新加坡甚至美国同类产品的价格来比较而被认定为是否倾销，从而使得欧盟在对中国进行“反倾销”调查中存在较大的随意性和不公平性，这严重影响了中国公司在应付反倾销指控时的自卫能力。近年来，随着中欧经贸关系的不断发展，中欧贸易总额不断增加，2013 年的双边贸易额更是增加到 6 580 亿美元，欧盟连续 10 年成为中国第一大贸易伙伴，中国则是仅次于美国的欧盟第二大贸易伙伴。但与此同时，中国也因此成为欧盟反倾销的“重灾区”。自 1979 年欧盟首开西方国家对华反倾销之先河以来，中国遭遇欧盟的反倾销案不断增加。据欧盟委员会公布的数据，2012 年欧盟共发起 13 起反倾销调查和 6 起反补贴调查，其中涉及中国产品的反倾销调查 4 起、反补贴调查 3 起。2013 年中欧贸易摩擦问题依然严峻，欧盟委员会决定从 6 月 6 日至 8 月 6 日对产自中国的光伏产品征收 11.8% 的临时反倾销税，涉案金额高达 220 亿美元，是迄今欧盟发起的针对中国规模最大的贸易诉讼。经过双方磋商，欧盟最终未对输欧光伏产品征收 47.6% 的惩罚性关税，虽然此次贸易摩擦得到解决，但可以预见在未来的一段时间内此类事件仍会发生。

当然，作为正处于“转轨”中的发展中国家，我们的市场经济制度还有待进一步完善，欧盟有人认为中国国家及企业有部分存在尚不完全符合市场经济待遇的指标，可以理解，但是一个不合理的地方在于，欧盟在拒绝给予中国以“市场经济国家地位”的同时，却给市场经济发育并不比中国完善的俄罗斯和乌克兰以这种地位。同一问题却采取双重标准，这不能不说是一种歧视。如果在这一问题上双方一直无法达成一致的话，必将会影响中欧经贸关系的健康持续发展。

2. 中欧贸易摩擦问题

由于受欧债危机的影响，欧盟经济长期疲软，为了保护和促进本区域成员国经济的发展，欧盟加大了贸易保护的力度，从而导致中欧之间的贸易摩擦明显增多。近年来，中国成为欧盟最大的采取贸易防御措施的对象国，这可以通过近几年来中国遭遇欧盟的反倾销和反补贴调查案件数量了解（如表 6.1）。

---

① 市场经济地位（Market Economy Status，MES），是反倾销法中的一个特定概念，它是相对于“国营贸易国家”而言的，意谓该国的商品定价系市场因素决定，而非政府人为规定。承认或给予一国以“市场经济国家地位”，意味着在调查该国出口商品是否存在倾销时，可以以其国内价格为参照；反之，就必须以确定的“市场经济国家”的同类产品价格为参照。所以这里涉及的只是商品的定价，而非衡量一个国家是否已是市场经济的问题。见戴炳然：《走向成熟、健康、稳定的中欧关系——中欧建交 30 周年感言》，载《欧洲》，2005（2）.

表 6.1　欧盟新设立反倾销和反补贴调查案件数量

	2008 年	2009 年	2010 年	2011 年	2012 年
中国（起）	6	7	10	8	7
欧盟总计（起）	20	21	18	21	19
中国占比（%）	30	33	56	38	37

资料来源：《欧盟委员会 2012 年反倾销、反补贴和特保统计资料》，http://trade.ec.europa.eu/doclib/docs/2012/december/tradoc_150133.pdf。

除了贸易摩擦的案件数量不断增多以外，贸易摩擦的领域和范围也不断扩大，从低端产品转向高技术含量产品。欧盟对我国发起的反倾销调查已不再局限于纺织品、鞋类等低端产品，而转向电子产品和新能源产品等高技术含量产品（如表 6.2）。

表 6.2　2008—2012 年欧盟发起“双反”调查案件数量

产　品	2008 年	2009 年	2010 年	2011 年	2012 年
化工产品	0	9	7	11	—
纺织品	—	3	—	—	—
木材和造纸	—	—	2	—	—
电子产品	—	1	2	—	2
其他机械工程产品	1	1	1	1	1
钢铁产品	11	4	3	6	11
其他金属产品	5	1	—	1	—
其他产品	3	2	3	2	5
总　计	20	21	18	21	19

资料来源：《欧盟委员会 2012 年反倾销、反补贴和特保统计资料》，http://trade.ec.europa.eu/doclib/docs/2012/december/tradoc_150133.pdf。

另外，欧盟对华贸易防御已不仅局限于反倾销，而是往往采取反倾销和反补贴“双反”调查，加大贸易防御的力度。比如 2012 年欧盟对中国的太阳能面板案和有机涂层钢材案都采取了“双反”调查的方式。

3. 欧盟尚未解除对华军售禁令问题

所谓欧盟对华军售解禁问题，从程序上说，就是欧盟要废除 1989 年 6 月欧共体部长理事会针对中国所作的政策声明；从内容上说，主要就是解决欧盟对华常规武器转让问题。

2003 年 10 月，中国政府在首次制定的对欧盟政策文件中，明确指出欧盟应早日解除对华军售禁令，为拓宽中欧军工、军技合作扫清障碍。从那时起，欧盟能否解除持续了近 15 年的禁令问题进入了人们的视野，并逐渐成为中欧关系中引人注目的一个焦点。2004 年 12 月，欧盟布鲁塞尔首脑会议正式决定将解除对华军售禁令纳入欧盟的议事日程，并宣布将 2005 年 6 月底定为最后期限。但是在随后的发展中，欧盟这一立场却多次动摇。在 6 月 13 日的欧盟外长会议上，各国外长讨论决定放弃原定于 6 月底取消对华武器禁运的计划，并表示将不在该问题上设置新的时间表。由此可见，解禁的日期将继续后延。

欧盟之所以在解禁问题上态度摇摆不定，究其原因，欧盟成员国之间在解禁问题上存在分歧。目前，欧盟是拥有 28 个成员国的联合体，许多重要决定需要所有成员国一致同意。在解禁问题上，每个成员国的首肯更是必不可少。目前，虽然法德意等国坚决主张解除这一过时的禁令，但还是有一些成员国持反对态度。按照欧盟现行的“一票否决制”，只要任何一个成员国反对，就可以让解禁化为泡影。另外，美国也在干预。欧美之间虽然存在不少分歧，但是双方在多数问题上拥有共同利益和看法，在经济政治领域有着极强的相互依赖关系。美国为了遏制中国，对欧盟对华军售解禁问题一直高度敏感，极力阻挠，而欧盟各成员国又不能完全无视美国的意见，所以对待解禁问题一直摇摆不定。欧盟对华军售解禁，其政治意义大于军事意义，体现了一方消除对另一方的政治性歧视的问题，直接关系到双方未来长远发展问题。

第七章　中东局势新走向

“中东”指西亚和北非地区，不属于正式地理术语。16至17世纪，欧洲人向东方殖民时，以其通向亚洲的路途远近，将东方的广大地区分为“近东”“中东”和“远东”。西亚和北非即“近东”。第一个把该地区称为“中东”的，是美国海权论鼻祖阿尔弗雷德·马汉（1840—1914）。现在，这里的民族都用“中东”一词来称呼此地。

一般而言，中东地区包括：西亚的波斯湾沿岸八个产油国（即沙特阿拉伯、伊拉克、伊朗、科威特、阿拉伯联合酋长国、巴林、阿曼、卡塔尔）；地中海东岸的五国（即叙利亚、约旦、黎巴嫩、以色列、巴勒斯坦）；阿拉伯海和红海边缘的也门；北非的埃及，马格里布联盟五国（即阿尔及利亚、利比亚、摩洛哥、突尼斯、毛里塔尼亚），以及因历史文化原因也属中东的苏丹、南苏丹和索马里。此外，北面的阿富汗与中东联系密切；土耳其和塞浦路斯虽在地理上属于中东，但自认为属于欧洲。

通常认为，中东问题是指阿拉伯国家与以色列之争，其核心是巴勒斯坦问题，此乃二战后延续至今的热点。半个多世纪以来，由于中东的战略地位和资源牵动许多国家的利益，在此基础上又衍生出多次爆发的局部战争、石油武器与经济危机、化学武器与核武危机、西方价值观的冲击与伊斯兰原教旨主义的复活、美国“反恐”与恐怖主义泛滥等问题，其影响波及全球。

2011年，源于长期积累的政治和经济矛盾，在西亚北非诸国爆发了一系列普通民众旨在改善民生、民权和增加民主的反政府示威运动。它直接推翻了突尼斯、埃及、利比亚和也门的四国政权，并潮水般席卷整个中东，使各国相继陷入冲突或战乱……经过三年发展，这场剧变已从内生性、局部性和低烈度的政治运动，演变为地区和全球大国纷纷介入的热点问题，并与旧有未能解决的热点问题相互渗透和影响，使中东动荡的区域不断扩大。

解读这些问题，尝试预测中东局势的未来演变，需要从其背后综合发生作用的自然与历史概况、民族与宗教矛盾、经济与政治制度，以及近代以来大国利益的博弈等诸多内外因素的影响谈起。

第一节　中东问题及其国际影响

一、中东问题的基本诱因

1. 地理位置——战略要地，兵家必争

中东的地理位置极具战略意义。它地跨欧、亚、非三洲，沟通大西洋和印度洋，交汇地中海、红海、阿拉伯海、黑海和里海。尤其是连接和沟通这“两洋”“三洲”“五海”的土耳其海峡、霍尔木兹海峡[①]、直布罗陀海峡、苏伊士运河与曼德海峡，更是须臾不可或缺的咽喉要道。故中东

① 注：波斯湾通过唯一的出口——霍尔木兹海峡与阿拉伯海相连。20世纪60年代后期至80年代初期，波斯湾石油总出口量的90%～95%均由霍尔木兹海峡运出，峰值时每天通过海峡的油船和其他商船达300余艘。霍尔木兹海峡也因此成为一条关系许多国家兴衰的战略要地。

地区自古以来便是列强逐鹿，大国必争之地。

2. 自然资源——石油丰足，淡水匮乏

中东的石油资源极其丰足，这里集中了全球70%以上的石油储量。据美国《油气杂志》2006年数据显示，即便已经过了长达百年的开采，其原油探明储量还有 1 012.7 亿吨，约占全球总储量的 2/3。世界原油储量排名的前十位中，中东国家就占了五位，依次是沙特阿拉伯、伊朗、伊拉克、科威特和阿联酋。中东也是世界最大的石油出口地，其石油主要输往西方发达国家。一个多世纪以来，五次全球性的经济衰退，其中三次（1973、1979、1990）即是源于中东局势动荡所引发的油价暴涨[①]。石油利益的驱动使中东充斥和弥漫着大国争取能源安全制动权的角逐，以及产油国之间的边界冲突。

中东的淡水资源极度匮乏。撒哈拉沙漠、阿拉伯沙漠和地中海以东的沙漠覆盖并威胁着大片地区。阿拉伯半岛没有常年河流。雨季和山洪暴发时，山谷积水成河，天晴则干涸无水。夏季到处是炎热的酷暑，有的地方气温可高达 54 °C。大部地区年均降水量在 100 毫米以下，离地中海215 公里的开罗年均降水量仅有 28 毫米，干旱持续数年之久已司空见惯。有的石油富国如沙特、科威特和阿联酋不得不耗费巨资，淡化海水来缓解用水困难。加之中东人口正以平均 3% 的速度增长，进一步加速了水资源的紧张状况。各国间围绕河流、湖泊水资源分配上的矛盾层出不穷。

3. 文化冲突——民族仇恨，宗教纠葛

中东地区的文化冲突主要表现在五大民族、三大宗教以及伊斯兰两大教派之间的猜忌、宿怨与持续千年的流血之争。

中东的民族主要有阿拉伯、土耳其、波斯、库尔德和犹太五大民族，主要的宗教是亚伯拉罕诸教，即伊斯兰教、基督教和犹太教。它们有共同的祖先——闪米特族长亚伯拉罕（又称易卜拉欣）[②]，都崇拜唯一的造物主（或称真主、安拉，或称耶和华、上帝、雅威），都把耶路撒冷看作是本教派的圣城。

中东人数最多的教徒是穆斯林。他们虔心信奉的伊斯兰教传统渗入社会生活的方方面面，影响深远。此外，还有为数不少的天主教徒、基督徒、东正教徒和犹太教徒等。宗教的纠葛与流血冲突，集中表现为亚伯拉罕诸教之争，以及同属伊斯兰教的逊尼派和什叶派之争。再加上不同种族（主要是阿拉伯人与犹太人，与波斯人、土耳其人和库尔德人）之间的猜忌和宿怨，使原本可以和谐相处的社会甚至家庭，都被撕成破碎的残片。

4. 巴勒斯坦问题的由来

巴勒斯坦古称迦南，位于西亚地中海沿岸，包括现在的以色列、加沙、约旦河西岸和约旦。公元前 20 世纪，闪米特族的迦南人定居于此地。公元前 13 世纪，菲力斯人从海上入侵，并在沿海建立国家。“巴勒斯坦”希腊语意为“菲力斯人之地”，该地遂由此得名。公元前 11 世纪，犹太人在此建立希伯来王国，以后相继受亚述、巴比伦、波斯和马其顿等帝国统治。公元前 63 年，罗马帝国统治了巴勒斯坦，犹太人被逐出，流散世界各地，饱受歧视。公元 7 世纪，阿拉伯人战

① 注：国际货币基金组织估算，油价每上涨 5 美元/桶，全球经济增长率下降约 0.3 个百分点。

② 注：据圣经旧约所载，亚伯拉罕有两子。他与其妻撒拉所生的以撒是犹太人的祖先，今以色列国源于此系；他与其妾夏甲所生以实玛利，被赶至阿拉伯半岛繁衍生息，即是阿拉伯人的祖先，伊斯兰教先知穆罕默德即其后裔。

胜罗马帝国，成为巴勒斯坦的主要居民。

16 世纪，巴勒斯坦被奥斯曼土耳其帝国吞并。19 世纪末，犹太复国主义运动兴起。第一次世界大战（简称一战）结束后，巴勒斯坦由英国委任统治。犹太复国主义得到英美等支持，大批犹太人迁入巴勒斯坦，对阿拉伯人的生活造成冲击。二战期间，600 万犹太人遭到纳粹的灭绝性屠杀，加快了犹太复国主义发展。在第六次移民潮（1882—1948）中，46 万多犹太人移居巴勒斯坦，同阿拉伯人的矛盾日益尖锐。此即巴勒斯坦问题的开端。

二、中东问题及其持续发酵

一百年前的中东和现在几乎完全不同，其大部分在奥斯曼帝国版图之中。一战时，奥斯曼帝国参加德方，其战败使中东遭到瓜分。法国肢解叙利亚，占据叙北部、支持黎巴嫩独立；哈希姆人给予英国很大支持，英许诺支持其成立独立国家又背信弃义，将阿拉伯半岛统治权给了另一部落，即今日沙特；哈希姆人辗转伊拉克，又迁至约旦河东岸，成立了约旦王国……殖民统治“分而治之”的政策给中东各民族带来深深的创伤，埋下冲突和仇恨的种子。

二战后，英法势力转衰，被挤出中东的传统势力圈，中东进入美苏争霸的时期。冷战后，美在中东基本上是独步天下，英法俄等只是其“小伙伴”或“小对手”。中东的问题，无论呈现为战争还是和平，抑或是不战不和的僵局，都渗透着美国为主的大国利益博弈及其强力操控。

（一）阿以问题形成与五次中东战争

阿以问题形成的标志是巴勒斯坦分治决议（1947 年 11 月 29 日，联合国通过）。决议规定：建立阿拉伯国和犹太国。将巴勒斯坦总面积的 57%（大部是较肥沃的沿海地带，集中了多数淡水资源）划给犹太国；总面积的 43%（大部是贫瘠丘陵，首尾被分割成三块）划归阿拉伯国；耶路撒冷国际化。决议的显失公平，引起阿拉伯人满腔愤慨和双方群殴，甚至杀人放火。犹太恐怖主义团体开始有组织的报复。从此，中东再也无法从世人眼中淡出。

第一次中东战争（巴勒斯坦战争）。1948 年 5 月 14 日，以色列国成立。次日，埃及、约旦、叙利亚、黎巴嫩和伊拉克对以宣战，以色列节节败退。开战第三天，美向安理会建议令双方停火。以色列利用停火的四周，从美英法大量进口武器，世界各地的犹太志愿兵纷纷参战，至 7 月 9 日以军发动了攻击……战争历时 15 个月，以阿方失败告终。耶路撒冷被阿以停火线切割为东、西部分，巴勒斯坦人居多的东区被约旦占领，犹太人为主体的西区被以占领。联合国划归巴勒斯坦的土地 4/5 被占，96 万巴勒斯坦人逃离家园，沦为难民。

第二次中东战争（苏伊士运河战争）。英法联合以色列，为反对埃及将苏伊士运河国有化，于 1956 年 10 月至 11 月发动的。埃及军民奋起反抗，沉船 40 条堵塞运河。伊拉克和沙特对英法实行石油禁运。美苏态度强硬，推动安理会要求英法以撤军。战后，英法宗权益归于美国；苏联也通过对埃经济、军事援助加紧渗入中东。美苏争夺，中东局势更加风云激荡。

第三次中东战争（六・五战争）。1964 年 6 月，巴勒斯坦解放组织（巴解）成立，不断袭扰以色列，叙以边界冲突不断。1967 年 5 月 22 日，埃及宣布封锁亚喀巴湾，禁止以色列船只通过蒂朗海峡。6 月 5 日，以色列对埃及、约旦和叙利亚发动突然袭击，占领了巴勒斯坦仅剩的加沙与约旦河西岸、埃及的西奈半岛、耶路撒冷约旦所辖东区和叙利亚的戈兰高地，共 6.5 万平方公里土地，100 多万阿拉伯人被驱离家园，沦为难民。阿以矛盾愈加恶化。

第四次中东战争（十月战争、赎罪日战争）。1973 年 10 月 6 日（穆斯林的“斋日”，犹太人的“赎罪日”），埃叙军队为打破美苏制造的“不战不和”僵局，同时向以军发起突然袭击，打破了以军不可战胜的神话。以军猝不及防，处境艰难，向美求救。凭借美国紧急空运的新式武器和卫星拍摄的战场形势图，击败埃叙。同时，苏军进入戒备状态；美国则用更大的危机感来化解危机——其全球部队进入三级戒备，并坚决反对以色列征服任何新领土，苏联退让。1973 年 11 月，十月战争结束。

第五次中东战争（以侵黎战争）。十月战争后，黎巴嫩成为阿以冲突新热点。这里驻有叙军和巴勒斯坦难民，是巴解袭扰以色列的主要基地。对此，黎巴嫩穆斯林支持，基督徒反对，双方摩擦不断致内战爆发。1982 年 6 月，以在美支持下出动十万大军对黎发动进攻，占领其半壁江山，重创巴解，给叙军以沉重打击。巴解撤至突尼斯等 8 国；叙军撤往贝卡谷地。黎南部许多城镇村庄被夷为平地，70 万人失去家园。9 月 15 日，以支持黎巴嫩基督教民兵，对贝鲁特巴勒斯坦难民营进行了持续 40 小时的大屠杀。战后，以还假手这支力量，一直变相占领黎国土 1/10。阿以关系进一步恶化。

（二）阿拉伯世界分化与中东和平进程

在阿以间长期的冲突中，由于美国几乎每次都站在前面保护以色列的生存权，并从肯尼迪时代开始，逐渐将两国关系升级为战略盟友；由于移民文化的活力和世界各地犹太人的慷慨援助，以色列逐渐由西亚小国发展为中东强国。

阿拉伯一方却因各国利益的不同日渐分化，主要表现在以下几个方面：第一，1977 年 11 月，埃及总统萨达特造访以色列，并于次年 9 月在美国同以色列签署了《戴维营协议》，埃以两国结束了战争状态。阿拉伯国家相继与埃及断交，阿拉伯世界的盟主位置悬空。第二，巴解原是在阿拉伯兄弟的支持下成立的，但由于内部派别众多，难以统一行动，部分人甚至做出让一些阿拉伯国家头痛不已的事情[①]。第三，阿拉伯各国日渐更加关注本国利益[②]，对巴勒斯坦的支持开始流于形式，阿以矛盾演变为巴以矛盾。上述情势变化迫使巴解主席阿拉法特面对现实，谋求美国等西方大国支持，接受联合同第 181 号决议，承认以色列的存在，巴以和谈提上桌面。

1993 年 9 月，阿拉法特和以色列总理拉宾在华盛顿签署巴勒斯坦自治《原则宣言》。1995 年，以军撤出加沙与约旦河西岸；巴解组织建立巴勒斯坦自治政府。然而由于巴解诞生于以色列境外，与以境内的巴勒斯坦人没有直接联系，根本控制不了自治区的局面，巴方强硬派哈马斯急剧发展，

---

① 注：巴解成立后，驻扎约旦的巴解游击队完全不把约旦政府放在眼里。他们控制炼油厂甚至自行收税；从约旦出发袭扰以色列，以则不断报复约旦，使约巴关系紧张；认为约旦国王侯赛因牺牲巴勒斯坦土地同以媾和、并与美关系密切，是“帝国主义的走狗”，两次试图暗杀他；甚至怀疑埃叙也为本国利益出卖他们。1970 年 9 月，巴解劫机并炸毁三架国际班机后，约旦武力驱逐巴解，引起阿拉伯世界的强烈反应和叙、以、苏、美干预，巴解遭重创，被迫转移到黎巴嫩贝鲁特，此即约旦危机。（摘自文天尧：《好懂的极简中东史》，凤凰出版社，2013 年版，第 100-104 页。）

② 注：1973 年十月战争后，埃及总统萨达特在美斡旋下同以色列于 1978 年签订《戴维营协议》，以归还埃及领土；埃允许以色列船只自由通过苏伊士运河和蒂朗海峡，1980 年，埃以建交。埃及遭阿盟开除、制裁，萨达特被国内极端组织枪击身亡。1991 年中东和会在马德里召开，实现了阿以直接接触。叙、巴、约、黎均与会，埃及则以观察员身份参加；实现了巴以相互承认；在联合国第 242 和 338 号决议基础上产生了“以土地换和平”的原则。阿以冲突走上布满荆棘的和平解决之路。1994 年 10 月约旦和以色列签署《和平协议》解决了土地争端，11 月建立外交关系，实现了关系正常化。（摘编自《中东问题的历史和现状》，新华网 2004 年 11 月 10 日文。）

巴勒斯坦人的反以情绪进一步高涨，加沙地带与约旦河西岸治安日益恶化。巴以矛盾再次升级。同年 11 月，主张“以土地换和平”的拉宾被暗杀，和平进程停滞。

2000 年 9 月，以色列强硬派领导人沙龙“访问”穆斯林视为“尊贵禁地”的耶路撒冷东区阿克萨清真寺，引发旷日持久的巴以流血冲突。2001 年 9 月 11 日事件后，沙龙指认阿拉法特领导的巴民族权力机构是“支持恐怖主义的实体”，入侵巴控城市。双方以暴制暴，陷入报复与反报复的恶性循环。

2007 年，小布什政府斡旋下的巴以和谈，在耶路撒冷归属、以色列人定居、巴勒斯坦难民回归、巴以边界划定，以及巴以水资源的分配问题上，争执不下。奥巴马政府先后于 2010 年和 2013 年两次主导的和谈，均告失败[①]。

2014 年 6 月 12 日，3 名以色列少年在约旦河西岸失踪，6 月 30 日其尸体被找到；两天后，1 名巴勒斯坦少年被残忍杀害并焚尸。凶手被指分别是来自巴勒斯坦和以色列的极端分子。这几名少年的遇害，再次引爆了巴以民众的互相憎恨，被点燃的怒火蔓延至多地，导致多起街头暴力骚乱与示威抗议。哈马斯不断向以色列发射火箭弹；而以色列则不顾平民伤亡和国际压力，持续空袭哈马斯控制的加沙地带。加沙局势将继续恶化。

（三）宗教、民族矛盾，资源控制与局部战争

1. *伊朗伊斯兰革命和美国人质危机*

伊朗古称波斯，有灿烂的古文明，由于其衔接欧亚非三洲、控制波斯湾出口霍尔木兹海峡，为兵家必争之地。海湾石油于 1908 年在伊朗被首先发现。为世界第四大石油生产国、石油输出国组织第二大石油输出国，油气出口占经济收入 80%。近代沦为英俄半殖民地。二战期间，德英美苏围绕伊朗油田展开过激烈争夺。二战后，因美国大力扶持、援助而拥有强大军力，一直在海湾地区称霸。1963 年，巴列维国王施行白色革命，企图参照美国模式重塑世俗化的伊朗，犯了穆斯林民众的大忌；不仅如此，他还签下美方人员享受治外法权等条款，同时中饱私囊，按西方生活方式奢侈生活……这些遭到宗教人士的强力反对。巴列维武力镇压，并将宗教领袖霍梅尼驱逐出境。

1977—1979 年，伊朗伊斯兰革命爆发。巴列维流亡国外，霍梅尼回国任最高神权领袖，并建立政教合一的制度[②]，改国名为伊朗伊斯兰共和国，改变外交政策，将美以视为头号敌人[③]。

---

① 注：关于最新一次和谈失败为 2014 年 4 月 23 日，巴勒斯坦民族解放运动（法塔赫）和巴勒斯坦伊斯兰抵抗运动（哈马斯）达成和解协议，开始组建联合政府。美国国务卿克里强调，将“在组成、政策以及行动三方面评价任何一个政府”。该表态与美国向来否定任何由哈马斯参与组建的政府立场有所不同。白宫一名高级官员也对以色列媒体表示，只要巴新一届联合政府能够遵守此前巴勒斯坦民族权力机构所签署的所有和解协议，美国“无法控制巴方如何组建自己的政府”。以色列随即宣称，不会与一个由“旨在消灭以色列的恐怖组织”哈马斯支持的巴政府和谈。4 月 26 日，以方表示，由美国主导的最新一轮和谈“已经死亡”。

② 政教合一制度，即政权和神权合二为一的政治制度。其基本特点是：国家元首和宗教领袖同为一人，政权和教权由一人执掌；国家法律以宗教教义为依据，宗教教义是处理一切民间事务的准则，民众受狂热和专一的宗教感情所支配。中世纪时期拜占庭帝国、阿拉伯帝国、印度、意大利等实行过这一制度。当代，在严格意义上采用该制度的只有梵蒂冈和伊朗。摘自《中国大百科全书》，中国大百科全书出版社，1998 年版，第 6141-6142 页。

③ 注：伊朗认为，以色列是中东“祸根”，在美袒护下以色列愈发跋扈与乖张，中东人民不得安宁，必须对之实施“根治”。在伊朗，“反美”与“反以”近乎于同义词。

同时企图“输出革命”，将伊斯兰教什叶派的信仰推广到整个中东，埃及、沙特、约旦等先后与之断交。

1979 年 10 月，流亡国王巴列维赴美治病，伊朗要求引渡巴列维，遭美拒绝。霍梅尼号召青年向美、以示威。11 月 4 日，德黑兰学生占领美国使馆，扣留使馆人员 66 名，此即美国人质危机①。自此美伊断交，双方的敌视持续至今。

2. 两伊战争

这是 1980 年 9 月至 1988 年 8 月发生在伊朗和伊拉克之间的边境战争。战争不仅源自两国的矛盾，也包含美国与其他阿拉伯国家的助推作用。归纳起来，主要有以下缘由：一是边界争端。阿拉伯河为两国界河，是两伊重要的石油出口通道，两国都声称对它拥有主权。二是民族矛盾。伊朗人口多为波斯人，伊拉克多为阿拉伯人。历史上两族发生过多次冲突，积累了不小的宿怨。三是宗教分歧。伊朗是伊斯兰教什叶派掌握国家政权；而伊拉克虽为什叶派发源地，什叶派人数占多数，掌权的却是逊尼派。伊斯兰革命后，霍梅尼试图“输出革命”，以什叶派教义统一中东，威胁到伊拉克政权。四是萨达姆的野心。他企图通过打败宿敌，称雄海湾、觊觎中东盟主的地位②。此外，霍梅尼的“去西方化”使西方对伊朗没有好感；伊朗人质危机使美决定帮助伊拉克；其他阿拉伯国家担心伊朗“输出革命”，大多在政治经济上支持伊拉克，这些外部因素也助推了萨达姆的入侵行径。

两伊战争除了常规战，双方还采用了袭船战、袭击油田和空袭城市等破坏性手段。伊拉克甚至使用催泪瓦斯、芥子气等多种神经毒气来对付伊朗的人海战术。而伊朗则将战争升级为袭击支持伊拉克的海湾国家油轮。美国海军于是以护航为由，封锁波斯湾，炸毁伊朗石油平台，击沉伊朗导弹巡逻艇和一架民航客机。苏联向海湾派遣了舰队，以色列则趁乱发动“巴比伦行动”，轰炸了法国援建的伊拉克核反应堆。

两伊战争打了 8 年，国界线恢复到战前情况。两个最有实力的石油富国都打成了穷国，经济倒退 20~30 年，伤亡 270 万人。两伊企图称霸伊斯兰世界的野心得到“对冲”，美国的中东利益得到维护。

3. 海湾战争

两伊战争后，伊拉克军队由 24 万人发展到 120 万人，拥有美苏大量的先进武器，有了军事上藐视海湾各国的底气；但也欠下巨额的战争债，其中包括科威特的 140 亿美元，沙特阿拉伯的

---

① 美国人质危机后续：① 美营救人质失败。1980 年 7 月巴列维国王逝世后，美伊谈判。1981 年 1 月 52 名人质获释（14 名妇女、黑人和病人已先期释放）。② 1984 年始，伊朗被美称为“支持恐怖主义的主要国家”。理由是：伊朗支持巴勒斯坦伊斯兰抵抗运动（哈马斯）和黎巴嫩真主党；直接参与规划、支持各种恐怖行为；支持、鼓励针对以色列的恐怖活动。③ “9·11”后，伊朗对美表示同情，但美并不买账。2002—2003 年，小布什以反恐为由发动阿富汗、伊拉克战争，并将伊朗、伊拉克、朝鲜称为三大“邪恶轴心国”。④ 2005 年 6 月，马哈茂德·艾哈迈迪·内贾德当选为伊朗总统后，被人质指认参与当年的人质劫持行动。伊方坚决否认。（据文天尧著《好懂的极简现代中东史》摘编，凤凰出版社，2013 年版）

② 注：美国认为，阿拉伯地区只有两伊拥有足够的实力主导整个半岛，故挑拨两伊关系，并游走其间，试图不让其中任何一方彻底垮台。这种均势状态使美不用占领谁就在该地区维护了自己的核心利益。① 1975 年，美国务卿基辛格支持巴列维国王对当时在伊拉克控制下的阿拉伯河发动进攻。② 1986 年 11 月曝光的伊朗门事件表明，两伊战争期间，美不仅向伊拉克出售武器和提供情报，也以交换黎巴嫩真主党绑架的美国人质为由，向伊朗提供武器。（据[美]乔治·弗里德曼：《未来 10 年》、王伟：《看懂世界格局的第一本书 2》、文天尧：《好懂的极简现代中东史》相关内容摘编。）

260 亿美元（该两国均与伊拉克有边境争端，一战前科威特曾隶属于伊拉克）。伊拉克政府认为，两伊战争中其阻止了伊朗“输出革命”，为阿拉伯国家做出了贡献，科威特、沙特等应免除其战争贷款，石油输出国组织（OPEC，中文音译欧佩克）应减少产量提高油价，以协助伊拉克支付债务利息。但沙特和科威特反而提高了产量，这使萨达姆极为气愤，称此做法为“背后捅刀子”。1990 年 8 月 2 日，伊拉克入侵、吞并科威特，同时开始攻击沙特王室。

美国害怕伊拉克入侵沙特，威胁到美国的“国家利益”——海湾石油[1]，故而在联合国授权之下组织起 34 国部队，于 1991 年 1 月 16 日对伊拉克发动了进攻。战斗包括历时 42 天的空袭，以及在伊拉克、科威特和沙特边境展开的 100 小时陆战。多国部队大量采取非接触作战、非对称作战和非线性作战，给战术思维仍然停留在 20 世纪 70 年代的伊拉克军队以致命打击。伊拉克最终接受联合国 660 号决议，并从科威特撤军；而萨达姆则出乎意外地保住了权力。

海湾战争是越战后美军主导参加的第一场现代化局部战争。美首次将全球定位系统、机载警报和控制、卫星通信系统等高科技武器投入实战，展示了压倒性的制空、制电磁优势；海湾战争也是一场“媒体战”，人们首次可通过电视看到导弹发射或击中目标的实况转播。这些变化标志着战争的高技术时代到来。战争使科威特主权恢复，西方石油利益得到维护，美在西方和中东的地位加强，中东格局在表面上恢复到战前状况。然而海湾战争也带来诸多的负面影响：

（1）此即对环境破坏最大的一次战争。伊军撤出时点燃了科威特油田，900 多口油井中有 727 口起火。举世罕见的油田大火每天烧掉 600 万桶原油，每月向大气释放 67.5 万吨烟灰。大火初起时，科威特周围上空便出现大片肮脏的乌云，总长度达到千余公里，遮天蔽日的黑烟把科威特的中午变成半夜，接着又借助季风兵分两路，横扫世界，其污染远远超过苏联切尔诺贝利发生的核泄漏事故。

（2）美军大量使用贫铀弹，造成波斯湾地区的严重铀污染。伊拉克南部辐射强度骤然增大，血液病和癌症患者急剧增多。癌症死亡率为战前 10 倍。儿童受害尤重，癌症死亡率高达 16‰。数万名美英老兵也因遭到贫铀辐射，出现“海湾战争综合征”，致癌症、不可逆的肾损伤、免疫系统紊乱、生殖功能受到影响等；其婴儿中比率很高的一部分患有严重的智力缺陷或病症。

（3）战后的十多年里，美英等主导了对伊的武器核查和经济制裁。武器核查为 2003 年的伊拉克战争打下伏笔；而据 1998 年联合国儿童基金会相关报告，经济制裁导致伊拉克儿童的死亡率提高到每年 9 万。制裁伊拉克以及美国在沙特和也门的驻军，使美国在阿拉伯世界的声望大为降低。

（4）海湾战争的一个关键结果是宗教极端主义的复活。战争中沙特让美军入驻来抵挡伊拉克的威胁，沙特王室的合法性因此大受质疑，反政府活动也大大加强。为了赢得支持，沙特政府不惜花巨资来援助可能会支持它的组织。如在新建立的中亚国家中，建造上百座清真寺，向极端组织分发上百万册《古兰经》，并在阿富汗内战中，成为塔利班重要的资助者。

三、中东问题对国际社会的影响

除去每次局部战争本身造成的国际影响外，中东问题的衍生对国际社会的影响集中表现在：三次石油危机致使世界经济衰退；伊朗核问题数度由“热点”演变为“危机”；宗教极端主义复活与恐怖势力扩散；“阿拉伯之春”及其后三年的持续动荡等几个方面。

① 注：时任美国总统的老布什表示，如果世界上最大的石油储备落入萨达姆的控制中，那么美国人的就业机会、生活方式都将蒙受灾难。

(一)中东石油危机影响世界经济

石油危机是指世界经济或各国经济受到石油价格的变化所产生的经济危机。迄今被公认的三次石油危机，分别发生在 1973、1979 和 1990 年，均由中东石油主产国的战争——第四次中东战争、两伊战争和伊拉克战争所引发。

1. 第一次石油危机

20 世纪 70 年代后，西方对石油的需求急剧增长，却不肯对中东产油国的提价要求让步，双方矛盾日益尖锐，大有剑拔弩张之势。1973 年 10 月，第四次中东战争爆发，阿拉伯国家要求美国等改变对以色列的庇护态度，但美却对以进行紧急补给，使以军最终战胜埃及和叙利亚军队。10 月 16 日，愤怒的欧佩克决定提高油价并对西方实施石油禁运。

1973 年 10 月 17 日至 1974 年 3 月 18 日，油价上涨近 4 倍(从 3.01 美元/桶，涨到 11.651 美元/桶)。长达五个月的禁运引发了二战后全球最严重的一次经济危机。美国工业生产下降 14%；日本工业生产下降 20% 以上；所有工业化国家的经济增长都明显放慢。而发动石油战争的阿拉伯国家却因此增强了经济实力，统计表明，仅提价一项，就使其石油收入由 1973 年的 300 亿美元，猛增到 1974 年的 1 100 亿美元。

在第一次石油危机中，美国和阿拉伯国家完全站到了对立面。而欧佩克则由于巴以冲突的缘故，逐渐由一个经济联合体转型为一股不容忽视的政治力量——用石油武器向“挺以”的西方施压的新阵营①。阿拉伯国家的这一选择，使其借助石油震撼了世界。

2. 第二次石油危机

1978 年 12 月，伊朗爆发了伊斯兰革命，从 1978 年底至 1979 年 3 月初，伊朗停止输出石油 60 天，使石油市场每天短缺石油 500 万桶，约占世界总消费量的 1/10，引起世界石油市场的动荡和供应紧张。紧接着两伊战争爆发，持续时间长达 8 年，两个产油大国之间的战争使双方的石油设施均遭到毁灭性的破坏，原油日产量从每天 580 万桶锐减到 100 万桶以下。国际油市价格飙升，从 14 美元/桶猛增至 37 美元/桶，从而酿成第二次石油危机。尚未恢复元气的世界经济再一次陷入大规模的严重经济危机。

3. 第三次石油危机

1990 年的海湾战争更被专家形容为一场石油战争。无论是伊拉克吞并科威特，还是美对伊动武，都与石油利益紧密相关。期间，由于科威特 700 多口油井被点燃，伊拉克原油遭经济制裁停止出口，石油市场上出现了每天 300 万桶的缺口，国际油价在三个月内从 16 美元/桶急升至 41 美元/桶。美英经济加速陷入衰退，全球 GDP 增长率在 1991 年跌破 2%。国际能源机构启动紧急计划，每天将 250 万桶储备原油投放市场，沙特为首的欧佩克也迅速增加了产量，才使世界石油价格很快稳定下来。和前两次相比，全球经济受到的影响小；但欧美的旅游生意在 1991 上半年相应减少。

但石油危机也带来一些积极的变化。首先，它促使西方大国先后立法、以确保石油的战略储备。如美日德法的石油储备分别可满足本国 158 天、169 天、117 天和 96 天的消费量；中国也正

---

① 事实上，1956、1964 年的第二、三次中东战争时，阿拉伯产油国都曾对英、法、美实行石油禁运。1967 年，欧佩克的阿拉伯成员国成立了另一个重叠的组织——阿拉伯石油输出国组织(OAPEC)，以便集中向支持以色列的西方施压。埃及和叙利亚虽非主要石油输出国，也加入其中，以协助达成其目标。

加快立法，力争几年后石油储备能达到 180 天的安全消费量。其次，它刺激了非欧佩克国家的石油产量增长，到 20 世纪 80 年代前期，欧佩克的份额从 80% 逐步降到 40% 左右并持续至今。再次，它迫使各国积极寻找替代能源，发展节能环保技术。近年最引人注目的是，从页岩层中提取石油和天然气的技术正在改变全球能源供给格局[①]。

今天，尽管各国的防范意识增强，防止石油危机形成的机制日趋完善，但石油危机仍然无法完全避免。如 2001 年的“9・11”恐怖事件、2009 年以巴暴力冲突爆发、2011 年底伊朗核危机升级等，都曾引发国际油价迅速飙升。由于能源需求和供给日趋紧张的情势并未出现根本性的改变，“石油安全”已成为各国紧要的战略问题。

（二）伊朗核问题搅动国际政坛

1. 伊朗核问题的演变过程

伊朗的核开发始于 1957 年，其核技术是从美国和西德等引进的[②]。而伊朗核问题之所以成为一个问题，并数度由“热点”发展为“危机”直至战争边缘，则是在 1979 年伊朗伊斯兰革命爆发、美伊从盟友变为敌人之后。

1991 年，伊朗在俄国技术支持下，复建核电站。2003 年，因一处浓缩铀核设施被曝光，伊核问题重新引起国际社会尤其是美以关注。从那时起，以美国为首的西方与伊朗之间，围绕禁止核扩散还是坚持和平利用核能的权利，反复交锋。在长达 11 年的谈判与制裁的循环不断上演的过程中，伊朗核能力大幅增长：离心机数量从当初不到 200 台增长到目前接近 2 万台，铀浓缩能力从 3.5% 水平提高到 20% 水平，建造了重水反应堆和一个安全性更好的核设施。

然而，由于同时遭遇了层层加码的国际制裁，让极度依赖原油出口的伊朗经济体受到沉重打击。石油出口收入减半，进口商品价格飙升，本币大幅贬值，月通胀率高达 40% 左右，宽泛统计的失业率高达 24%，经济问题逐渐演变为社会问题……民众开始悄悄议论，自己究竟应该为核计划付出多大代价？付出这些代价是否值得？

2. 最新一轮伊朗核谈判及其前景

2013 年 6 月，温和派鲁哈尼战胜竞选连任的强硬派内贾德当选为伊朗总统。他在第 68 届联合国大会上声称，自己“给美国人带来伊朗人的和平与友谊”，希望在几个月内达成谈判协议，化解伊朗核僵局。正力图从中东抽身的奥巴马抓住机会，与鲁哈尼通话，打破了美伊对峙 34 年的局面，为改善关系和伊朗核谈判开启了“机遇之窗”。

2013 年 11 月 24 日，伊朗核谈判初步达成协议。伊朗停止 5% 以上的铀浓缩，削减浓缩铀材料，停止核项目研发；美欧放宽制裁措施并规定，如协议能履行，6 个月内不会发动新制裁。至此，伊朗核问题闪现转机。2014 年 5 月的谈判预期，将在 7 月 20 日达成解决伊核问题的长期协议。2014 年 7 月 19 日，第六轮伊核会谈决定，将第一阶段协议的实施期限延长至 11 月 24 日，并将继续以“有效和及时的方式”落实阶段性协议中的相关承诺。

---

① 注：2012 年 11 月 8 日，OPEC 发布了《世界石油展望 2012》。报告首次承认，页岩气的快速发展正在改变全球能源格局，页岩油的地位正在不断提升。报告预测，到 2020 年，页岩油的全球供应量将达到 200 万桶/天，到 2035 年，页岩油的供应量将达到 300 万桶/天。中期内，页岩油生产将主要集中在北美地区，从更长远的角度来说，世界其他国家和地区也将加入页岩油开发的行列。（资料来源于据能源局网站，2012-11-22）

② 注：1967 年美国向伊朗提供了一些小型核设施；1974 年德国西门子公司助伊建造布什尔核电站。美伊断交后，因美国反对和施压，西门子公司停止与伊朗合作。

伊朗核谈判的前景不大可能一帆风顺。因为谈判双方都要承受多方的压力：首先是美伊内部均有保守势力阻挠；其次是以色列和沙特等海湾国家的压力[①]；再次是美俄在乌克兰危机中的对抗会影响到双方立场的协调[②]。正如有学者所指，"上述阻力如同火车道上的扳岔，随时可能横倒下来要么叫停艰难行进中的伊朗核谈判这趟列车，要么使列车被迫改道，从而偏离正确的方向"[③]。

（三）"9·11"事件与宗教极端势力抬头

1. "9·11"事件与美国十年反恐的开端

1967年的第三次中东战争使阿拉伯一方遭到失地辱国的重创，泛阿拉伯主义[④]兴盛的时代从此不再。战争中以方占领了伊斯兰第三圣地耶路撒冷老城，不久又焚烧清真寺，激起穆斯林极度愤怒。为应对犹太复国主义和西方势力的霸权存在，阿拉伯人急需寻找新的力量源泉。当越来越多的穆斯林认为，美国持续偏向以色列，无异于羞辱他们及其宗教时，伊斯兰原教旨主义[⑤]崛起，其中极端派通过"圣战"[⑥]，以暴力和恐怖行动来反美反以，毫不令人感到奇怪[⑦]。

2001年的"9·11"事件，是历史上第二次外国势力对美本土造成重大伤亡的袭击。3 201人死于这一袭击，比珍珠港事件还要多出798人。此后，小布什政府把铲除中东的原教旨主义温床、遏制恐怖主义威胁作为美国追求的战略目标之一；认定基地组织头目本·拉登是"9·11"恐怖袭击的幕后主使；指斥伊朗、伊拉克和朝鲜为赞助恐怖主义的三大"邪恶轴心国"，并先后入侵阿富汗、占领伊拉克，开始了持续十年的"全球反恐战争"。

2. 阿富汗战争，基地和塔利班势力再起

"9·11"事件后，美国为首的联军出兵阿富汗，目的是剿灭本·拉登、"基地"组织和塔利班，扶植一个亲美的阿富汗政权；增加对南亚的影响力。战争初期，美军进展神速，两个月即

① 注：以色列一直提醒美欧等国，伊朗新姿态只不过是"披着羊皮的狼"，并保留着单独打击伊朗核设施的权力；海湾国家则认为，允许伊朗"和平"发展核计划，可能使什叶派力量壮大，继续插手叙利亚、黎巴嫩、巴林和伊拉克事务，对海湾国家构成威胁。若伊朗真正取得和平利用核能的权利，海湾国家很可能纷纷效仿，以核能开发为名，踏上核武研制之路。此外，共同的担忧使以色列和沙特这对敌手开始私下沟通，在国防战略利益上建立"密切关系"。

② 注：俄副外长里亚布科夫警告说，美国和欧盟持续就克里米亚问题向俄方施压，可能迫使俄方转变在伊朗核问题谈判上的立场。

③ 引自贺文萍：《伊核谈判：希望与失望交织》，浙江日报，2014-04-14。

④ 注：泛阿拉伯主义是指在反侵略斗争中，要求实现民族独立并建立统一阿拉伯国家或联邦的政治主张和运动；也指中东各阿拉伯国家谋求政治上协调一致的运动。

⑤ 注：原教旨主义在世界主要宗教中都曾出现过。它强调净化宗教、恢复已被淡忘和曲解的宗教信仰，达到倡导者所向往的理想境界。伊斯兰原教旨主义反对世俗化和西方化，要求变革现存的政治和社会秩序，主张严格遵循《古兰经》和"圣训"，复归伊斯兰教的原初教义。其温和派奉行伊斯兰教和平主旨，主张合法斗争；而极端派倾向于暴力恐怖活动，主张通过"圣战"达到目的。故不能将伊斯兰原教旨主义等同于宗教极端势力。

⑥ 注：通常认为，不同国家、军事集团、甚至个人为标榜行为的正当性和神圣性，将所从事的战争和事业称为"圣战"。伊斯兰教义称之为"杰哈德"即护教的"战争"，是穆斯林最重要的宗教义务之一。"大杰哈德"是指用"心"同内心的邪恶意念斗争，虔信真主和使者；用"舌"规劝世人，传播伊斯兰教。"小杰哈德"是"手和剑"的圣战，是指拿起武器，走上战场，为捍卫和弘扬伊斯兰教而战。阵亡的殉道者称为"烈士"，得到最大激励，还能永住乐园，成为穆斯林的最高斗争理想。

⑦ 注：2010年9月11日，本·拉登在每年一次"对美国人民发表的讲话"中重申，"25年来，我们已经多次表示和声明，我们之间的分歧原因是你们支持你们的以色列盟友占领我们的巴勒斯坦领土。"转引自[美]傅立民：《美国在中东的厄运》，社会科学文献出版社，2013年版，第129页）

摧毁塔利班和“基地”组织的最后防线，迫其残部转入阿富汗与巴基斯坦边境山区。2004 年 1 月阿富汗颁布新宪法，10 月卡尔扎伊当选为首任民选总统。然而正当国际社会准备为美军胜利喝彩时，局势发展却出现了拐点。美军同当地各武装力量冲突不断、阿富汗民众的支持率明显下降；而塔利班、基地组织却加紧合流，继续进行着各种恐怖攻击……直到 2011 年 5 月拉登被击毙，美军逐步撤离。此时，离阿战爆发已整整 10 年。

尽管美方代价高昂①，但却未能在这场战争中取得主动权；阿政府过分软弱，不仅未能把国家引向正轨，反而在恐怖势力面前节节败退。尤令美方感到难以抽身的是，拉登虽死，“圣战”未灭。基地组织扬言，“美国人的欢乐将会变成悲哀，他们的泪水将和血水混合在一起”。2013 年 6 月，美国宣布与塔利班“谈和”。消息公开当天，塔利班宣布，制造了此前针对巴格拉姆美军基地的袭击，谈判当即破裂。2014 年 6 月 3 日，美国与塔利班首次达成协议，以 5 名塔利班囚犯交换 1 名被俘美军士兵。奥巴马此举因“放虎归山之嫌”，遭国会议员质疑。阿富汗战争远未真正结束。

3. 伊拉克战争，伊拉克乱局和中东恐怖策源地

2003 年 3 月 20 日，美英联军绕开联合国，以伊拉克有“大规模杀伤武器”“支持恐怖分子”为由，悍然发动伊拉克战争。同年 5 月初主要战事结束。2006 年 5 月，美军扶植什叶派人士马利基为总理，率战后首届内阁上台；12 月，萨达姆被处绞刑。2011 年 12 月，美军撤出伊拉克。尽管美英把伊拉克查了个底朝天，开战借口最终却被证实是纯属子虚乌有。

伊拉克战争没有赢家。美国出兵的深层动机，是要将伊打造成“忠实盟友”。但马利基政府在一系列重大地区问题上，并未遵从美国的意愿行事。民众的态度也发生了变化，美撤军当天，即有伊拉克民众焚烧美国国旗，可见这场“烧钱”②的战争得不偿失。而伊拉克则陷入了万劫不复的深渊。民生方面，战争导致 10 多万民众死亡；国家满目疮痍，大量基础设施损毁、瘫痪，原油生产恢复缓慢，水电、燃油等严重不足，失业（青年失业率尤高，达 24%）、高物价和贫困困扰着民众。政治方面，战后伊拉克陷入伊斯兰什叶派、逊尼派和库尔德人③三派分立的状态，马利基政府只顾集权，没有团结逊尼派和库尔德人，加剧了教派分裂和政局动荡；而美国却不负责任地匆忙撤军，留下一片乱局。

目前，伊拉克政府军与逊尼派反政府武装之间、不同民族和教派之间，暴袭事件不断。“基地”等极端组织趁机浑水摸鱼，势头上升④。战后伊拉克沦为中东的恐怖主义大本营和策源地。

① 注：据美国国防部称，10 年之间，美国在阿富汗战争上的花费已达 3 232 亿美元，平均每天花费将近 1 亿美元。

② 注：伊拉克战争耗费美国 1.7 万亿美元，退伍军人福利及支出 0.49 万亿美元。数据显示，今后 40 年伊战开销将达到 6 万亿美元；4 400 多名美军士兵死亡，约 3 万多人受伤。

③ 注：库尔德人为中东最古老的民族之一，是人口仅次于阿拉伯、土耳其和波斯民族的第四大民族。信仰伊斯兰教，多数属逊尼派，少数属什叶派。其聚居地被称为库尔德斯坦。一战后，库尔德斯坦被划分到土耳其、伊拉克、伊朗、叙利亚、黎巴嫩、阿塞拜疆和亚美尼亚。他们希望立国，曾多次与土耳其政府发生冲突；伊拉克库尔德人占伊人口总数 1/5，是伊人口最多的少数民族，也一直在谋求建立自己的独立国家。

④ 注：基地组织与中东有着很深的渊源。20 世纪八九十年代，拉登在也门建“圣战”大本营，穿梭于中东各国搞恐袭；扎瓦希里也曾在埃及建立“伊斯兰圣战组织”，致力推翻穆巴拉克政权。后在强力打压下，被迫逃往南亚；但拉登和扎瓦希里等对中东念念不忘。近年“基地”在南亚举步维艰，拉登死后，处境更是雪上加霜。为摆脱困境，扎瓦希里上任后一直将中东作为渗透重点。目前，其中东战略大收成效。（摘编自李伟：《基地组织重返中东》，载《世界态势》，2014 年第 4 期）

第二节　中东剧变

中东剧变指2010年底至2011年在中东阿拉伯国家发生的一系列以“民主”和“经济”为主题的反政府运动。这些运动势如破竹，推翻了多个国家持续数十年的强权统治，实现了通过票箱赢得选举的“民主”制度；同时迫使传统君主制国家纷纷让步于民。其影响之深、范围之广、爆发之突然、来势之迅猛，引起了全世界的高度关注。

这场阿拉伯世界的剧变以狂飙突进开始，却以地区国家经济衰落、社会分裂告终，既没有建立现代民主制度，也没有营造安全稳定的社会环境，更没有向青年人提供他们企盼的就业机会，“希望的春天”转化为“沮丧的冬天”。

一、中东剧变的概况

1. 导火索

突尼斯 26 岁的失业大学生穆罕默德·布瓦吉吉靠摆地摊维生。因货品被警察没收，并遭市政官员殴打羞辱，投诉无门，于 2010 年 12 月 17 日抗议自焚。事件激起大众同情，也彻底引爆了人们对于失业率居高不下、物价上涨以及独裁政府腐败长期潜藏的怒火，形成全国范围的大规模社会骚乱。警民冲突，造成多人伤亡，人民的愤怒达到顶峰，局势失控。1 月 14 日，统治 23 年的总统本·阿里被迫放弃政权，逃亡沙特。由于茉莉花为突尼斯国花，该变局又称“茉莉花革命”。

2. 中东国家政局动荡

“茉莉花革命”沿着两个方向迅速冲击阿拉伯世界。一类是类似于突尼斯的，如埃及、利比亚、也门、叙利亚、阿尔及利亚、苏丹等强人长期把持政权的所谓共和制国家；另一类是家族统治、君主世袭的国家，主要集中在海湾，即沙特阿拉伯、科威特、阿曼、阿联酋、卡特尔、巴林、约旦和摩洛哥。民众争取“民主”和“民生”的街头示威在两月之内如决堤奔流、摧枯拉朽，荡涤整个西亚北非。各国政府无一幸免。

首先，它推翻了四个共和制政权。突尼斯政权倒台 18 天后，埃及示威浪潮推翻了统治 32 年的穆巴拉克，其权力移交军方；6 个月后，独裁统治利比亚 42 年的卡扎菲倒台，毙命于北约和反对派的武装夹击；34 天后，统治也门 33 年的总统萨利赫和平退位。其次，它引发了叙利亚内战危机。巴沙尔威权政府由于权力基础较稳、反对派力量分散等缘故得以存续，但与反对派的武装冲突已达三年以上，成为中东变局中持续时间最长、伤亡最为惨烈的冲突[①]。再次，它触动了海湾君主国家族统治和强人政治的敏感神经，迫使王室大幅提高国民待遇[②]以平抑民怨并在政治上让步于民[③]，虽然缓解了危机，却不得不考虑如何延续其统治。

---

① 注：除大量人员伤亡外，据联合国难民署 2013 年 10 月 1 日发布的报告，因战乱逃亡他国的叙利亚难民已超过 210 万，给周边的黎巴嫩、伊拉克、约旦、埃及和土耳其多国带来沉重负担；此外，叙境内尚有 425 万人流离失所。

② 注：科威特王室拿出 8.4 亿美元，向国民免费发放 14 个月的食品供应券和每人 4 000 美元津贴；阿联酋为保安人员提高 15% 的薪水，发放失业津贴和经济住房补贴；安曼将每月最低工资从 364 美元提高到 520 美元，提供 5 万个新的政府工作职位，为失业者每月提供 390 美元津贴；巴林王室向每户居民发放 2 650 美元；沙特王室向国民送出总额 1 300 亿美元的“大礼包”。

③ 注：如阿尔及利亚结束了实行 19 年的紧急状态；黎巴嫩承诺提高 40% 的薪金；约旦国王解散首相里法伊并任命新政府；苏丹总统承诺不谋求连任到 2015 年；阿曼解散了所有部长，宣布实行选举，产生立法机关；沙特批准妇女在 2015 年的舒拉议会和市政府选举中投票；巴林释放部分政治犯并解散所有部长；科威特内阁辞职，首相纳赛尔下台；摩洛哥准许公投进行宪法改革，并做出政治让步。

3. 中东变乱的主因

中东变乱，有着深刻的国内政治、经济和社会原因：

首先，是中东国家的政治体制僵化，领导人超长执政，民主化程度普遍偏低。中东政体有两类：一类是世代相传的君主制，又分绝对君主制（如沙特阿拉伯、阿曼）和君主立宪制（如摩洛哥、约旦、科威特、巴林、卡塔尔、阿联酋等）。另一类是强人长期独裁的所谓共和制，又分：议会共和制（如以色列、土耳其和今日伊拉克）；总统制（如埃及、伊拉克、叙利亚、阿尔及利亚、毛里塔尼亚、苏丹、也门、塞浦路斯、突尼斯、黎巴嫩、巴勒斯坦等）；领袖制（如卡扎菲时代的利比亚、政教合一的伊朗等）。除以色列之外，民主化程度普遍偏低。主要体现为：① 没有很好的制度设计和法律保障，以实现权力制衡和国家领导人的有序轮替，致使家族传承的强人独裁成为一种常态。② 国家领导人多数昏庸无能，缺乏政治敏感性，不能顺应世界发展的潮流，采取应对的政策与策略。③ 统治阶层贪腐严重，侵犯人权，不能实现社会正义、满足人民要求。早在动荡发生前，就将国家财富挥霍殆尽，而未将其用于经济与社会发展。据国际人类发展报告显示，近十年来，阿拉伯世界的发展水平除少数非洲穷国以外，为世界最低。

其次，阿拉伯国家的经济结构极端畸形，总体落后，民生多艰。中东经济分为两种类型：一是石油输出国经济。如沙特，90% 依赖油气资源，人均国民生产总值居世界前列；但过分依赖石油资源，有高楼大厦的表面繁荣，却没有独立自主的工业和经济体系，缺乏发展后劲，亟需调整发展战略，逐步走向经济多样化。此外，沙特国民坐享高福利，成为食利阶层，经济发展在很大程度上依靠外籍劳工（来自埃及、也门、南亚等）支撑。二是非石油输出国经济。其工业化程度停留在 20 世纪 70 年代，农产品自给率低，经济大都缺乏内生动力，长期处于慢性停滞状态。如埃及自产的粮食只能勉强养活 1/2 人口，是世界上最大食品进口国之一。主要收入依次是劳务出口所获侨汇、苏伊士运河过境费和旅游经济；此外还严重依赖外援[①]，其经济也因之常受外力干预。再如，排名多年稳居非洲之首的突尼斯，主要支柱是旅游收入、橄榄油出口和外资注入，对外依存度极高，由于国际金融危机冲击，经济遭受重创。再加上阿拉伯人口出生率高（2.5% ~ 2.6%），年轻人比例高（15 ~ 30 岁占总人口 1/3），失业率极高，民生多艰，分配不均不公，贫富悬殊的程度令人触目惊心[②]；在全球经济危机和国际食品价格上涨的冲击下，经济困难进一步加剧。

再次，以美国为首的西方长期偏袒以色列，阿拉伯民族在外交上倍感愤慨与耻辱；“9・11”事件后，西方势力又动辄将穆斯林与国际恐怖主义挂钩，使阿拉伯各阶层民众深恶痛绝。其中上

① 注：自萨达特时代起，美国每年为埃及提供 10 多亿美的经济和军事援助；穆巴拉克时期，国际货币基金组织成为埃及的重要援助者之一；穆尔西被解职后，沙特、阿联酋和科威特拨款 160 亿美元，支持埃及萎靡不振的经济。截至 2014 年 6 月，海湾国家对埃援助已达 200 亿美元。它们如此慷慨解囊，一是期待埃及实现稳定，而塞西代表埃及唯一能恢复稳定的力量；二是塞西对穆兄会采取的严打政策，符合其根本利益和宗教价值观。

② 注：中东 7% 的富裕阶层占了 55% 的社会财富，如突尼斯前总统本・阿里资产为 55 亿欧元，埃及前总统穆巴拉克资产达 700 亿美元，卡扎菲家族在世界各地银行有 300 亿美元以上，其秘密资产可能超过 2 000 亿美元。在王公大臣们穷奢极欲、排场腐化的同时，不足 3 亿人口的阿拉伯世界有 1 000 万人失业，2005—2008 年，平均失业率 12%，青年失业率 34%，突尼斯 15 ~ 36 岁的失业率 30% ~ 60%，每年 8 万名大学生毕业，1/4 能找到工作。贫困人口接近 9 000 万，至少 7 300 万人生活在贫困线下，32% 的叙利亚人、45% 也门人、40% 的埃及人日均生活费不足 2 美元，40 万突尼斯年轻人日均生活水平不足 1 欧元，远低于联合国划定的国际贫困线。有报道称，60% 的适婚男性无钱买房、租房结婚，40% 的适婚女性因经济拮据待字闺中。由于生计难保、社会不满情绪持续发酵。

层知识分子如大学教授、政府顾问等，痛感曾经辉煌的阿拉伯文明已大大落后于世界潮流，心理上极不平衡。如曾任阿盟秘书长10年的阿姆鲁·穆萨曾说，阿拉伯世界如果再不变革，就真的没有希望了。人们迫切地求变，以阻遏衰落之势，谋求阿拉伯民族的复兴。

综上可见，阿拉伯大变局具有内生性和必然性，是中东各国的政治、经济和社会矛盾日积月累，达到一定程度的总爆发。此外，全球金融危机的冲击等国际因素加剧了阿拉伯世界的经济困难，推动了民众起义的爆发；美欧等国利用网络，推行西方的价值观，对阿拉伯世界进行"民主改造"，现代移动通讯技术和互联网起到推波助澜的重要作用，人口结构中大量受过一定教育、熟谙网络的年轻人借助网络工具表达对政府的不满，成为这次运动的主要角色。

二、中东剧变的负效应

中东剧变三年以后，当事国不仅没能实现其预想的政治稳定与强大、经济发展与繁荣、社会祥和与开明，反而随着事态向纵深发展，将地区形势带入到任何人都未曾料到的动荡和混乱的境地。一些学者试图从政治、历史、文化等更深层面对这场乱局的出现加以解读。

如巴勒斯坦政治学教授、半岛网专栏作家阿卜杜勒·卡西姆认为，阿拉伯民族落后的部族制度与现代民主政治难以融合。现在许多阿拉伯国家名为"共和国"，但其政治文化中的部落意识和血亲仇杀的沙漠文化根深蒂固。主要表现在：① 对本部族的认同超过对国家的效忠，由此造成严重的社会分裂。② 唯我独尊，思想偏狭、缺少理性与克制，对反对意见的零容忍。议会、总统选举像酋长推选，获胜者的首要任务是回馈本部族成员，而不是回应全体国民的政治诉求，保障其物质需要。另一名学者苏海尔认为，"阿拉伯特色"的政党政治导致各种政治力量罔顾民众利益，本党私利至上，"国家"是其渴望得到的猎物，"民主"是其获得统治权的方式和工具。目前包括埃及在内的中东多数国家形势持续动荡，其深层原因就在于此。[①]

我国中东专家马晓霖指出，所谓"阿拉伯之春"是一场表层的变革。它在推翻一茬强人和专制统治的同时，也打开了中东的"潘多拉魔盒"，释放出古老的精灵，即宗教与世俗的矛盾，不同宗教之间、同一宗教不同派别之间的斗争，以及不同种族之间的冲突等。它们不仅普遍存在于剧变后的每个国家，还成为超国家、超民族和超文化的地域之战。这使"阿拉伯觉醒"这场原本让人眼前一亮的阿拉伯社会自我革命，正在褪去当初的光泽，逐渐蒙上复古和血腥的阴影。[②] 下面，我们以剧变中深受重创的阿拉伯强国埃及、利比亚和叙利亚为例，来考察其负效应。

1. 埃及再现政治乱局

穆巴拉克倒台后，穆尔西于2012年6月代表穆斯林兄弟会（简称"穆兄会"）[③] 参选，以微弱优势获胜，成为埃及首任民选总统。他表态要做全民总统，却不但未与其他世俗派分享权力而是推行伊斯兰化路线，冷落司法系统，挑战军方权威，其核心是要扩大权力，从而加剧了社会分裂；与此同时，他还未能兑现改善经济、民生、交通和治安的竞选承诺。

穆尔西执政周年之际，各地相继爆发世俗反对派的大规模示威。全国44.4%的民众上街游行

① 于颖. 阿拉伯学者谈对"阿拉伯之春"的看法[J]. 国际政治，2013（8）.

② 马晓霖."阿拉伯之春"三年记[N]. 中国青年报，2014-01-25.

③ 注：穆斯林兄弟会，1928年创立于埃及，世界性的伊斯兰复兴运动组织。其基本宗旨是：以《古兰经》和圣训为基础，复兴伊斯兰教，建立伊斯兰国家，实施伊斯兰教法；以哈里发为统一象征，建立不分民族、不受地域限制的伊斯兰世界社团，摆脱外国援助，清除外来影响。反对英国殖民统治，多次遭到打压。

或签字要求其下台。2013 年 7 月 3 日，军方应答“民众诉求”，解除穆尔西总统职务并将其软禁。穆尔西支持者在开罗扎营示威抗议。8 月 14 日，警方实施清场，数百人丧生，数千人被监禁。穆兄会举行“百万人愤怒大游行”，抗议清场造成的严重伤亡。军方连续进行实弹镇压，抓捕穆兄会大批领导人及成员（超过 1.5 万名），处死其中 683 名（含最高领导人巴迪亚），取消穆兄会合法身份，宣布其为“恐怖组织”。2014 年 5 月，退役的陆军元帅塞西在全国大选（虽延时 1 天，全国投票率仍然仅为 44.1%）中胜出，成为埃及第五位从军队崛起的总统[①]。埃及在三年之乱后，又回到强人政治的时代。

2. 利比亚再临内战危机

中东剧变浪潮中爆发的利比亚内战，其最大战果即北约军队和利比亚民兵组织共同推翻了卡扎非政权的统治。然而，后卡扎非时代的利比亚却是满目疮痍，充斥着苦难、混乱与悲剧。

最严峻的是利比亚临时政府软弱无力，正规军体系未能建立，对局势的管控几乎为零；而民兵武装派系复杂，山头林立，逐渐演化成两派对垒的局面。一派是亲世俗的“津坦革命军事委员会”，2011 年秋季起控制战略要地的黎波里国际机场；另一派是亲宗教的“米苏拉塔旅”，因枪杀平民被联合国国际调查委员会指控犯有战争罪。两派之间武装冲突频繁。2014 年 5 月 16 日，退役将领哈夫塔尔领导的世俗武装以反恐名义发动“尊严”行动，在班加西及周围与亲伊斯兰武装发生激烈冲突。更多的世俗和宗教势力卷入冲突。6 月 25 日，利比亚举行国民代表大会选举。宗教势力在新一届议会选举中惨败。为避免政治生活中的边缘化，米苏拉塔旅从 7 月 13 日开始，对的黎波里国际机场发起攻击。利比亚局势的迅速恶化，使国际社会担心该国再次爆发全面内战。联合国利比亚支助团和红十字国际委员全部撤离；多国关闭使馆并已撤侨；中国使馆亦协助本国人员撤离。利比亚局势阴霾重重，短期难以看到转机。

此外，利比亚是一个部落国家，内战期间英法等国刻意利用、激化部落矛盾，使之成为利比亚持续动荡的重要原因之一；战后重建又扶植亲西方势力，使利比亚沦为在资源、主权问题上任其摆布的玩偶和“失败国家”。民众愈以反感西方的肆意妄为。其中最具代表性的事件，即 2012 年 9 月 11 日班加西的反美抗议中，一直接触和支持反对派的美国驻利大使史蒂文斯遇袭身亡。

3. 叙利亚内战旷日持久

中东剧变波及叙利亚，引发全国性大规模示威风潮的导火线，是 2011 年 3 月德拉市几名中学生书写反政府涂鸦，遭到拘捕和残酷对待。巴沙尔政府一边动用坦克、装甲车和直升机镇压；一边取消了实施 48 年的《紧急状态法》，颁布大赦令、承诺政治改革等。但反对派并不领情。双方武装冲突从 3 月 15 日开始，演变成政府军与反对派之间持续至今的残酷内战。

叙当局（什叶派执政）拥兵 40 万，得到伊朗、俄罗斯和黎巴嫩真主党的军援，2013 年下半年以来连连取胜。反政府武装 5 万～10 万，构成复杂：共 300 多个武装团伙中，有小股民间武装和政府叛军，有境外各种宗教的、极端民族主义武装分子，还有“基地”组织的势力。其资金和武器来自逊尼派的沙特、卡塔尔、阿联酋等阿盟[②]政府，以及美、英、法、德、以等国。除了推

① 注：军队一直是埃及局势的控制阀。从纳吉布到纳赛尔，再从萨达特到穆巴拉克，四任总统都是军人出身。美国与埃及军方一直保持着密切关系。此次穆尔西被军方解职得到美方暗中支持，还得到沙特和阿联酋等海湾国家的支持及 50 亿美元与 30 亿美元的经济援助。

② 注：即阿拉伯国家联盟。成立于 1945 年，是阿拉伯国家的地区性国际政治组织，成员国 22 个。2011 年 11 月阿盟决定，中止叙利亚的成员国资格。

翻巴沙尔政权是其唯一共识外，他们各自为战，相互火并，甚至干出野蛮杀戮被俘者、绑架联合国维和人员等恶行。正因为反对派中包含恐怖组织，西方一直不愿为其提供重武器，反对派也只能用游击战与政府军对抗。而叙利亚内战也由最初的民众变革升级为“春秋不义战”，又因恐怖力量泛滥，变性为恐怖与反恐怖之战。

2012 年 2 月，叙利亚近九成民众在全民公投中支持新宪法草案，表明巴沙尔政权仍有民意基础。但阿盟和美国执意更换叙政权。2013 年 8 月，美国等不顾安理会相关决议连续三次遭中俄否决，不断威胁对叙动武[①]。他们指控叙政府拥有大量化学武器，制造了“8・21”大马士革郊区、致 1 400 多人死亡的沙林毒气事件。但事实真相却与此相悖：俄罗斯向联合国提交证据，事件系反对派所为。美新闻网 9 月 1 日爆料：资深记者盖弗拉克深入惨剧发生地走访，反对派承认说，化武是沙特情报总长班达尔亲王提供的，反对派意外引爆造成伤亡，并将责任推给政府军。

2013 年 9 月 9 日，俄总统普京提出，叙政府交出化武换取和平的动议，美国最终接受了此方案。叙政府与联合国弃化武组织的建设性合作，缓解了西方箭在弦上的武力干预。但叙利亚危机并未打破僵局。2014 年 6 月 3 日，巴沙尔以 88.7% 的支持率，竞选总统连任获胜，表达了民众思定思安的强烈愿望[②]。西方七国集团拒绝承认该选举结果；俄罗斯、伊朗等承认大选的合法性，中方认为，政治解决叙利亚问题始终是唯一现实的出路。巴沙尔宣布“阿拉伯之春”已经结束，他对执政前景似乎充满信心。他将怎样打破内战僵局？美俄等在叙利亚将怎样继续博弈？国际社会拭目以待。

三、中东的恐怖主义蔓延

“9・11”事件后，美国重拳打击阿富汗和巴基斯坦极端势力，使之遭受重创。但伊战后，美国在中东实施战略收缩，过早从伊拉克撤军，“基地”组织乘乱移兵伊拉克获得喘息之机；阿拉伯剧变后，中东多国持续动荡，权力真空增多，再为极端势力的滋生蔓延提供了难得的温床。尤其是叙利亚内战持续三年多，吸引了全球“圣战分子”以此为集散地，向伊拉克等外溢、扩散，恐怖势力四面开花，几乎遍布整个西亚北非。

1. 北非：马格里布地区，恐怖主义重灾区

在埃及，由于军方受《埃以和平条约》限制无法进入西奈半岛，这里沦为“基地”外围势力的新战场，盘踞的恐怖分子不少于 8 000 人。他们不断制造爆炸、绑架、伏击和枪杀埃及警察，在首都开罗等制造血腥事件，越境袭击以色列目标，成为严重威胁埃及安全和埃以和平的影子势力。

在利比亚，20 世纪 80 年代建立的“利比亚伊斯兰战斗团”（LIFG）死灰复燃，成为重要的武装力量。新涌现的极端组织还有“伊斯兰王国”“利比亚伊斯兰改变运动”“班加西伊斯兰教法虔信者”等。它们活动肆虐，使城市充斥着爆炸、暗杀与频频发生的恐怖袭击。被攻击目标有外

① 注：反对派境外组织“反对派和革命力量全国联盟”简称“全国联盟”（2012 年成立），被阿盟、欧盟等 100 多个国家承认为叙利亚唯一合法代表，并向其提供援助和支持。但“胜利阵线”等 20 余个境内的反对派组织并不承认其代表性。

② 注：叙利亚内战 3 年来，“和平绿洲”变成了“恐怖地狱”，截至 2014 年 8 月下旬，19 万多人死难，300 多万人流浪，民众盼望恢复正常生活。有些投票人虽不完全认同巴沙尔，但承认他最有能力让局势尽快恢复平稳，在“和平最重要”的心态下投票给他。

交使馆、高级饭店、政治活动家和普通民众，利比亚沦为恐怖主义的“新天堂”。

此外，利比亚战争导致卡扎非武器库遭劫，流失的武器远远大于伊拉克和阿富汗反叛武装的拥有量，武器的高端也令西方极为震惊。北非宗教极端势力用这些武器装备自己，频频制造恐怖事件，严重威胁地区安全。如 2013 年马里危机和阿尔及利亚人质事件，即是利比亚战争溢出效应的表现。更为严峻的是，阿尔及利亚的伊斯兰马格里布基地组织，“利比亚伊斯兰战斗团”，索马里“青年党”，以及尼日利亚的“博科圣地”之间的相互联系日趋密切，并在沙赫勒地区[①]迅速蔓延，大有向撒哈拉以南的非洲扩展之势。

2. 西亚：叙利亚及周边，恐怖主义又一大本营

叙利亚内战使政府对局势的控制力下降。全世界 83 个国家的极端分子纷至沓来，参与推翻巴沙尔政府的“新版阿富汗圣战”[②]，“基地”等趁机大肆渗透扩张。如“基地”阿拉伯半岛分支在也门为“叙利亚圣战”组织招募新成员；叙境内 90% 以上的暴力袭击事件是与“基地”关系密切的反对派所为。至 2014 年 1 月，他们控制了叙利亚北部、西北部大部及东部一些地区并发挥政府功能，提供电力、食物、饮用水和医疗等各种服务，由此赢得部分民众的认同和支持。更为严峻的是，反政府武装中最强悍的“胜利阵线”（又译“救国阵线”）[③]，公开宣布效忠“基地”，并与“伊拉克伊斯兰国”合并，组成迄今最危险的极端武装“伊拉克和黎凡特伊斯兰国”（ISIS）[④]。截止 2014 年 8 月，该组织已控制了叙境内 1/4 的国土，并与伊拉克 1/3 的土地连成一片。

此外，由于黎巴嫩真主党直接卷入叙利亚内战，惹怒“基地”组织和逊尼派武装，他们把战火烧进黎巴嫩，制造大量恐怖袭击，目标不仅锁定真主党，而且直指其背后的伊朗，伊朗目标也由此在境外成为恐怖袭击的直接对象。

3. 西亚：阿拉伯半岛，国际恐怖主义新策源地

在也门，“基地”阿拉伯半岛分支（AQAP）2006 年以来一直非常活跃。也门陷入动荡后，在南部攻城略地，一度控制大片国土并设立了“伊斯兰酋长国”首都。2013 年以来，随着也门政府与美军合作，其恐怖活动加剧，多次破坏石油管道、暗杀政府高官、袭击军营和军方直升机、绑架外国人质等，并向叙利亚等大量“输出”恐怖分子。美国对 AQAP 发动了数十次无人机袭击，多次造成平民重大伤亡，进一步刺激了恐怖主义反弹和民众的反美情绪高涨。目前，联合国已关闭了所有办事机构，美、英、法、德等国也撤走了外交人员。

---

① 注：指撒哈拉沙漠南缘向沙漠地带过渡的地区，宽 320～480 公里，跨越乍得、冈比亚、马里、毛里塔尼亚、尼日尔、塞内加尔和布基纳法索等国。

② 注：该数据出自叙利亚司法部长纳吉姆·艾哈迈德之口。反对派武装分子中，外国人超过 80%，人数约 1.7 万名（欧盟估计为 6 000 名）。转引自刘中民等编《中东地区发展报告》，2013 年卷，时事出版社，2014 年版第 361 页。

③ 注：“胜利阵线”，叙利亚反对派中最强悍的力量，被美列为恐怖组织。

④ 注：伊拉克和黎凡特伊斯兰国（ISIS 或 ISIL），又称伊拉克和沙姆伊斯兰国，成立于 2013 年。头领巴格达迪为伊拉克人，1971 年生，2010 年成为基地组织伊拉克分支的领袖，该组织的一支进而演变为 ISIS。ISIS 拥有约 1.3 万人，领导人员大多来自沙特，战斗人员多来自利比亚、伊拉克及欧美。参与叙利亚内战期间接受过美国训练，得到海湾逊尼派国家资助，拥有各种制式坦克、火炮、火箭筒、悍马车、夜视仪、防弹衣等大量美军装备，甚至有“黑鹰”直升机。它比基地组织更强大，管理效率更高，经过叙利亚战争的历练，作战经验丰富，成为“最难缠的恐怖分子”。德国反恐专家称，“ISIS 对世界的危险远远高于塔利班，其影响已经突破区域局限，成为全球性的威胁。”（摘编自李伟《基地组织重返中东》；中国新闻网 2014 年 6 月 14 日背景资料；2014.6.16《环球时报》载《揭秘“伊斯兰国”组织：世界“最富”恐怖集团》等。）

在伊拉克，2011 年叙利亚危机爆发以及同年美军撤离，给一度趋于沉寂的恐怖组织以卷土重来之机，其成员人数和恐怖袭击事件均成倍增加。从 2011 年的平均 300 多起/月，上升至 2013 年的 1 200 多起/月。据联合国伊拉克援助团公报，2013 年暴恐袭击导致 8 868 人死亡，其中 7 818 人是平民，1.8 万多人受伤。

2014 年 6 月以来，伊拉克局势急转直下。ISIS 以 800 人大败 30 000 人的政府军，半年间相继占领摩苏尔、提克里特、泰勒阿费尔和加伊姆等北方重镇，直逼首都巴格达。所控地区跨越伊叙两国近 20 万平方公里。其主要收入源于所控油田、炼油厂，以及从银行劫掠的 4.29 亿美元巨款，成为“全世界最有钱的恐怖组织”。该组织在网上发表的五年计划①显示，计划攻占地区从摩洛哥（重命名为马格里布）到中国新疆（与印度全境并称为呼罗珊)，包括大半个非洲和整个西亚、中亚，野心令世界震惊。

ISIS 的手段极其残忍。他们迫害什叶派、其他宗教和少数族裔，导致数百万人流离失所；制造多起恐怖袭击，使伊、叙和黎巴嫩的无数平民丧生；经常当众处决被俘者并将血腥过程拍照录像上网发布；对妇女和儿童实施性暴力，2014 年 8 月 20 日，在网上直播《ISIS 给美国的信》视频，视频中 2012 年在叙利亚失踪的美国记者弗利被斩首……由于其行为太过野蛮血腥，甚至连“基地”组织都发表声明，与之撇清关系。②

德国国际政治学者梅斯奈尔认为，目前类似 ISIS 的恐怖组织几乎遍布整个中东地区，这是美国“反恐”和“阿拉伯之春”的产物。德国《法兰克福汇报》进一步指出，拉登被杀 3 年后，这样的恐怖组织在阿富汗、利比亚和叙利亚等积累了强大的实力和丰富经验。它们已经不再藏身于偏僻的山里，而是走向城市，扩展到叙利亚和伊拉克，为伊斯兰帝国打下基础。他们不仅有明确的意识形态目标，也有针对性的战术，新一轮攻势即将开始。③国际社会已经无法忽视 ISIS 为首的极端组织带来的严重威胁。

第三节　中东地区面临的挑战与前瞻

目前，在研究西亚北非的专家看来，这块经历了社会剧变，至今动荡不安、硝烟弥漫的地区，可能还需要 10 年、20 年，甚至更长的时间才能真正安定下来。这主要是因为，阿拉伯民族的复兴之路迷失了方向，面临的挑战远远大于机遇。

一、转型国家面临的挑战

1. 选择“分权还是集权”的制度挑战

中东国家内部的矛盾错综复杂，长期实行强人政权和集权政体来维系稳定，政治制度化程度普遍较低。2011 年剧变后，埃及、突尼斯、也门、利比亚等强人政治垮台，开启民主转型。由于政府威权弱化使国家陷入了能力丧失、政治停滞等“功能紊乱”，产生出诸多新问题，导致更大的动荡和混乱。

---

① 来源：中国新闻网，2014-08-12，西班牙“Olive Press”网站所供信息。

② 综合信息来自：新华网、环球网、凤凰网、华夏经纬网、维基百科等相关报道。

③ 陈宪忠，等. 揭秘“伊斯兰国”组织：世界“最富”恐怖集团[N]. 环球时报，2014-06-16.

这种动荡主要表现在两个层面：在社会高层，分权竞争导致政党林立，权力日趋碎片化。如埃及有 60 多个政党参加议会选举，权力纷争此起彼伏；突尼斯 100 多个政党的纷争使谋求和解的全国对话失败，国家面临暴力循环；利比亚有 142 个政党，数百个民兵组织拥兵自重，相互征战，政府失去对局势的掌控；也门新政府控局能力弱于前任，致恐怖势力猖獗，分离主义重新抬头。在民间层面，民众参政的热情无处释放，日渐热衷“街头抗议”。动辄上街的政治弊多利少，很容易被各种势力用于满足私利。如穆尔西执政的一年，埃及共发生 7 400 多次民众抗议。仅 2013 年 7 月就有 1 432 场示威游行，平均每天 46 场，每小时近两场。而军方则利用民意重新上台，整个国家和社会俨然回到了集权和强人政治的“旧时代”。总之，中东转型国家普遍面临“一管就死，一放就乱”的困境，就像迷失在大海的航船，没有前进的方向，也没有船长、航员、设备及可供停靠的海岸。

2. 选择“民主优先还是民生优先”的挑战

阿拉伯民众当初起来“造反”，兼有谋求民主与改善民生的双重诉求，而多数国家将“民主化”视为走出困境的灵丹妙药。但民主选举能解决当权执政的程序合法性，却不能使社会经济难题自动解决。更重要的是，在特定条件下，民主和民生的诉求却是相互抵触和冲突的：若要真正改善民生，实现经济和社会平等，就需要强行打破现行特权，变革不合理的社会生产关系，而要完成这些任务又需要强人统治和高度集权；若要实行政治民主，前提是默认现行政治经济秩序的合理性与合法性，不对其进行根本性的变革。换言之，“鱼与熊掌不可兼得”，优先推进民主转型反而会使经济发展受到损害。

事实也正是如此。因剧变冲击而“转型”的国家，经济状况更趋恶化。如埃及，2011—2013 年初，外汇储备从 360 亿美元降为 150 亿美元，国际信用等级降低 16 位；2013 财年前 10 个月，赤字从 2012 年同期的 168 亿美元增至 264 亿美元。有分析认为，这场革命从经济意义上使埃及至少倒退了 15 ~ 20 年。再如利比亚，卡扎菲威权统治垮台后，2013 年以来持续动荡，石油出口量降至不足产能的 10%，该国每天的损失达 1 300 万美元。另据汇丰银行统计，西亚北非动荡最严重的 7 个国家，GDP 平均下降 35%。在这样的背景下，突尼斯 78%、埃及 62% 的民众不满国家的发展方向；突尼斯 83%、埃及 76% 的民众认为，国家的经济状况更加糟糕。皮尤民调显示，81% 的埃及民众将“改善经济”作为未来发展最重要的议题。这表明，改善民生越来越成为民众关切的头等大事。

由于民主进程“开弓没有回头箭”，转型国家不得不硬着头皮继续向前推进，短期内无暇、无力推进经济发展。但如果民主转型长时期不能带来实惠，民众便不可能认可民主化道路，甚至可能发动新的革命。“民主优先还是民生优先”成为中东转型国家不得不面临的挑战。

3. 选择“世俗主义还是宗教主义”的意识形态困境

现阶段大多数中东国家奉行世俗主义，将“政教分离”视为现代化的基本前提，伊斯兰教主要被限制在信仰领域，宗教势力处于从属地位。但在席卷中东的社会变革中，随着突尼斯、埃及等世俗威权政体的倒台，伊斯兰政党以其广泛的民众基础、强大的号召力，以及海湾阿拉伯国家背后提供的巨额资金支持，通过合法选举走上执政舞台，成为主导中东剧变和政治转型的重要力量。然而政治伊斯兰势力上台后，大力推动“伊斯兰化”政策，如埃及穆兄会上台后要求禁酒、戴面纱、男女分开；突尼斯复兴党掌权后，拒绝把“男女平等”写入宪法，多个阿拉伯国家的萨拉菲派[①]频频袭击影院、展览会、酒吧和世俗政治家等。其诸多主张（如政教合一、实行伊斯兰法）与世俗价值观格格不入，导致相关国家世俗力量与宗教力量间的矛盾日趋凸显。2013 年 7 月，埃及军方推翻穆尔西政府并镇压穆兄会，便是教俗矛盾公开化的体现。

迄今为止，中东转型国家仍未找到适合的发展模式，阿拉伯精英和民众日益陷入失望和迷茫。调查显示，埃及支持世俗政党掌权的民众占 12%，支持原教旨主义政党掌权的仅占 2%。换言之，86% 的埃及人对于所有政党和政党政治已经失望透顶。中东政治转型进退维谷，动荡可能延续多年。

二、君主制国家面临的挑战

中东剧变以来，封建色彩浓厚的海湾君主国积极寻求自保，进行了程度不等的政治与社会改革，但也面临诸多内外挑战。主要表现在三个方面：

1. 伊斯兰极端势力的挑战

在伊斯兰极端势力看来，阿拉伯君主国强烈的亲美倾向难以容忍，尤其是沙特靠美军保护国土，更被视为是对伊斯兰圣地[②]的玷污和伊斯兰世界的耻辱。自冷战结束后，他们就开始重点袭击海湾君主国及其领土上的西方目标，目的是“将外国人从阿拉伯半岛驱逐出去，并建立类似于塔利班的哈里发国家”。如也门“基地”组织半岛分支攻击的重点，即沙特为首的海湾君主国。于是，沙特明里暗里大量资助各种极端组织，以换取它们不在沙特境内生事；阿联酋、卡塔尔和科威特通过征兵来强化武装力量；而以色列则公开强调，愿向遭到极端势力威胁的温和阿拉伯国家提供实际而有效的援助。这些举措无论其效果怎样，均从不同角度表明，海湾君主国面对的恐怖威胁不可小觑。

2. 石油美元难以长期维持王室控制

英国学者戴维森在其专著《海湾君主政权即将的崩溃》中指出，沙特等海湾君主国面临导致了“阿拉伯之春”的其他专制体制同样的内部矛盾，只是凭借大量石油美元购买民心，才维持了表面稳定。可君主制并未解决财富分配不均、妇女权利等社会问题，多数民众虽无推翻王室之意，但君主统治的合法性正在受到不断削弱，绝非可以长期持续的体制。

这是因为，海湾油田不可避免盛极而衰的前景[③]，而日益高涨的“维稳”经费需求迟早难以

---

① 注：萨拉菲派：阿拉伯语中“萨拉菲”是“祖先”之意。该派属伊斯兰教极端派别，信仰的宗旨即追随祖辈遗训，复古怀旧，完全按照《古兰经》的教诲行事。可分为三个主要流派：传统萨拉菲主义（尊经复古、追本溯源，行为极度保守）、“圣战”萨拉菲主义（“基地”组织、部分阿拉伯国家的“伊斯兰教法支持者”组织、叙反对派中的“胜利阵线”、中亚“伊斯兰解放党”等的意识形态）和政治萨拉菲主义（宗教组织的政党化，利用宗教组织聚积广泛的民众基础，并推动街头运动的政治化）。萨拉菲派在西亚北非大部分阿拉伯国家均有分布。

② 注：麦加、麦地那和耶路撒冷是伊斯兰教三大圣地，在全世界穆斯林心目中地位无比尊崇。其中，麦加和麦地那分别为第一、第二圣地，均在沙特境内。

③ 注：据 2011 年 5 月 24 日《华尔街日报》报道，随着能源需求不断增加，全球易开采油田开始枯竭；苏格兰能源咨询公司的中东分析师表达了相同观点——海湾地区的主要油田已将一半以上的储量开采出来。沙特人开始转向开采难度更大的石油来源：重油。美国国家地质调查局估计，全球重油储量约为 3 万亿桶，以目前的全球消费速度，将可维持约 100 年。问题是：重油像糖浆一样黏稠，精炼成汽油的成本也更高。其中只有约 4 000 亿桶可以利用现有技术加以开采。

为继，如沙特2013年国内“福利开支”高达5 000亿美元。这使海湾产油国都有一个超过100美元/桶的“盈亏平衡”价格指标，若国际油价低于它，海湾君主国就会出现财政赤字。在年轻人口急速上升的大势下，君主专制继续用金钱“赎买”民众民主诉求的代价会越来越高。此外，为了逆转“阿拉伯之春”的民主潮流，抵制各国什叶派的政治诉求，沙特等还动用巨大财富插手地区事务[①]，但这并不能从根本上化解国内和地区矛盾。为了王权的长治久安，沙特等必须继续填补这个无底洞。总之，随着内外矛盾和危机的激化，再多的石油美元也无法长期维持沙特等君主政权的社会控制。

3. 中东地区大国的挑战

在中东剧变中，伊朗、土耳其等非阿拉伯国家相对稳定，其地区影响力呈上升态势。对海湾君主国的稳定也构成威胁。伊朗作为什叶派掌权的神权共和国，在阿拉伯世界一直较为孤立。但萨达姆倒台后，伊拉克什叶派上台，一个以伊朗为首，以伊拉克、叙利亚和黎巴嫩真主党为核心的“什叶派新月带”在阿拉伯半岛逐渐成形。更不可小觑的是，海湾各国均有一定比例的什叶派，伊朗可对他们施加影响。在“民主”化浪潮愈益高涨的国际大环境下，这些国家的什叶派民众纷纷要求扩大政治权力，对逊尼派独掌政权的君主国构成严峻压力[②]。

土耳其曾统治中东数百年，一战后经世俗化革命开始现代化，走出一条世俗化居主导地位、温和伊斯兰政党执政的独特发展之路。且因金融监管良好，幸免于2008年国际金融危机，预计至建国100年（2023年）将跻身全球排名前10的经济体。它在寻求加入欧盟受挫后，开始重返中东。由于埃及、利比亚、叙利亚等地区大国在剧变中衰落，伊朗又被排除在传统阿拉伯世界之外，土耳其积极介入地区事务，扩展自身影响力，以谋求“在中东拥有绝对号召力”[③]。这一切也对封闭、僵化，不能顺应历史潮流的以沙特为首的海湾君主国构成冲击。阿拉伯王权国家将面临严峻的宪政改革挑战。

综上可见，在此次西亚北非地区动荡中，无论是实现了政权更迭的四个国家，还是暂时获得自保的君主制国家，前行的路上都充满险阻和艰难。动荡和混乱将会在这里持续较长的一段时间。

三、中东地区发展前瞻

从历史角度看，二战结束后，拉美地区、东亚地区、非洲地区程度不同地向政治、经济和社会现代化迈进，唯有西亚北非一次又一次错过现代化浪潮。民众对于整个阿拉伯世界大大滞后于现代化进程，伊斯兰文明曾经的辉煌不再，表现出极大的焦虑和不满。中东剧变即他们在世界多

① 注：为支撑埃及军方重掌政权，2013年阿拉伯国家给埃及120亿美元（其中沙特50亿、阿联酋30亿、科威特20亿）紧急援助，2014年沙特又给40亿美元；为了制约黎巴嫩真主党，沙特援助黎政府30亿美元；干预叙利亚内战和支持伊拉克逊尼派反政府武装的开支，耗费也以亿万计。

② 注：20世纪90年代，巴林多次出现什叶派要求扩大权力的政治运动和秘密警察的镇压行动。2011年2月14日，巴林开始出现什叶派的反政府示威。数千名示威者驻守在珍珠广场。巴林政府实施三个月的紧急状态，并派军警镇压民众，出现流血伤亡。3月14日，以沙特为首的波斯湾合作理事会派遣100多辆沙特坦克进入该国，应对骚乱，以挽救巴林王室政权。美国玩弄两面手法，暗中支持镇压；伊朗外交部对沙特的行为表达了强烈的不满，伊拉克什叶派领袖和黎巴嫩真主党人，也表示了愤怒。

③ 注：此即土耳其总理埃尔多安的梦想。2011年9月2日，在以色列袭击加沙人道救援船事件之后，土耳其将本国同以色列的外交关系降至二秘等级、中止一切军事协议、驱逐以色列大使，并威胁要把军舰部署到更靠近以色列的地方。由于土对以的强硬态度，以及它所取得的政治和经济成就，在阿拉伯世界的声誉扶摇直上；土耳其给叙利亚叛军大量运送武器，在颠覆巴沙尔政权方面不遗余力，也受到不少阿拉伯国家的首肯。

极化、经济全球化、文明多样化、社会信息化的全球格局重塑中，以一种强烈方式表现出的应激性、被动式民族抗争与发展，其属于伊斯兰复兴运动的范畴。

相比于其他地区，阿拉伯国家在从传统向现代社会的演变中，未能依靠自身的力量从内部形成原动力，只是在不断遭到西方的猛烈冲击后，才被迫缓慢地踏上现代化的征途。在漫长的发展历程中，现代化受挫构成伊斯兰复兴运动的根源；而伊斯兰复兴运动又反过来迟滞了中东的现代化。近年来由于受全球“反恐”战争和国际金融危机的双重影响，再加上中东历史上的种族、部族观念强烈，国家意识淡薄，在仍未彻底完成工业革命的情况下，阿拉伯民族的现代复兴将是一个长期而艰难的过程。

可寄托希望的，是全球化的影响，互联网的普及和中东民智的启蒙，假以时日，这一切将慢慢促成中东社会面貌的变化。这种变化是潜移默化的，不会一蹴而就。唯有此，方能在量变的积累到质变之际，给中东带来真正的社会面貌巨变，让这块土地有一个新的开始，而不再如以往那样，不过是打着动听、时髦新口号的又一次旧轮回。

第八章　全球性发展问题透视

在现代传媒和网络化发展的助推下，全球化合作与发展日益加深，各国在政治、经济、社会、文化等方面相互渗透、相互依存的关系更加深化，全球性问题日益增多。如全球金融发展问题、全球性生态环境问题等。由于许多全球性问题复杂、涉及面广，国际上需要制定新的规则来协调和约束世界各国在国际活动中的行为。

第一节　全球金融发展问题

在经济全球化时代，世界各国之间的经济联系越来越紧密。一国经济发展好坏直接影响到其他国家的经济发展，甚至全球政治、经济的发展。1929 年爆发的全球性金融危机成为第二次世界大战的经济成因。20 世纪末，拉美国家的金融危机让拉美地区各国经济长期处于停止增长状态。1997 年东南亚金融危机爆发，泰国、韩国、印尼等国经济遭受重创。2008 年以来，源自美国的次贷危机逐渐演变为全球性金融危机，并对各国的经济造成了不同程度的影响。在石油持续走低、西方国家不断加大制裁的背景下，2014 年俄罗斯又爆发卢布危机，俄罗斯的经济出现衰退。每一次金融危机，都给一些国家或地区造成严重的政治、经济影响，有的国家经济长时间得不到恢复。我国应从历次的金融危机吸取经验教训，尽可能避免重蹈覆辙，少走弯路，最大程度减少损失。

一、2008 年世界金融危机概述

根据《新帕雷格雷夫经济学大辞典》，所谓金融危机就是指全部或大部分金融指标，包括短期利率、资产（证券、房地产、土地）价格、商业破产数和金融机构倒闭数等出现急剧、短暂、超周期恶化的态势。2008 年世界金融危机源于 2007 年美国次贷风暴。2007 年 4 月 2 日，美国第二大次级房贷公司新世纪金融公司因其经营的次级债坏账问题严重导致公司市值迅速蒸发而被迫申请破产保护。新世纪金融公司的轰然倒下，揭开了 2007 年美国次贷风暴的序幕。

1. 2008 年世界金融危机的过程

2008 年全球金融危机，又称 2008 年世界金融危机、次贷危机、信用危机、2008 年华尔街金融危机。这场金融危机是由美国次贷危机所引发的。美国在 2001 年到 2005 年，美国一些银行等放贷机构降低贷款标准，使得大量收入较低、信用记录较差的人加入了贷款购房的大潮，成为所谓“次贷购房者”（相对于风险较低的优质贷款而言，这类贷款的还贷违约风险较大，因此被称为“次贷”）。但是随着美国住房市场大幅降温，房价下跌。于是出现了大批“次贷购房者”无力按期偿还贷款的局面，次贷危机于 2007 年夏季全面爆发。此后，危机持续发展，导致大批美欧金融机构陷入困境甚至破产。2008 年 3 月，美国第五大投资银行贝尔斯登因涉足次贷业务而濒临破产，最终被摩根大通公司收购。2008 年 7 月在美国两大住房抵押贷款融资机构——房利美和房地美陷入困境后，危机迅速升级。9 月 7 日，为避免“两房”破产对美国和世界金融体系造成难

以估量的破坏，美国政府宣布接管“两房”。9 月 15 日，美国第四大投资银行雷曼兄弟公司宣告破产，第三大投行美林公司被美国银行收购。美国国际集团、花旗集团等其他一些金融巨头也受到重创，不得不向政府求援。由美国住房市场泡沫破裂引发的次贷危机终于升级为一场全面金融危机，并向美国以外的地区蔓延。

金融危机从美国蔓延到了欧洲，就演变成了主权债务危机，葡萄牙、意大利、爱尔兰、希腊、西班牙等五国处则在主权债务危机的风口浪尖。不光是这五个国家，相当一部分欧盟国家既无法通过汇率贬值快速形成对外盈余，又无法轻易重启私营部门借贷，也无法削减赤字振兴经济，部分国家一度面临“破产”风险。全球主要经济体持续走低。为了摆脱金融危机所带来的经济衰退，美、英、日等发达经济体一直维持高度宽松的货币政策环境，将量化宽松政策（QE）视为最优货币政策。同时，欧元区也开始考虑加入“QE 俱乐部”。由于美国经济持续复苏，欧元区走出衰退，日本为了摆脱通缩推出激进的财政和货币政策，使得全球主要股市一度大幅上扬。尽管全球经济经过几年的调整有一定恢复，但是仍然处于缓慢回升阶段。全球经济的复苏仍然面临诸多不确定的因素。

2. 2008 年金融危机的影响

2008 年金融风暴对世界各国经济造成的损失难以估量，全球主要金融市场因此而持续动荡，全球金融机构在美国次贷危机中所遭受的损失高达 1.4 万亿美元。投资者对世界经济前景缺乏信心，也导致股市持续动荡，大幅下挫。股市大跌还抑制了个人消费开支，使美欧日经济增长缺乏动力。这场危机也从金融业向其他行业、从虚拟经济向实体经济扩散，致使美欧日等发达经济体也因此陷入持续衰退之中。随着发达经济体经济出现下滑，发展中经济体也受到波及，墨西哥比索和巴西雷亚尔剧烈贬值，冰岛、匈牙利、乌克兰贷款、白俄罗斯、巴基斯坦等国家均需要国际货币基金组织（IMF）的贷款支持。这场危机还在全世界引发了其他一些经济和社会问题，包括世界粮食安全形势更加严峻、贫困问题进一步加剧以及贸易保护主义抬头等，以中国为首的发展经济体的出口严重受阻。按照过去的经验，总是最贫困和最脆弱国家受危机冲击最严重。

3. 2008 年金融风暴的成因

一是美国放任自由的经济监管政策为金融危机留下了伏笔。在国家宏观管理上，美国一直倡导“国家最小化、市场最大化”原则，奉行不加限制的自由主义经济，联邦政府没有统一的经济计划，经济活动完全由“看不见的手”任意摆布，而市场力量又被企业集团所控制，这样就使得资本主义自由市场的力量越来越不可预测和控制。自发的市场竞争机制具有盲目性、短期性和不确定性，很容易造成投机行为和虚假繁荣。对此，法国学者米歇尔·阿尔贝尔认为“新美国模式的资本主义则是明显劣等的资本主义，在这种模式下，经理目光短浅、迷恋利润、薪金特高”，而且这种新自由主义主宰下的“资本主义越是成为短期财富的创造者，就越会成为长期社会价值的破坏者”[①]。不仅如此，美国为了实现金融创新，放松了金融监管。美国对于金融控股公司的监管，设计了一种“伞形”的监管体制，美联储被赋予伞式监管职能，成为金融控股公司的基本监管者。在新自由主义者看来，只有完全向竞争开放的资本自由运动，才能保证对金融企业发展所必需的资源进行最佳配置。这种资源配置又是通过企业发行股票、在股票市场上以融资的方式来满足对资金的大量需求。因此，“这种类型的资

① 何帆. 从华尔街丑闻看美国式资本主义的危机[J]. 经济时评，2002（8）：4.

本主义，其积累的决策权，主要在私人公司，它们可以自由地追求短期利润目标，通过金融市场获得资本”①。而在伞形监管模式下，美国金融监管失之于松散和自由，以致美国金融衍生产品泛滥，最后导致金融市场的混乱，金融风险不断累积。

二是美国的超前消费观念为金融危机埋下了祸根。美国人习惯于借贷消费，习惯于今天用明天的钱。一方面，美国房贷机构为了迎合低收入者或收入不稳定者的购房需求，推出了次级贷款业务。美国住房贷款市场上出现了抵押贷款担保证券（MBS），进而又衍生出债务担保凭证（CDO）、信用违约互换（CDS）等一系列在此次金融危机中备受指责的衍生产品。也正是次级贷款衍生品给金融市场带来了意想不到的危机。另一方面，为满足美国人的超前消费和高消费，美联储选择了宽松的货币政策，不断降低再贷款的门槛。从 2001 年开始，美国进入了降息通道，在两年半的时间里，美联储总共进行了 13 次降息，导致了美国货币供应量的异常增长，市场的流动性剧增。同时，金融市场上过多的流动性和极低的利率既刺激了居民的消费欲望，也激起了投资者的投资热情，从而不可避免地引起了通货膨胀，以致美国房地产泡沫不断吹大。当美国房地产泡沫破灭时，美国金融风暴也就不可避免地到来了。

二、2008 年全球金融危机的启示

尽管全球经济已经渡过最艰难时期，但是如何从全球金融危机中吸取教训，却是我们值得思考的问题。我们不仅要警惕和防范新自由主义思潮对我国改革开放形成负面影响，又要防止和避免盲从美国模式——自由放任的市场经济模式，避免对美国经济模式成为经济学界非理性鼓吹的主要经济形式。

1. 发展实体经济才是经济增长的根本

美国房地产市场的泡沫对 2008 年金融风暴是“功不可没”。2000 年以后美国住房价格增长三分之一以上，是二战以来美国房价上涨最快的时期。当时美联储为刺激经济复苏曾连续 13 次调低利率，使美国的短期利率降至 40 多年来的最低水平。美国股市持续下跌使更多的人将资金转向房地产市场。这两大因素促成了美国房地产泡沫。美国房地产泡沫破裂，直接诱发美国次贷危机的出现，进而使国内经济，股市、就业市场等领域肯定出现极大波动，甚至导致经济衰退。

对房地产在经济增长中的拉动作用，我国经济学家、中国人民大学教授黄卫平评价说：“在这个世界上，凡是靠房地产拉动的国家，结果没有不崩盘的，世界老大美国靠房地产拉动经济结局是崩盘；世界老二日本靠房地产拉动经济结局也是崩盘；世界经济早已把中国的房地产列为崩盘之列。在世界上，大概只有德国逃过这一劫。总之，这个地球上凡是靠房地产拉动经济的国家结局都是崩盘，尤其当房地产和金融紧密结合成为一种金融衍生工具时，不崩盘那简直就不是经济。”②当前，我国经济也存在房地产泡沫的潜在威胁，如何避免房地产泡沫破裂对经济形成严重的冲击，这将是对各级政府智慧的重大考验。

2. 美国经济增长模式有局限性

曾经的“美国发展模式”被吹捧为经济发展的必经道路。但是，从美国金融危机的发展来看，

① [英]戴维·柯茨.资本主义的模式[M]. 耿修林，宗兆昌，译. 南京：江苏人民出版社，2001：12-13.

② 时寒冰. 依赖房地产的国家为何总是难逃崩[EB/OL].(2009-08-04)http://finance.ifeng.com/news/opinion/fhzl/20090804/1035257.shtml.

如果盲目效仿美国的经济发展模式必将付出惨痛的代价。建立在个人主义、功利主义基础之上的美国模式，虽然有助于个人能力乃至经济活力的充分发挥，但个人主义中反社会的、排他的、道德的一面愈演愈烈，并严重损害了社会的整体利益。事实上，美国模式主张“小政府、大市场”，反对国家干预，崇尚市场自由竞争的理念，正是其产生一系列弊端和缺陷的诱因。在美国自由市场经济条件下，必然会出现马克思所指出的那种两极分化的分配不公现象，“占人口 1% 的富裕者控制了美国 38% 的财富”。他得出的结论是：“富人和处于奴隶状态的穷人之间的两极分化，与中世纪没有什么两样”①，即一边是财富的日益积累，另一边是贫困的积累。因此，美国经济模式不能成为世界的榜样。

第二节　全球生态环境问题

全球生态环境问题与人类的经济、政治、文化发展有着密切的联系。20 世纪 50 年代以来，全球生态环境问题开始成为世界关注的焦点。方兴未艾的全球化对生态环境的影响是把双刃剑，它既加剧了全球生态危机的扩散和蔓延，同时又促进了全球环境发展的合作，推动了生态环境的全球化治理。

一、全球生态环境问题概述

2012 年，联合国环境规划署发布第五版《全球环境展望》综合报告，该报告指出，世界仍然走在一条不可持续的发展道路上，地球上各个系统的承受能力正在被推至生物物理上的极限。二战结束后，各国为追求经济发展，采用“高投入”的方式，形成了“增长热”，创造了前所未有的经济奇迹。同时，环境却不断遭到破坏和践踏，环境污染等公害事件不断发生。20 世纪初期，全世界发生了著名的八大公害事件②，都是由于环境污染造成的。20 世纪 80 年代后，发展中国家为追求经济发展指数而采取的种种对自然资源的过度开发利用，使环境问题变得日益严重。每年仍然在持续发生大量污染，公害事件的范围和规模不断扩大，灾难连绵不断。目前一些环境问题已经呈现出全球化趋势，已经成为全球性生态危机。

目前全球环境问题可分为三大类型，即资源危机、环境污染和生态破坏：③

1. 资源危机

所谓资源危机，主要指由于人类不正确地或过度地利用自然资源而造成的各种资源短缺现象。除了少数几种自然资源是原生的外，绝大多数是次生的。原生的自然资源有太阳能、空气、风、降水、气候等，它们是无限的；次生的自然资源有土地、矿产、森林等，它们都是有限的。近百年来，自然资源被乱采滥用、任意浪费，以致出现了资源危机。随着人类生产、生活的扩大，世界上的许多物种都受到了严重威胁。在生物多样方面，由于人为的破坏和不加节制的采伐捕猎，一些物种种源灭失，也变得不能再生。20 世纪以来，全世界哺乳动物 3 800 多种中已有 110 种灭

① 美国经济模式:衰败的偶像[EB/OL].（2002-11-06）http://www.edu.cn/.

② 著名的八大公害事件是指：比利时马斯河谷烟雾事件、美国多诺拉烟雾事件、伦敦烟雾事件、美国洛杉矶光化学烟雾事件、日本水俣病事件、日本富山骨痛病事件、日本四日市哮喘病事件及日本米糠油事件。

③ 全球性的生态环境危机[EB\OL].（2014-11-13） http://www.360doc.com/content/14/1113/10/112852_424748413.shtml.

绝，另外还有 600 多种动物和 25 000 余种植物正濒临灭绝。更严重的是，原本是无限的资源，如空气和水，因受到了严重污染，现在也出现了水资源危机、空气污染。

2. 环境污染

环境污染，主要指人口激增、城市化和工农业生产将大量污染物排入环境使环境质量下降，扰乱和破坏了生态系统和人们正常的生产和生活条件。环境污染主要包括工业的废气、废水、废渣，也包括生活污染、交通污染等，大城市环境污染最主要的来源是机动车辆。洛杉矶 2/3 的烟雾与汽车相关。目前全世界的工业废物与生活垃圾急剧增加，空气中氮氧化物含量逐年上升，大气尘埃中重金属物质、致癌物质以及致酸物质尚未得到根本的治理，噪声公害日益严重。

对于工业污染造成的严重后果，恩格斯在《英国工人阶级状况》一书中详细地记述了当时英国工业城市曼彻斯特的污染状况。1873、1880、1882、1891、1892 年英国伦敦多次发生可怕的有毒烟雾事件。19 世纪后期日本足尾铜矿区排出的废水毁坏了大片农田。1952 年英国伦敦出现另一种类型严重的烟雾事件，短短四天内比常年同期死亡人数多 4 000 人。1962 年美国生物学家卡逊出版的科普作品《寂静的春天》详细描述了滥用化学农药造成的生态破坏。这本书引起了西方国家的强烈反响。20 世纪日本接连查明水俣病、四日市哮喘等震惊世界的公害事件都起源于工业污染。

现代工业不仅产生“三废”，而且也生产出大量的有毒有害化学物品。现在全世界每年产生的有毒有害化学废物达 3 亿到 4 亿吨，最典型的是多氯联苯和滴滴涕。多氯联苯的副作用之一就是损害生殖系统。有人认为多氯联苯是导致海豹出生率下降 60% 至 80% 的罪魁祸首，甚至北极地区的因纽特人的母乳里含有高浓度的多氯联苯，而鲸、海豹等海洋动物正是因纽特人的蛋白质主要来源之一。持久性有机污染物已经成为目前全世界关注的重大环境问题之一。

目前酸雨的跨界污染已经成为一个敏感的国际政治问题、跨国污染问题。酸雨中绝大部分是硫酸和硝酸，主要来源于排放的二氧化硫和氮氧化物。酸雨问题首先出现在欧洲和北美洲。加拿大有一半的酸雨来自美国。亚洲是二氧化硫排放量增长较快的地区，并主要集中在东亚，其中中国南方是酸雨最严重的地区，成为世界上又一大酸雨区。酸雨不仅损害生物和自然生态系统，使土壤、湖泊、河流酸化，而且腐蚀建筑材料、金属结构等。

3. 生态破坏

全世界的大面积生态破坏，主要包括生物多样性锐减、土壤退化及荒漠化正在加速、森林面积锐减等。

沙漠化问题日趋严重。目前，全球荒漠化的面积已经达 3600 万平方公里，占整个地球陆地面积的 1/4。世界上 100 多个国家和地区，全世界有 3.5% 以上的土地面积，12 亿人受到荒漠化的摧残影响和威胁，全球约有 1/6 的人口生活在这些地区，受荒漠化影响的人口仍在继续增加。截至 2004 年，我国荒漠化土地总面积为 263.62 万平方公里，占国土总面积的 27.46%。全世界每年因荒漠化而遭受的损失达 420 亿美元。1934 年 5 月美国发生一场特大尘暴，这次风暴刮走西部草原 3 亿多吨土壤。芝加哥在 5 月 11 日这一天降下尘土 1 200 万吨，这是美国历史上的一次重大灾难。

在地球这个生态系统中，其他资源都在不断消失，而增长速度最快的却是全世界的人口。据科学家预测，到 2080 年世界人口将达到顶峰，为 106 亿，在此后将逐渐下降，到 21 世纪末降至 103.5 亿。如何保障 100 亿人口生存所需要的各种物质条件将是人类社会面临的极大挑战。另外，人口结构不合理也是一个严重问题，老龄化趋势在发达国家表现尤其明显。

二、全球变暖与全球减排

气候变化是最典型的全球环境问题。20 世纪 70 年代，科学家把气候变暖作为一个全球环境问题提了出来。随着对人类活动和全球气候关系认识的深化，这一问题已经成为国际政治和外交议题。1992 年联合国里约环境发展大会通过并开放签署了《气候变化框架公约》。气候变化问题涉及经济发展方式及能源利用，正在成为深刻影响 21 世纪全球发展的一个重大国际问题。

一些科学观测表明，大气中各种温室气体的浓度正在增加。在 20 世纪，全球平均接近地面的大气层温度上升了摄氏 0.74 度。过去 50 年气候改变的速度是过去 100 年的双倍，因此推论该时期的气候改变是由人类活动所推动。许多学者的预测表明，到 21 世纪中叶，世界能源消费的格局若不发生根本性变化，大气中二氧化碳的浓度将达到 560 ppm，地球平均温度将有较大幅度的增加。2012 年，《自然・气候变化》发表英国丁铎尔气候变化研究中心的报告《维持全球升温低于 2 °C 的挑战》认为：全球二氧化碳排放量将在 2012 年进一步增加，达到创纪录的 356 亿吨。目前，发达国家仍然是二氧化碳等温室气体的主要排放国，美国是世界上头号排放大国，包括中国在内的一些发展中国家的排放总量也在迅速增长。

按现在的发展趋势，科学家预测有可能出现的影响和危害有：海平面上升、影响农业和自然生态系统、加剧洪涝、干旱及其他气象灾害、气候变暖有可能加大疾病危险和死亡率等。2014 年，联合国政府间气候变化专门委员会发布报告称，气候变暖可能导致无法逆转的严峻后果。如果全球气温可上升 2 °C，全球经济产量每年将减少 0.2%～2%。受气候变暖影响，全球食品短缺、自然灾害和战争威胁进一步加剧，人类健康和经济发展受到威胁，对数十亿人的食物和水资源面临危机。世界银行副行长雷切尔・凯特 2013 年指出：“在过去 30 年里，自然灾害已给全世界造成超过 2.5 亿人丧生和近 4 万亿美元的经济损失。经济损失还在上升——从 1980 年每年 500 亿美元到 2012 年增加到每年接近 2 000 亿美元，而且这些损失中三分之一是极端天气造成的。”

为避免全球气候持续变暖，控制全球碳排放量是人类社会必须得到有效控制。1997 年 12 月，在日本京都通过《联合国气候变化框架公约的京都议定书》，到 2009 年 2 月，一共有 183 个国家通过了该条约。欧盟在碳减排领域付出的巨大努力使欧盟的人均排放量降至 7.3 吨。比利时、丹麦、法国、瑞典和英国的能源结构调整，排放量在过去的 10 年中每年减少了 5%。2014 年 6 月，美国迈出历史性的一步：公布了一项重大的减排计划。该举措预计到 2030 年将美国发电厂的二氧化碳排放量在 2005 年的基础上减少 30%，这是有史以来美国在对抗全球变暖问题上做出的最大举动，也有望促使 2015 年举办的巴黎气候大会取得国际减排协议。

三、中国生态文明建设

随着改革开放和经济的高速发展，走过了发达国家几百年才完成的工业化过程。与此同时，发达国家一两百年间逐步出现的环境问题在我国集中显现出来，特别是乡镇企业的异军突起，使环境污染向农村急剧蔓延，同时，生态破坏的范围也在持续扩大。一些地区不惜以牺牲生态环境为代价换取经济增长，在 GDP 增长的同时，留下了巨额的“生态赤字”。时至如今，环境问题与人口问题一样，成为我国经济和社会发展的两大难题。目前，我国已成为世界二氧化硫排放的头号大国。北京、广州、上海等大城市大气中氮氧化物的浓度严重超标，北京和广州氮氧化物空气污染指数已达四级，已成为大气环境中首要的污染因子。早在 1997 年我国七大水系、湖泊、水

库、部分地区地下水都已经受到不同程度的污染。我国每年由于室内空气污染而引起死亡的人数达 11 万人。酸雨每年给我国造成的直接经济损失 140 亿元。如果继续沿袭粗放发展模式，那么生态环境恶化的状况将难以想象，全面建成小康社会的奋斗目标也将化为泡影。在这个问题上，我们没有别的选择，必须大力推进生态文明建设，再造生态环境新优势，加快转变经济发展方式，努力提高经济增长的质量和效益。

党中央一直高度重视我国环境治理问题。党的十五大报告明确提出实施可持续发展战略，十七大报告又进一步明确提出建设生态文明，并将 2020 年建设成为生态环境良好的国家作为全面建设小康社会的重要目标。十八大报告首次单篇论述生态文明，首次把“美丽中国”作为未来生态文明建设的宏伟目标，把生态文明建设摆在总体布局的高度来论述。十八大提出的战略真正体现了生态文明这个重要主题，把“为什么要发展、为谁来发展、怎么来发展”等问题想清楚了，摒弃了原来单纯追求 GDP、不顾环境约束，以资源能源消耗和损害环境为代价的发展方式。作为公共产品的良好生态环境，包括清新空气、清洁水源、安全食品——这些都是人类生产生活的必需品，是消费品，而各级政府理应成为第一生产者、提供者。李克强总理在第七次全国环保大会上将环境保护纳入基本公共服务范畴，从理论上明确了提供具有公共服务属性功能的环境产品是政府不可推卸的职责。对政府而言，一定要把良好的生态环境作为底线，作为衡量又好又快的基本要求。

我国生态文明建设应从以下几个方面着手①：

（1）首先做好顶层设计。制定实施生态文明建设目标体系和考核办法。2014 年中央的部署一出台，各级地方政府立即相应制定了行动计划和重污染应对方案。加快实施主体功能区战略，整体谋划国土空间开发，构建科学合理的城市化格局、农业发展格局、生态安全格局，给自然留下更多修复空间。构建经济发展与资源消耗量、污染物排放量“脱钩”的经济模式，把节约环保的要求全面体现到经济发展的各个领域和每个环节。开展生态文明建设全社会行动，坚持走群策群力、群防群控的群众路线，构建政府、企业、公众共同参与的生态文明建设大格局。

（2）完善环境经济政策。要将生态环境保护作为重要因子纳入相关税种设计，建立健全环境税收政策体系。按照谁开发谁保护、谁受益谁补偿的原则，推动建立开发与保护地区之间、上下游地区之间、生态受益与生态保护地区之间的生态补偿机制。建立更好地反映市场供求关系、资源稀缺程度和环境损害成本的资源性产品价格形成机制。继续深化绿色信贷、排污权有偿使用和交易等政策。

（3）完善法律制度建设。只有将生态文明建设的制度、体制和机制建立起来，建立科学快捷的立、改、废程序，完善生态文明建设法律法规体系，强化环境执法监督管理，着力解决环保责任不落实、守法成本高、违法成本低等问题。不因各级、各地领导的改变而改变，不因发展阶段的改变而改变，长期坚持，才能有效治污、彻底改善生态环境。2014 年 4 月《环境保护法》已经修订，2014 年 12 月《大气污染防治法》（修订草案）首次提请十二届全国人大常委会第十二次会议审议。此外，水、土壤等相关的环保法律法规仍然有些落后于现有制度，因此，所有相关法条要加紧修订。

（4）环境保护文化是基础。建设生态文明，也需要每个公民心中树立绿色出行、节能节水等理念，珍惜环境资源，规范自身行为。这样才能构成一个政府负责、企业守法、公众积极参与的环境保护格局。

---

① 周生贤. 走向生态文明新时代[J]. 求是，2013（17）.

第三节　全球恐怖主义问题

长期以来，恐怖主义以其血腥的暴力活动为显著标志，在世界许多地区制造针对平民的恐怖性袭击活动，造成社会的动荡与不安。2001 年 6 月，中国与中亚国家及俄罗斯签署的《打击恐怖主义、分裂主义和极端主义上海公约》，按照《公约》的规定，恐怖主义是指致使平民或武装冲突情况下未参与军事行动的任何其他人员死亡或对其造成重大人身伤害、对物质目标造成重大损失的任何行为，以及组织、策划、共谋、教唆上述活动的行为。自“9·11”事件以来，全球恐怖主义以空前的破坏力、冲击力和影响力成为影响世界稳定和地区安全的首要威胁，成为影响和平发展的强大阻力，不仅成为地球面临的“十大危险”之一，也被称为“21 世纪的政治瘟疫”，引起了国际社会的高度关注和重视。

一、全球恐怖主义概述

恐怖主义是严重危害人类文明的社会毒瘤。恐怖主义是实施者对非武装人员有组织地使用暴力或以暴力相威胁，通过将一定的对象置于恐怖威胁之中，来达到某种政治目的的行为，如 2014 年异军突起的“伊拉克和黎凡特伊斯兰国”（ISIS）。

当前全球恐怖主义有如下发展趋势和特点：

（1）以基地组织为代表的国际恐怖势力实力不减，逐步向全球渗透和蔓延。基地组织在阿富汗、巴基斯坦交界部落地区建立训练营地，培训并输出恐怖分子，其在世界多地的分支运作趋于分散、多中心化，具有更强的隐蔽性和突发性。2011 年 5 月本·拉登被击毙和中东剧变开始，目前国际社会面对的是基地组织比以往更危险，因为“基地”组织正在利用“阿拉伯之春”导致的大片无政府管理地区建立恐怖分子的避难所，例如利比亚东部、马里北部、埃及西奈半岛以及叙利亚部分地区。基地组织在巴基斯坦、伊拉克，乃至在整个阿拉伯世界的重新崛起。

（2）动荡的中东地区成为恐怖主义发酵的土壤，恐怖主义与极端组织勾结成全球性恐怖网络。叙利亚的内战、伊拉克的动荡给极端恐怖组织提供了生存空间，迅速坐大。例如，叙利亚境内的胜利阵线宣誓效忠基地组织，博科圣地也与基地组织有联系。在非洲，基地分支伊斯兰马格里布基地组织活动猖獗，索马里青年党制造多宗恐怖袭击，博科圣地绑架 200 多名尼日利亚女学生，对睡梦中的学生大开杀戒，举世震惊；肯尼亚首都内罗毕豪华商场上演对顾客的大屠杀；在中亚，包括东突恐怖组织在内的三股势力仍对地区稳定与安全构成重大威胁。目前恐怖主义弧形地带，已经变成了一个从整个北部非洲—中东地区—中亚和南亚—东南亚的连成一片的广袤地带。

（3）恐怖分子呈现出年轻化、女性化和极端化态势。一些国家近年来民众生活水平下降，失业率上升，社会不满情绪增加，极端思潮在年轻群体中更有市场。巴勒斯坦和车臣的大多数极端分子因为当地的特殊情况而变得激进，而“基地”过去的招募战略却是通过阿富汗训练营来教化那些来自阿拉伯世界、对恐怖主义所知不多的年轻小伙子。受到车臣“黑寡妇”、巴勒斯坦女“肉弹”的影响，向来对妇女采取排斥态度的“基地”组织开始把目标瞄准妇女。基地组织试图影响一个巨大而又未被触及的新群体，给这些妇女灌输危险信息。

（4）网络成为反恐的新阵地。恐怖组织越来越善于利用网际网络等高科技手段宣传极端思想、煽动暴力情绪和策划恐怖行动。恐怖组织可以通过网络，以独特方式向潜在支持者传递信息。各国政府却很难甚至没有办法实施有效打击。调查人员很难追踪和阻止恐怖分子在网上发布信息。一个视频片断在网上出现后，会立即传播到各地。上网者可以通过论坛、聊天室或电子邮件发布视频文件地址。恐怖分子甚至自己建立网站，并不断更换域名，政府部门难以应对。恐怖分子发布的信息多为阿拉伯文或乌尔都文，这也给调查人员造成很大麻烦。支持者可以用网名在恐怖网站的论坛上留言，没有人知道他们的真实身份。网络恐怖主义已成为信息时代恐怖主义手段和方式发展的新领域，成为非传统安全领域挑战国家安全的新的全球性问题。未来网络恐怖主义攻击的可能性越来越大，攻击主要目标可能是金融证券交易网络系统、信息通讯、电力与交通等网络系统。

（5）“独狼”式恐怖袭击日益蔓延。所谓“独狼”，是指为实现某种政治主张或敌视社会而从事恐怖活动的个体或小群体，他们不从属于恐怖组织，一般单独策划和实施恐怖袭击。独狼式恐怖分子正日益成为西方的心腹大患。近几年，挪威、法国、美国等都曾发生“独狼”恐怖袭击。美国总统奥巴马曾经警告：美国最有可能面临的恐怖威胁不再是类似“9·11”那种大规模、高度协调的袭击，而是独狼行动，即某个人拿着可以实施大规模屠杀的武器行凶，就像挪威近期发生的事件[①]。“独狼”恐怖袭击随意性、隐蔽性更高，防不胜防，容易造成民众心理恐慌，影响社会安定。更值得担忧的是，这些“独狼”并非全部来自外部丛林，而是滋生于西方本土。

2013 年以来，很多国家相继发生重大恐怖袭击案件，造成重大人员伤亡，对国家安全、社会稳定和国际和平构成严峻挑战。2014 年，美国国务院发布《2013 年度国家反恐报告》，2013 年全球发生了大约 9 707 起恐怖袭击，造成超过 17 800 人死亡，大多数袭击发生在阿富汗、印度、伊拉克、尼日利亚等国家。2013 年全球恐怖袭击事件，比上一年增长 43%。

二、全球恐怖主义下的中国反恐政策

近年来，受国际恐怖活动持续高发和宗教极端思想持续活跃的影响，以“东突”势力为代表的境内外“三股势力”（暴力恐怖势力、民族分裂势力、宗教极端势力）加紧预谋策划、伺机实施恐袭。2014 年 3 月 1 日，云南昆明火车站发生严重暴力恐怖袭击事件，造成 29 人死亡、143 人受伤。同年 4 月 30 日，新疆乌鲁木齐火车南站发生严重暴力恐怖袭击事件，造成 3 人死亡、79 人受伤。两起事件表明，中国境内暴力恐怖活动升级、范围扩大，以及恐怖分子袭击能力提高和更加凶残。面对暴力恐怖主义活动蔓延到全国且强度不断增大的趋势，中国政府坚持坚定的反恐立场，并积极实施有效的反恐措施，以遏制恐怖主义活动蔓延。

1. 中国政府坚持坚定的反恐立场

恐怖主义是人类的公敌，各国都主张对其进行严厉打击。20 世纪 90 年代以来，面对恐怖主义活动日益威胁国家安全和社会稳定的局势，中国政府坚持打击一切恐怖主义的坚定立场，不断加强反恐能力建设。2014 年 4 月 25 日下午，中共中央政治局就切实维护国家安全和社会安定进行第十四次集体学习。中共中央总书记习近平在主持学习时强调，反恐怖斗争事关国家安全，事关人民群众切身利益，事关改革发展稳定全局，必须采取坚决果断措施，保持严打高压态势，坚决把暴力恐怖分子嚣张气焰打下去。要建立健全反恐工作格局，完善反恐工作体系，加强反恐力

① 2011 年 7 月 22 日位于奥斯陆市中心的挪威政府办公大楼附近发生爆炸，挪威政府大楼、财政部大楼以及对面的《世界之路》报社在爆炸中受到破坏，造成 8 人死亡，30 人受伤。在炸弹爆炸发生 2 小时后，在位于奥斯陆以西约 40 公里处于特岛发生枪击事件，一名装扮成警察的枪手向在岛上参加执政挪威工党举办的青年团的人群射击，打死 69 人，打伤 66 人，32 岁的疑犯挪威人安德西·布莱维克当场被捕。

量建设。要深入开展各种形式的群防群治活动，筑起铜墙铁壁，使暴力恐怖分子成为“过街老鼠、人人喊打”。2014 年 4 月 30 日，习近平在新疆考察时强调：“对残害生命、穷凶极恶的暴力恐怖活动，要高举法治旗帜，保持严打高压态势，出重手、下重拳，先发制敌，坚决把暴力恐怖分子的嚣张气焰打下去，以震慑敌人、鼓舞人民。”2014 年 5 月 21 日，在上海亚信峰会上，习近平强调“对恐怖主义、分裂主义、极端主义这‘三股势力’，必须采取零容忍态度，加强国际和地区合作，加大打击力度，使本地区人民都能够在安宁祥和的土地上幸福生活”。

中共中央政治局委员、中央政法委书记孟建柱 2014 年 5 月 6 日表示，充分运用现代信息技术，不断提高防范化解不安定风险和预防打击犯罪的能力。中国先发制敌打击恐怖分子将严格依法包括国际法准则进行，而避免像某些西方大国那样在打击对象、打击范围和打击行动方面产生扩大化和随意性。

2. 中国政府实施有效的反恐措施打击恐怖活动

作为人类的公敌，恐怖主义的泛滥，严重危害了广大人民群众的生命财产安全， 妨碍社会正常秩序和稳定，恶化和加剧国际社会矛盾。因此，中国政府将打击恐怖主义作为保证国家安全的重要内容，以“共同、综合、合作、可持续”为核心的新安全观作为制定反恐政策、开展国际反恐合作的指导原则。在反恐问题的对策和措施上，加强反恐立法，建立积极有效的反恐应急机制，健全反恐组织机构等，以提升国内反恐应急能力。同时，又要积极参与双边、多边国际反恐合作，以有效打击和遏制恐怖主义。

第一，坚决反对任何形式的恐怖主义。中国政府一贯认为恐怖主义会危害无辜人群的生命、尊严和安全。因此，中国政府在各种场合，始终坚持从各国人民的共同利益和国际社会的共同安全出发，无论恐怖主义以何种方式出现在何时、何地、针对何人，国际社会都应采取一致立场，坚决打击。

第二，强调国际合作反恐的重要性。近年来，恐怖主义日益成为全人类的共同敌人，大量恐怖主义活动日益向国际化、世界性方向发展，单靠一个国家的力量很难有效应对恐怖主义袭击。因此，面对现代恐怖主义、毒品威胁及其他跨国犯罪的挑战，中国政府主张充分发挥联合国和安理会在国际反恐斗争中的主导作用。同时，中国政府坚持各国的反恐行动都应符合《联合国宪章》的宗旨和原则，并按照公认的国际法准则采取相应的联合行动。中国政府愿与世界各国共同防止和打击恐怖主义，包括在反恐情报信息交流、截断恐怖活动的资金来源、引渡和遣送恐怖犯罪嫌疑人等方面加强合作。

第九章　中国政治建设

中国的改革开放过程，就是一个实现中国特色社会主义现代化建设的过程，它是一个包括政治建设、经济建设和文化生活在内的整体性社会发展过程。中国政治建设是指中国特色社会主义政治发展，是与中国特色社会主义现代化进程相适应的全部政治体制改革和政治体制建设。当前，中国政治建设是以政治体制改革为根本任务和主题。所谓政治体制改革，就是以马克思主义理论为根本指导，在确保社会主义政治格局和权力架构模式不变的前提下，对政权组织、政治组织的相互关系及其运行机制进行适时的调整和完善过程。

第一节　中国政治体制改革现状

改革开放以来，在经济体制改革的同时，政治体制改革也就逐渐地被提上日程。政治体制改革最先是由邓小平提出来的。邓小平说："我们这个国家有几千年封建社会的历史，缺乏社会主义的民主和社会主义的法制。现在我们要认真建立社会主义的民主制度和社会主义法制。只有这样，才能解决问题。"① 1986 年，邓小平便集中精力考虑推进政治体制改革一事。

中国的政治体制改革和民主政治建设，是关系到中国能否长期保持社会和谐，坚持和平发展道路的一个带有根本性的重大问题。自改革开放以来，特别是近几年的改革开放，我国的政治体制改革取得了相当大的进展。30 多年的政治体制改革使得我国社会发生了深刻的变化。

一、中国政治体制改革的发展历程

政治体制改革是社会主义政治制度的自我完善和发展，是建设社会主义政治文明的必由之路。党的十一届三中全会以来，在坚持四项基本原则的前提下，中国积极稳妥地推进了政治体制改革。中国 30 多的政治体制改革历程大致可以分为几个阶段：

1. 政治体制改革的初步探索阶段

这个阶段是指从 1978 年中共十一届三中全会到 1984 年中共十二届三中全会的 6 年时间。在这个阶段，最为重要的历史贡献在于中国共产党的领导人科学地分析和判断了当时的政治经济形势，敏锐地提出"政治体制改革"这个社会发展问题。

20 世纪 70 年代末、80 年代初，历经大规模的阶级斗争和群众运动中，脱胎于中国革命战争年代的政治体制酿成对国家的空前浩劫和巨大灾难，已经远远不能适应中国社会的发展。因此，"文化大革命"结束后，中国共产党在进行经济体制改革的同时，也开始着手思考政治体制的改革。邓小平 1980 年 8 月 18 日在中央政治局扩大会议上作了《党和国家领导制度的改革》的重要讲话。这篇讲话稿成为了中国政治体制改革重要的纲领性文献，也是中国政治体制改革总体思路

---

① 邓小平文选：第 2 卷[M]. 北京：人民出版社，1994：348.

的一个集中体现，为我国政治体制改革奠定了坚实的理论基础，指明了原则和方向。1982 年 9 月召开的中国共产党第十二次全国代表大会，提出了全面开创社会主义建设新局面的纲领，并提出了继续改革和完善政治体制的任务。

2. 政治体制改革的全面部署阶段

20 世纪 80 年代中后期，随着经济体制改革的不断深入，社会发展进程中遇到了政治体制的阻碍，政治体制改革与经济体制改革不相适应的问题突出出来。邓小平敏锐地感觉到了政治体制改革和经济体制改革的不同步带来的问题。从 1985 年到 1987 年的两年时间，邓小平多次指出，经济体制改革每一步前进，都需要政治体制改革予以支持。为此，1986 年 6 月邓小平《在听取经济情况汇报时的谈话》中强调“改革，应该包括政治体制的改革，而且应该把政治体制改革作为改革向前推进的一个标志”①。1986 年 9 月，邓小平在《关于政治体制改革问题》的讲话中指出“现在经济改革每前进一步，都深深感到政治体制改革的必要性。不改革政治体制，就不能保障经济体制改革的成果”②。而且，“我们所有的改革最终能不能成功，还是决定于政治体制的改革”。

邓小平一方面强调政治体制改革必须与经济体制改革相适应，另一方面又明确提出政治体制改革必须具体化，要进行总体设计，要有一个蓝图。1986 年 6 月，邓小平指出“1980 年就提出政治体制改革，但没有具体化，现在应该提到日程上来。不然的话，机构庞大，人浮于事，拖拖拉拉，互相扯皮……拖经济发展的后退”③。1986 年 9 月 29 日，邓小平在会见波兰统一工人党中央第一书记雅鲁泽尔斯基时的谈话中指出“我们的政治体制改革的总体目标是三条：第一，巩固社会主义制度；第二，发展社会主义社会的生产力；第三，发扬社会主义民主，调动广大人民的积极性。”④ 1986 年 9 月，中共中央成立了中央政治体制改革研讨小组，开始了总体方案的酝酿和设计。1987 年 10 月，中共十二届七中全会原则同意了《政治体制改革总体设想》，决定将这一设想的基本内容写入十三大报告中。

1987 年 10 月 25 日至 11 月 1 日，中国共产党第十三次代表大会对我国的政治体制改革进行了全面部署，提出了政治体制改革的基本方针，确立了政治体制改革的近期目标和长期目标，并把“党政分开”的国家权力机构体系改革作为“政治体制改革的关键”，认为“经济体制改革的展开和深入，对政治体制改革提出了愈益紧迫的要求”。针对当时的情况，十三大报告把政治体制改革的近期目标概括为“建立有利于提高效率、增强活力和调动各方面积极性的领导体制”。提出了近期政治体制改革的主要内容：实行党政分开；进一步下放权力；改革政府工作机构；改革干部人事制度；建立社会协商对话制度；完善社会主义民主政治的若干制度；加强社会主义法制建设。

3. 总结经验调整思路阶段

20 世纪 80 年代末至 90 年代初，我国政治体制改革逐步深入，并呈现出良好的发展势头。但是，就在中国政治体制改革即将深入拓展之际，苏东剧变引发了国际国内形势的变化。这对中国政治体制改革产生了不可避免的冲击和影响。在此紧要关头，邓小平以非凡的战略眼光和政治胆识，顶住了压力和干扰，强调要毫不动摇地坚持党的十一届三中全会以来的基本路线和一系列基本方针、基本政策，同时又要求对 10 年改革开放进行经验总结。在政治体制改革方面，将片面

①、②、③、④ 邓小平文选：第 3 卷[M]. 北京：人民出版社，1993：160，176，160，180.

强调政治体制改革的重要性和紧迫性调整为“积极推进政治体制改革，加强社会主义民主法制建设”。政治体制改革内容也由“着重解决权力过分集中”调整为“完善人民代表大会制度，完善共产党领导的多党合作和政治协商制度”等具体的内容和要求。在当时国内外政治形势发生重大变化的背景下，对政治体制改革的思路和内容作一些调整是必要的，也是明智之举。从调整的具体情况来看，如果不从根本上触动权力过分集中这个“总病根”，一系列经济改革和社会问题的难以得到解决，最终也会影响社会稳定。

4. 继续推进政治体制改革时期

1992 年，邓小平“南方讲话”发表以后，我国的改革进入了一个以建立市场经济体制为核心内容的制度创新阶段。中华大地掀起新一轮改革潮。1992 年 10 月，中共十四大召开。按照调整后的思路，十四大提出“机构改革，精兵简政，是政治体制改革的迫切任务，也是深化经济改革，建立市场经济体制和加快现代化的建设的重要条件”。十四大报告对政治体制改革进行了阐述：“政治体制改革的目标，是以完善人民代表大会制度、共产党领导的多党合作和政治协商制度为主要内容，发展社会主义民主政治。”从总体上看，随着经济体制改革的日益深化，政治体制改革滞后的问题日益突显出来，国内有了加快政治体制改革的呼声。1997 年 9 月召开的中共十五大，适应经济体制改革的要求和社会主义现代化建设的需要，把政治体制改革再次提到重要位置。在报告中专门增加了“政治体制改革和民主法制建设”部分，并对政治体制改革做了新的论述和部署。中共十五大报告开宗明义讲到“我国经济体制改革的深入和社会主义现代化建设跨越世纪的发展，要求我们在坚持四项基本原则的前提下，继续推进政治体制改革，进一步扩大社会主义民主，健全社会主义法制，依法治国，建设社会主义法治国家”。这使政治体制改革的思路更加清晰，目的更加明确。同时，报告在中国共产党的历史上第一次确立“法治”概念，并在政治体制改革中第一次明确提出“依法治国，建设社会主义法治国家”的目标和任务，是政治体制改革总体思想上的一个重大突破性进展。此外，十五大报告确定了一个时期内政治体制改革的主要任务是：健全民主制度；加强法制建设；推进机构改革；完善民主监督制度；维护安定团结。至此，以中共十五大为标志，中国的政治体制改革进入了一个新的发展时期。此后的十六大和十七大报告对政治体制改革进行了更加全面、深入的阐述，为中国政治体制改革的稳步推进提供了坚实的政治基础。

5. 政治体制改革在创新与攻坚阶段

当前，中国改革已经进入攻坚期和深水区，由于国际国内各种复杂因素叠加，新一轮改革需要解决的矛盾和问题之繁重艰巨程度空前，面临的严峻形势也是前所未有的。与经济体制改革一样，中国政治体制改革也进入了创新发展与攻坚克难并举的阶段。中国政治体制改革必须保持“底线思维”，遵循“积极稳妥推进”的基调向深水区迈进，既不断向前推进又要坚持正确政治方向，才能避免出现错误。

1992 年 1 月，邓小平发表“南方谈话”时曾经说，“恐怕再有三十年的时间，我们才会在各方面形成一整套更加成熟、更加定型的制度。在这个制度下的方针、政策，也将更加定型化。”[①]这足以说明政治体制改革的复杂性、艰巨性和长期性。到 2012 年十八大召开，邓小平所讲的 30 年已经过半，中国的政治体制改革已经到了骐骥一跃的历史时刻，成熟而定型的制度也应该到了

① 邓小平文选：第 3 卷[M]. 北京：人民出版社，1993：372.

呼之欲出的关键点。因此，在中国改革再度到了关键时期之际，面对繁复尖锐的“发展”问题，中国共产党人不回避、不绕道、不退让，报告用了相当大的篇幅，辟专章阐述了“坚持走中国特色社会主义政治发展道路和推进政治体制改革”，强调“要把制度建设摆在突出位置，充分发挥我国社会主义政治制度优越性”。在十八大报告中以三个“更加”彰显出中国共产党对政治体制改革的信心和勇气，也表明决策层对政治体制改革的高度重视。报告报告报告从七个方面阐述了坚持走中国特色社会主义政治发展道路和推进政治体制改革，给出了一个清晰、稳妥而坚定的政体改革路线图。

2013 年 11 月，举世瞩目的十八届三中全会通过了《中共中央关于全面深化改革若干重大问题的决定》(以下简称《决定》)。该《决定》在政治体制方面，集中了第四、第八第九和第十等四个部分 14 个条目予以论述，制定了全面深化改革的总体方案，向人们释放了以更大勇气和智慧推进政治体制改革的信号。《决定》提及的中国政治体制改革所涉范围之广、力度之大，可谓前所未有。

综上所述，我国政治体制改革经过 30 多年的艰难推进，改革的基本思路越来越明确，方向和目标越来越清晰，经验也越来越丰富。

二、中国政治体制改革的目标与任务

中国政治体制改革是中国共产党进行政治建设的主要内容，是中国政治体系的自我完善和发展。作为我国全面改革的重要组成部分，政治体制改革是个复杂的系统工程，它既有特定的规律，也有独立的体系和架构。党的十八大将政治体制改革单独列出，作为报告一个重要部分阐述，足见中央对政治体制改革重要性与紧迫性的认识及共识。

1. 中国政治体制改革的目标

中国政治体制改革的实质是社会主义制度的自我完善。因而，政治体制改革的根本目标就是要确保中国特色社会主义制度的发展，促进中国特色社会主义道路的顺利推进。诚如邓小平 1986 年 9 月指出“总的来讲要消除官僚主义，发展社会主义民主，调动人民和基层单位的积极性。要通过改革，处理好法治和人治的关系；处理好党和政府的关系”。总的来讲，中国政治体制改革的目标分为长远目标和近期目标、总体目标和具体目标。改革的长远目标，是建立高度民主、法制完备、富有效率、充满生机和活力的社会主义政治体制。改革的近期目标，是建立有利于提高效率、增强活力和调动各方面积极性的领导体制。

中国政治体制改革的总方向和长远目标一直是比较明确的，那就是建设中国特色的社会主义民主政治。1980 年，邓小平曾指出：“我们各种政治制度和经济制度的改革，要坚定地、有步骤地继续进行。这些改革的总方向，都是为了发扬和保证党内民主，发扬和保证人民民主。”① 第一次明确地把发展社会主义民主作为各项改革特别是政治体制改革的“总方向”提了出来。再经过几年的思考和探索，到 1986 年 9 月，邓小平在会见波兰国务委员会主席亚鲁泽尔斯基的谈话中对中国政治体制改革的总体目标进行了归纳和概括为三条：第一，巩固社会主义制度；第二，发展社会主义社会的生产力；第三，发扬社会主义民主，调动广大人民的积极性。在三个目标中，调动人民积的极性是核心和关键。因为，人民的积极性调动起来了，社会主义国家的力量才能增

① 邓小平文选：第 2 卷[M]. 北京：人民出版社，1992：372.

强，社会主义制度才能得到巩固。改革总的目的，是要有利于巩固社会主义制度，有利于巩固党的领导，有利于在党的领导和社会主义制度下发展生产力。

逐步实现政治体制改革的长远目标，邓小平一直在根据实际情况探索改革的近期目标。1986 年，邓小平指出："我想政治体制改革的目的是调动群众的积极性，提高效率，克服官僚主义。"[①] 对这个目标的分解和具体化，就是现实的改革目标，1986 年邓小平就对当时的改革目标作出了指示："第一个目标是始终保持党和国家的活力。""第二个目标是克服官僚主义，提高工作效率。效率不高同机构臃肿、人浮于事、作风拖拉有关，但更主要的是涉及党政不分，在很多事情上党代替了政府工作，党和政府很多机构重复。""第三个目标是调动基层和工人、农民、知识分子的积极性。"

围绕中国政治体制改革的总体目标，社会主义建设的各个时期、各个阶段、各个领域分别还有与现实条件相关联的具体目标。几乎每一届党代会都会提出与当时的经济改革和社会发展相匹配的政治体制改革目标。例如，党的十五大又进一步发展了邓小平的政治体制改革思想，提出了"以法治国，建设社会主义法治国家"的宏伟目标。党的十六大又进一步要求继续积极稳妥地推进政治体制改革，扩大社会主义民主，建设社会主义政治文明。党的十七大报告明确提出，"深化政治体制改革，必须坚持正确政治方向，以保证人民当家做主为根本，以增强党和国家活力、调动人民积极性为目标，扩大社会主义民主，建设社会主义法治国家，发展社会主义政治文明"。

2012 年召开的十八大从七个方面提出了中国政治体制改革的具体目标： 要全面推进依法治国，提高领导干部运用法治思维和法治方式深化改革、推动发展、化解矛盾、维护稳定的能力。要积极发展党内民主，要完善党内选举制度。首次提出要推动"政社分开"，让政府的归政府，社会的归社会。提高基层人大代表特别是一线工人、农民、知识分子代表比例，降低党政领导干部代表比例。人大设立代表联络机构，完善代表联系群众制度。同时还提出，要提高专职委员比例，增强依法履职能力。让人民监督权力，让权力在阳光下运行。

2. 中国政治体制改革的基本原则

中国政治体制改革的性质，是社会主义政治制度的自我完善和发展。因而中国政治体制改革必须遵循以下原则：

第一，必须坚持四项基本原则，特别是要坚持社会主义道路和坚持共产党的领导。四项基本原则作为立国之本，是政治体制改革的前提条件。政治体制改革是社会主义制度的自我完善和发展，改革党的领导制度不是为了削弱和否定党的领导、偏离社会主义方向，相反是加强党的领导，不断坚定社会主义信念。

第二，必须从中国的国情出发。进行政治体制改革，要从中国的国情出发，根据自己的特点，自己国家的情况，走自己的路。"既不能照搬西方主义国家的做法，更不能丢掉我们制度的优越性。"总结自己的实践经验，同时借鉴人类政治文明的有益成果，同时要保持自己的优势，避免资本主义社会的毛病和弊端。

第三，必须积极稳妥地有序推进。政治体制改革是社会主义政治制度的自我完善和发展，同时又是一项长期而艰巨的任务。作为一项涉及面广的系统工程，政治体制变革必须循序渐进、有条不紊、积极稳妥地加以推进。政治体制改革既不能停滞不前，也不能急于求成、一蹴而就，而是要从社会主义现代化建设的实际出发，遵从历史逻辑，遵循发展规律，有步骤、有秩序地展开。

① 邓小平文选：第 3 卷[M]. 北京：人民出版社，1993：177.

3. 中国政治体制改革的基本内容

针对中国政治体制改革的内容，邓小平曾经有十分精炼的归纳，他指出首先是党政要分开，解决党如何善于领导的问题。其次是权力要下放，再次是精简机构。在此基础上，党的十八大报告在“坚持走中国特色社会主义政治发展道路和推进政治体制改革”部分对政治体制改革的具体内容进行了梳理，提出了：第一，深化行政体制改革。行政体制改革是推动上层建筑适应经济基础的必然要求。要按照建立中国特色社会主义行政体制目标，深入推进政企分开、政资分开、政事分开、政社分开，建设职能科学、结构优化、廉洁高效、人民满意的服务型政府。第二，深化行政审批制度改革。继续简政放权，推动政府职能向创造良好发展环境、提供优质公共服务、维护社会公平正义转变。第三，推进大部门制改革，健全部门职责体系。第四，优化行政层级和行政区划设置，有条件的地方可探索省直接管理县（市）改革，深化乡镇行政体制改革。第五，创新行政管理方式，提高政府公信力和执行力，推进政府绩效管理。严格控制机构编制，减少领导职数，降低行政成本。

第二节　中国政治体制改革的机遇与挑战

中共十一届三中全会以来，中国的政治体制改革在促进经济建设和社会发展方面的成绩斐然。但是，伴随改革而来问题也层出不穷，各类矛盾尖锐凸显，问题不断暴露，现实困难也大量涌现。这在一定程度上损害了改革、发展、稳定的大局。基于此，中国政治体制改革不可避免地步入了机遇与挑战并存、活力与阻力共生的复杂环境中。

一、中国政治体制改革的机遇

在当今的世界上，任何一个国家的发展都离不开与其他国家的交流与合作。正是在全球经济日趋一体化和现代科学技术迅速普及的冲击下，世界范围内的政治结构、价值观念、生活方式等诸多领域发生或即将发生极其深刻的革命性变化。因此，经济全球化也为中国政治体制改革创设了许多前所未有的历史契机。

1. 和平与发展的世界形势营造了良好的外部环境

政治改革需要良好的外部环境，以和平与发展为主要特征的国际环境，为中国政治体制改革带来了良好的机遇。20 世纪 80 年代，邓小平通过对国际形势以及我国周边环境的冷静观察和科学分析，对战争与和平问题做出了新判断，明确指出：“在较长时期内不发生大规模的世界战争是有可能的，维护世界和平是有希望的。”[①]“对于总的国际局势，我的看法是，争取比较长期的和平是可能的，战争是可以避免的。”2012 年 7 月 7 日，习近平在“世界和平论坛”开幕式上的致辞中指出：“综观当前国际形势发展变化，和平与发展仍然是时代的主题，这集中表现为：国家交流、对话、合作不断深化，求和平、谋发展、促合作已成为各国人民的共同意志和不懈追求。”当前，世界要和平，人民要合作，国家要发展，社会要进步，既是时代的主题，也是无法阻挡的历史潮流。和平与发展的时代主题既营造了相对稳定的国际环境，又有力地推动了

① 邓小平文选：第 3 卷[M]. 北京：人民出版社，1993：126-127.

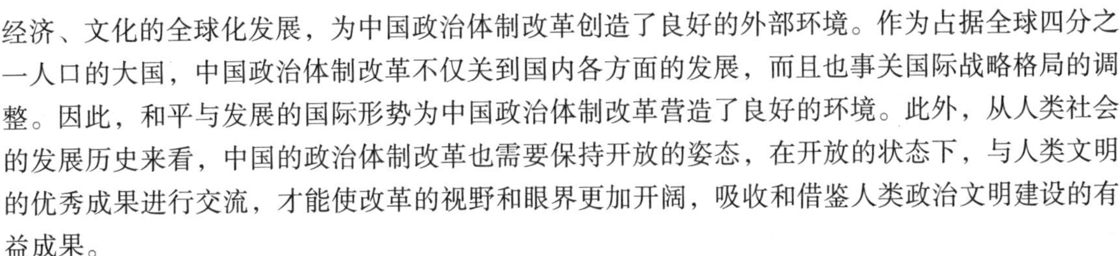

经济、文化的全球化发展，为中国政治体制改革创造了良好的外部环境。作为占据全球四分之一人口的大国，中国政治体制改革不仅关到国内各方面的发展，而且也事关国际战略格局的调整。因此，和平与发展的国际形势为中国政治体制改革营造了良好的环境。此外，从人类社会的发展历史来看，中国的政治体制改革也需要保持开放的姿态，在开放的状态下，与人类文明的优秀成果进行交流，才能使改革的视野和眼界更加开阔，吸收和借鉴人类政治文明建设的有益成果。

2. 经济的高速发展为政治体制改革奠定了物质基础

经济的发展，在客观上能够为推动民主政治创造良好的条件和基础。民主政治的实现需要广大公民具有较高的参政水平和广泛的政治参与能力，而较高的参政水平必须建立在良好的生活物质基础之上。高度的社会主义民主政治不可能建立在贫穷落后的生产力基础上。美国政治学者科恩曾说："严重贫困的群众，根本无法获知参加公共事务的足够信息，对公共事务进行有效的讨论，进行有效率的组织，并接触他们的代表。"[①] 在一些发展中国家，尽管宪法规定了公民享有大量的权利，但由于社会经济增长缓慢，政府不具备基本的物质基础，结果所谓的公民权利保障成了"一纸空文"。由此可见，经济的稳定增长是实现政治体制改革的有力保证。发展经济是社会主义民主政治建设的有力支撑。离开了经济发展，政治体制改革就会成为无源之水、无本之木。

中国改革开放以来，经济改革取得了举世瞩目的成就，人民生活水平和国家综合国力得到了显著的提高，在世界经济形势并不看好的情况下，保持持续快速的发展速度。1979 年以来，以 GDP 衡量的中国经济总量增长了 120 多倍，先后赶超加、意、法、英、德、日等七大工业国，目前成为仅次于美国的世界第二大经济体和全球最大贸易国以及拥有外汇储备最多的国家。经济的发展不仅增强了国家抵御各种风险的能力，为政治改革有可能付出的一定经济成本奠定基础，同时，经济发展还有效促成了我国人民物质生活水平的提高，使得广大公民能够拥有较多的经济能力去发展自己、提高自己，增强了公民政治自信心。改革开放 30 多年来，经济的发展造就了一个广泛的中产阶层的兴起。据社科院学者陆学艺乐观估计，到 2020 年，中国中产阶层占总人口的比重将达到 33% 甚至更多。中产阶层既是国家经济发展的推动者，又是分享发展成果的受益者，他们拥护党和政府的路线、方针和政策，将为中国的政治体制改革注入新的活力。可以说，正是经济改革所取得的巨大成就，为政治改革提供提供了物质支持，并且坚定了党和人民坚持和深化改革的信心，为政治改革的发展克服了不少的困难，奠定了坚实的物质基础。

3. 网络政治参与为政治体制改革搭建了良好的平台

民主政治是开放性政治，政务公开、大众参与是其基本特征。在社会主义国家里，人民群众是国家和社会的主人，他们有权利参与国家和社会的管理，通过行使自己的权利平等地追求和维护自身利益。政府是体现人民意志的工作机构，政府工作人员是人民的代表。因此，政府机构以及工作人员必须要能反映人民的心声，并且还要接受人民的监督与批评。随着网络的飞速发展以及网民的增多，公民在互联网上参与政治生活的情况也逐渐频繁起来。网络的平等性、便捷性、隐蔽性、互联性等特点决定了公民参与网络政治活动渠道的多样性。这不但影响着我国的民主法治建设进程问题，而且也引导着我国的政治体制改革的方向。

① [美]科恩. 论民主[M]. 北京：商务印书馆，1988：111.

网络政治参与，作为一种新兴的参政渠道，在培育大众政治文化的同时，也塑造了公民政治文化，使公民对政治权利与民主意识有了更加深刻的理解，使公民能够更深入和广泛地了解各种政治信息，也使网民对政治的认识从绝对化或者千篇一律变得比较复杂，参与能力也逐步得到提高。[①] 网络还让政治文化氛围更加浓厚，社会民主意识更加深入人心。可以说进入网络时代以后，中国的政治改革迎来了新的机遇。

二、中国政治体制改革面临的挑战

尽管改革开放30多年来，中国政治体制改革取得了良好的成绩和丰富的经验，但站在新的历史起点上，面对新形势、新任务，中国政治体制改革依然面临着许多严峻的考验。

（一）基层民众的民主意识和行使民主的能力有待提高

中国基层民主意识和能力的发展已经在不同的层面上对中国的政治体制改革产生了影响，已经在组织形态、观念意识、制度创新及参与方式等方面推动了基层的政治改革。因此，中国基层民主的发展变成了中国民主和政治改革发展的先锋力量。改革开放以来，中国基层群众的政治参与的欲望和热情，基层群众合法参与的方式得到了相当大的发展。但是，我国基层民众长期受到封建主义意识的影响，封建体制的高度集权和官僚主义作风，强调服从，抑制各种形式的民主参与。这对基层民众的思想观念和价值取向有着深刻的影响，在其观念中植入了诸多消极、自私的意识，如“各人自扫门前雪，哪管他人瓦上霜”、屈死不告状等，加之自给自足的小农经济模式也造成了基层民众自由散漫、纪律观念不强的性格。此外，我国基层民众受教育的水平也有待提高，部分中老年农民和市民的社会化程度也不够，这直接制约着公民的参政水平；再次，人民大众的参政热情也是有限的这些落后观念、不良性格使不少群众缺乏合作意识、公共意识，民主热情不高，独立判断能力不强，阻碍了民主政治的建设。

此外，我国基层群众受制于文化水平的限制，民主意识和行使民主权利的能力都有待提高，以致群众的民主参与能力受到极大影响。目前来讲，城市和农村基层群众的民主参与能力普遍都有待提高这直接导致了基层群众参与政治活动的现状堪忧。尤其是在网络化发展的今天，基层民众在政治参与的方式、方法和程度上都存在着盲从性和非理性，以致民众的无序参与、非理性参与或过度参与对政府行为的无端干扰，以至对中国政治体制改革形成一定的障碍和阻力。

基层民主是发展社会主义民主政治的基础性工作，是中国民主政治建设的比较好的突破口，对于推进整个中国的民主化进程和社会主义政治文明的发育成长有着深远的意义。但是，基层民众的民主意识和民主能力不高的现状将在相当长一段时期影响和制约我国基层民主政治的建设。

（二）严重的贪腐侵蚀了党的执政力和政府公信力

为确保经济体制改革持续取得举世瞩目的更大成就，中国政治体制改革成为大势所趋，人心所向。在深化改革开放的进程中，随着经济的发展，不可避免地产生了分配不公、诚信缺失、贪污腐败等问题。加之中国部分政治体制存在缺位和缺陷，社会公权力没有被关进制度的笼子里，游离在各行业的资源配置之中，使部分官员的权力高度集中和不受限制，以至于在部分政府官员中滋生了体制性腐败。因此，腐败泛滥的根本原因就在于权力不受制约、不受监督。而权力之所

---

① 李斌. 论网络政治参与的发展趋势[J]. 中共福建省委党校学报，2008（2）.

以不能受到应有的制约和监督，乃是因为中国现行政治体制的诸多弊端，因而要抑制腐败就必须改革政治体制中不合理、不合时和不合民意的弊端。而弥漫在中国各行业的腐败盛行已经对经济改革的推进长生了强大的阻力，也对国家政治体制改革和社会和谐稳定的造成了一定的滞阻。对此，习近平主席 2013 年 1 月 22 日在中纪委全会上强调，“要加强对权力运行的制约和监督，把权力关进制度的笼子里”。

腐败的实质是基于一己私利而滥用职权，非法寻求个人利益，是社会公共道德的沦丧和堕落，它破坏了党和政府同劳动人民的关系，严重影响党和政府的形象，腐蚀了人们的意志，扭曲了社会的趋向。因此，在中国“人民论坛”千人问卷调查中，“中国腐败问题”被网友评为未来十年十大挑战之首。腐败不断地腐蚀人们的道德和价值观，侵蚀党的群众基础。对此，习近平强调“工作作风上的问题绝对不是小事，如果不坚决纠正不良风气，任其发展下去，就会像一座无形的墙把党和人民群众隔开，党就会失去根基、失去血脉、失去力量”。因此，在改革深入发展的进程中，必须通过政治体制改革把权力关进制度的笼子里，逐步建立和完善“不敢腐的惩戒机制、不能腐的防范机制、不易腐的保障机制”。腐败的扩散和蔓延不仅对政府公信力产生极大的破坏力，也对党的执政能力有着一定的腐蚀性和挑战性。2013 年 6 月 17 日，在党的群众路线教育实践活动工作会议上，习近平强调“人心向背关系党的生死存亡”。因此，面对破坏民心和民意的腐败现象，中国政治体制改革既要在体制上进行自我完善和矫正，编制约束权力的制度之笼，以抑制贪腐的蔓延和发展，又要着力重建政府的公信力，以弥合腐败诱发的干群关系。这对处于改革中的政治体制是一个重要的挑战。

（三）国内外不稳定因素的影响

政治体制改革作为我国全面改革的重要组成部分，必须随着经济社会发展而不断深化，一般地说，高度发展的政治民主是有利于社会稳定。但是，中国改革开放向深水区挺进的过程中，国际国内环境中都不可避免地存在诸多不稳定因素。

1. 国际环境中的不稳定因素

从国际环境来讲，伴随着中国国际影响力的逐步提升，国际舆论和各国政要对中国改革开放的态度是复杂的。西方舆论一直认为中国不采取西方制度模式就不是真正的改革，对中国改革开放三十多年来所取得的积极成功持消极态度。但是，在 2008 年以来的金融危机中，中国经济发展的卓越表现，既转变了国际社会对中国经济发展的态度，部分国家甚至对中国经济形成了借重和依赖性，也让“中国威胁论”再度甚嚣尘上，部分发达国家对中国的和平崛起产生了疑虑，甚至恐慌心理，以致千方百计要遏制中国的发展。一方面，在中国青年的思想意识领域展开了没有硝烟的战争，利用大众传媒鼓吹西方资本主义的“成就”、资产阶级的生活方式和价值观念，诋毁和丑化社会主义；鼓吹走西方式民主政治道路，大肆宣扬“军队国家化”等谬论。而且，一些不愿看到中国强大的境外势力除了采取意识形态渗透之外，还通过各种手段在中国境内寻求和培植反华势力，对中国青年进行意识和观念上的分化瓦解。另一方面，假借“中国威胁论”，以中国为假想敌，部分发达国家纷纷缔结军事同盟，频频进行大规模联合军事演习，在中国周边国家建立海外军事基地，频繁在中国周边制造军事摩擦和事端，致使中国周边地区出现了一些令人不安的事态。

总之，面对中国的快速发展，各大国的心态是复杂而纠结的，无论是国际舆论对中国发展的诋毁，还是军事力量对中国崛起的遏制，意图都是要给中国的改革和发站制造麻烦、形成阻碍。这对中国政治体制改革来讲都会形成巨大的挑战，尤其是国际舆论散播的负能量，会通过潜移默化和渗透等方式影响青年人的政治价值观，对政治体制改革的锐气、信心和力量起到弥散和消解的副作用，这给中国政治体制改革带来严峻挑战。

2. 国内环境中的不稳定因素

政治体制改革是一个循序渐进、逐步发展的系统工程。政治体制改革的主要内容和关键点在于政治权力运行机制上的推陈出新。因而在政治体制改革进程中，新旧运行机制的因素是同时存在，相互间的矛盾不可避免地会引发一些问题。尤其是在历史文化传统悠久、现实情况错综复杂的中国进行社会主义政治文明建设和政治体制改革，更是一场深刻的社会变革。在这场变革中，各种深层次的矛盾和问题可能都会被激活。这些矛盾和深层问题最终都会以不稳定因素的形式反作用于改革进程。从产生根源来看，这些不稳定因素大致可以分为两类，一类是经济发展中的产物，一类是思想文化建设滞后的结果。

在中国经济持续高速发展和繁荣进程中，中国成为世界上最大规模经济结构调整的主阵地，加之中国经济持续 30 多年以粗放型发展为基本方式，这必然会引发深层的社会问题。第一，在中国经济结构的调整和优化中，传统产业必然会被现代新兴工业和高科技产业所取代。产业结构的调整形成了最大规模的“下岗人群”和“失业人群”。第二，中国长期以来的城乡二元化结构和地区经济发展的差异性，在经济结构调整中再次被激活，形成了显著的城乡差距以及地区发展不平衡问题。第三，基于经济结构调整和经济发展的不平衡，以及收入分配的监督机制不够健全，致使中国分配差距不断加大，贫富分化逐步形成极化现象，且近几年基尼系数的增长不断加快。第四，我国粗放的经济发展以过度开采和利用各类资源为代价，致使中国的生态环境持续恶化。

与经济高速发展相比，中国的思想文化建设长期处于滞后状态。当经济发展太快，而人的灵魂又跟不上经济发展的脚步，在经济利益驱动下，人性的本能欲望就会膨胀成自私贪婪的价值取向。如果任由人性中阴暗的欲望泛滥和蔓延积水成潭，聚沙成塔，长此以往就会带来一系列显性和隐性的社会问题。例如，在经济发展中过度放任人性的贪婪、逐利会使中国不合理收入和非法收入居高不下，这不仅是造成基尼系数过高的重要原因，而且是中国形成了严重的贪腐泛滥，以致“苍蝇”和“老鼠”祸国殃民的定原因所在。

上述问题既是社会发展进程中的消极现象，也是影响社会稳定的重要因素，对中国整体体制改革也形成了巨大的挑战。

第三节　中国政治文明建设展望

党的十八大报告指出：政治体制改革是我国全面改革的重要组成部分。必须继续积极稳妥推进政治体制改革，发展更加广泛、更加充分、更加健全的人民民主。当代中国政治文明建设应以公民有序的政治参与、民主的制度化、法律化；通过党内民主来带动人民民主；坚持依法治国、依宪治国为未来发展的主要方向，最终在中国建立一个坚持党的领导、人民当家做主和依法治国有机统一的社会主义民主政治体制。

一、坚持和完善党的领导是建设当代中国政治文明的基本条件

政治体制改革要有强有力的领导力量。要改革就必须涉及利益如何再分配的问题，特别是政治体制改革，其本质就是利益的改革，所以这就需要有强有力的力量来主导这场改革。历史已经证明只有中国共产党，才能均衡各利益主体与政治发展目标之间的关系并做出科学决策，进而保证政治文明建设有序进行。回顾 90 多年中国的发展进步，可以得出一个基本结论：办好中国的事情，关键在党。在我们这样一个多民族的发展中大国，要把十二亿多人的力量凝聚起来，向着社会主义现代化的目标前进，必须有中国共产党的坚强领导；否则，就会成为一盘散沙，四分五裂，不仅现代化实现不了，而且必然陷入混乱的深渊。这是总结近代以来中国发展的历程得出的结论，也是分析许多国家发展的经验教训得出的结论。①

坚持党的领导，就要求我党，保持和提高党的威信，增强党的凝聚力、战斗力，提高党的活力，加强党的建设，不断巩固党的执政地位。同时，世界是客观发展的，坚持党的领导也必须适应形势的发展，在不同时期和形势下要不断地改善党的领导，否则我国的社会主义革命和社会主义的建设事业就会受到阻碍。邓小平同志曾指出："为了坚持党的领导，必须努力改善党的领导。"改善党的领导，不是要削弱党的领导，涣散党的纪律，而正是为了坚持和加强党的领导，坚持和加强党的纪律。在中国当前社会主要矛盾为人民群众日益增长的物质文化需要和落后的社会生产之间的矛盾背景下，改善党的领导必须要努力探索一套以法制为基础、符合中国国情的、共产党领导的依法治国执政体制。

首先，党的领导方式必须转变到适用社会主义法制上来，做到依法执政。具体从三个方面做起：第一，增强领导干部的法律意识，正确认识权和法的关系，克服头脑中的人治思想，摒弃以党代政以党代法的传统习惯，自觉地遵守宪法和法律。第二，严格立法程序，党的政策和主张必须经过法定程序上升为国家法律，并以此为依据规范自己的执政行为。第三，建立健全以国家权力机关为核心的法律监督体系，加强对领导干部决策情况和执法情况的监督，失职渎职行为要追究其责任。

其次，将党的领导实质转变到推进民主法制化上来，充分保障人民的民主权利。第一，在思想上树立人民主权意识。各级党员干部要牢记我们的权力是人民给予的，在执法过程中必须按照人民的意志，在法定授权范围内行使权力。第二，法律以及相关的立法、司法、执法等方面都必须体现民主精神和原则，保证广大人民广泛的参与，国家的各项活动必须符合人民的利益，符合民主的要求，只有把国家权力建立在民主的基础上，并把它纳入法治轨道，人治才会消退，才能实现真正的民主。第三，进一步完善人民代表大会制度。第四，建立完善有效的民主监督机制。

最后，党要总揽全局，把握方向，开拓新局面。第一，制定法律要切合实际，实事求是，要与国家政治经济发展的大方向相适应，与改革开放的重大决策相结合。第二，执行法律要与发挥各级党组织的先锋作用和共产党的模范作用相结合。第三，把支持司法独立、司法公正工作与加强法制监督相结合。第四，要重视普法教育，充分发挥党的宣传教育功能，形成良好的学法、守法、护法的社会氛围，为建设社会主义法治国家奠定坚实的基础。

---

① 江泽民文选：第3卷[M]．北京：人民出版社，2006．

二、加强社会主义民主制度建设

1. 不断完善人民代表大会制度

坚持人民主体地位，推进人民代表大会制度理论和实践创新，发挥人民代表大会制度的根本政治制度作用。完善中国特色社会主义法律体系，健全立法起草、论证、协调、审议机制，提高立法质量，防止地方保护和部门利益法制化。健全"一府两院"由人大产生、对人大负责、受人大监督制度。健全人大讨论、决定重大事项制度，各级政府重大决策出台前向本级人大报告。加强人大预算决算审查监督、国有资产监督职能，落实税收法定原则。加强人大常委会同人大代表的联系，充分发挥代表作用。通过建立健全代表联络机构、网络平台等形式密切代表同人民群众联系。完善人大工作机制，通过座谈、听证、评估、公布法律草案等扩大公民有序参与立法途径，通过询问、质询、特定问题调查、备案审查等积极回应社会关切。

2. 大力推进协商民主制度

我国社会主义民主在实践中建立的人民代表大会制度和政治协商制度，就其民主形式而言，正是"选举（票决）+协商"两种形式构成的。协商民主是我国社会主义民主政治的特有形式和独特优势，是党的群众路线在政治领域的重要体现。这种政治协商制度一旦用好了，对于人类是一个很大的贡献。近年来西方政治学界兴起了"协商民主"理论的研究热潮，以往以选举（票决）民主为核心的传统西方民主理论，已经不能满足今天人们日益增长的民主诉求。

推进协商民主制度，一要发挥统一战线在协商民主中的重要作用。完善中国共产党同各民主党派和其他爱国人士的政治协商，认真听取各民主党派和无党派人士意见。二要发挥人民政协作为协商民主重要渠道的作用。完善人民政协制度体系，规范协商内容、协商程序。拓展协商民主形式，更加活跃有序地组织专题协商、对口协商、界别协商、提案办理协商，增加协商密度，提高协商成效。

3. 大力推进基层民主制度

基层民主是发展社会主义民主的基础，保障人民享有更多更切实的民主权利。乡村、社区和企业广泛建立村委会、居委会、职代会等群众自治组织，是中国的政治体制一大特色。农村已经实行了村委会村民直接选举制度和乡镇改革试点，普遍实行政务公开、村务公开等制度。完善基层民主制度，一方面建立健全居民、村民监督机制，促进群众在城乡社区治理、基层公共事务和公益事业中依法自我管理、自我服务、自我教育、自我监督。健全以职工代表大会为基本形式的企事业单位民主管理制度，加强社会组织民主机制建设，保障职工参与管理和监督的民主权利。另一方面，提高和培养全民的民主意识，包括权利意识和平等观念。人民享有了权利，才会充分发挥自己作为主人翁的积极性和创造性，才会推动政府和政治民主化的进程。平等是一种社会关系，平等的核心是权利的平等。此种平等既包括法律上权利的平等，也包括义务的平等。只有在平等的基础之上，人民群众才会充分发挥自己的权利，监督国家机关及其工作人员的公权力，这样，才能使国家公权力正常运行。

三、深化行政体制改革，加快政府职能转变

党的十八大报告指出，行政体制改革是推动上层建筑适应经济基础的必然要求。要按照建立

中国特色社会主义行政体制目标，深入推进政企分开、政资分开、政事分开、政社分开，建设职能科学、结构优化、廉洁高效、人民满意的服务型政府。深化行政审批制度改革，继续简政放权，推动政府职能向创造良好发展环境、提供优质公共服务、维护社会公平正义转变。稳步推进大部门制改革，健全部门职责体系。优化行政层级和行政区划设置，有条件的地方可探索省直接管理县（市）改革，深化乡镇行政体制改革。创新行政管理方式，提高政府公信力和执行力，推进政府绩效管理。严格控制机构编制，减少领导职数，降低行政成本。推进事业单位分类改革。完善体制改革协调机制，统筹规划和协调重大改革。

党的十八届三中全会对全面深化改革又做出了战略部署。其中，转变政府职能、深化行政体制改革是总体改革方案中的重要组成部分。全会指出，科学的宏观调控，有效的政府治理，是发挥社会主义市场经济体制优势的内在要求。必须切实转变政府职能，深化行政体制改革，创新行政管理方式，增强政府公信力和执行力，建设法治政府和服务型政府。

四、加强监督，大力开展反腐倡廉

权力是借助国家强制力控制、支配、影响他人的一种力量，是支撑、推动现代社会正常运行的重要动力。[①]但是，权力往往被容易滥用，绝对的、没有制约的权力往往都会走向腐败，没有制约、没有监督的权力最终都会滋生腐败。社会主义政治文明建设应把党内监督、行政监督、法律监督与公民直接监督结合起来，建立和完善了公民舆论监督和信访制度。我国宪法明确规定公民的民主权利，主要有选举权与被选举权、知情权、监督权与参与权。对权力要强化监督与运行的制约，坚持用制度来管权管事管人，让广大的人民群众充分行使监督权，让权力在阳光下运行，正所谓，阳光是最好的防腐剂，通过人民的监督，树立阳光政府的良好形象。要“把权力关进制度的笼子里”，就必须构建科学决策、执行坚决、监督有力的权力运行体系，健全惩治和预防腐败体系，建设廉洁政治，努力实现干部清正、政府清廉、政治清明。要做到对权力的制约，就要形成科学有效的制约和协调机制。

反腐倡廉要从制度上做到对权力进行规制。习近平同志在党的十八届三中全会中指出：一要加强反腐败体制机制创新和制度保障。二要落实党风廉政建设责任制，更好发挥党内监督专门机关作用。三要健全反腐倡廉法规制度体系，健全民主监督、法律监督、舆论监督机制，运用和规范互联网监督。

五、社会主义政治文明的基本方向：坚持依法治国

党的十八届四中全会明确指出：全面建成小康社会、实现中华民族伟大复兴的中国梦，全面深化改革、完善和发展中国特色社会主义制度，提高党的执政能力和执政水平，必须全面推进依法治国。为了保障人民民主，必须加强法治，必须使民主制度化、法律化，把依法治国确定为党领导人民治理国家的基本方略，把依法执政确定为党治国理政的基本方式，积极建设社会主义法治。

目前，中国特色社会主义法律体系已经形成，法治政府建设稳步推进，司法体制不断完善，全社会法治观念明显增强。同时，我国社会主义法治建设还存在许多问题，主要表现为在：有法不依、执法不严、违法不究现象比较严重，执法体制权责脱节、多头执法、选择性执法现象仍然

① 景力文. 加强对权力的民主监督健全反腐倡廉长效机制[J]. 协商论坛，2012（4）.

存在，执法司法不规范、不严格、不透明、不文明现象较为突出，群众对执法司法不公和腐败问题反映强烈；部分社会成员尊法信法守法用法、依法维权意识不强，一些国家工作人员特别是领导干部依法办事观念不强、能力不足，知法犯法、以言代法、以权压法、徇私枉法现象依然存在。

党的十八届四中全会提出，全面推进依法治国的主要内容包括：第一，完善以宪法为核心的中国特色社会主义法律体系，加强宪法实施。健全宪法实施和监督制度；完善立法体制；深入推进科学立法、民主立法；加强重点领域立法。第二，深入推进依法行政，加快建设法治政府。依法全面履行政府职能；健全依法决策机制；深化行政执法体制改革；坚持严格规范公正文明执法；强化对行政权力的制约和监督；全面推进政务公开。第三，保证公正司法，提高司法公信力。公正是法治的生命线，努力让人民群众在每一个司法案件中感受到公平正义。完善确保依法独立公正行使审判权和检察权的制度；优化司法职权配置；加强对司法活动的监督；加强人权司法保障等。第四，增强全民法治观念，推进法治社会建设。推动全社会树立法治意识；推进多层次多领域依法治理；建设完备的法律服务体系等。第五，加强法治工作队伍建设。大力提高法治工作队伍思想政治素质、业务工作能力、职业道德水准，着力建设一支忠于党、忠于国家、忠于人民、忠于法律的社会主义法治工作队伍，为加快建设社会主义法治国家提供强有力的组织和人才保障。第六，加强和改进党对全面推进依法治国的领导。党的领导是全面推进依法治国、加快建设社会主义法治国家最根本的保证。必须加强和改进党对法治工作的领导，把党的领导贯彻到全面推进依法治国全过程。

改革开放 30 多年来，在中国共产党的领导下，经过几代中央领导集体的努力，中国政治形势在国家的根本属性、根本政治制度、基层民主建设、行政管理体制等方面的建设中取得了举世瞩目的成绩，极大地推进了中国的民主进程。当然，因为历史和现实的原因，在很多方面还存在着不足，还有很长的路要走。中国的政治前景是乐观的，虽然在发展过程中也难免会遇到挫折，只要把握机遇，迎接挑战，在实现中国梦的征程中，中国政治形势必将开创新的局面。

第十章　中国经济建设

新中国成立以来，尤其是改革开放之后，我国对外开放的广度和深度不断拓展，中国经济发展交出了亮丽的成绩单。从新中国成立之初的百废待兴，到如今经济总量位居世界第二，我国综合国力和国际影响力大大增强，百姓生活水平实现质的飞跃。中国通过发展生产力走上了一条经济建设的康庄大道。

第一节　中国经济现状

新中国成立以来，中国一直致力于追求建设社会主义现代化强国的宏伟目标。但是，初期受制于“左”的思想影响，中国经济发展缓慢而动荡，甚至一度出现历史的倒退。改革开放以后，虽然也出现过局部和短暂的经济过热现象，但经济建设总体上是不动摇、不懈怠、不折腾地取得了稳定而高速的进步和发展。

一、改革开放三十七年路线图

1978 年党的十一届三中全会做出了实行改革开放的新决策，开始了中国从“以阶级斗争为纲”到以经济建设为中心、从僵化半僵化到全面改革、从封闭半封闭到对外开放的历史性转变，中国进入全方位的社会转型期。改革开放的三十余年是我国建立和完善社会主义市场经济体制的过程。

1. 1978—2003 年：确立社会主义市场经济体制基本框架

1982 年党的十二大正式提出“计划经济为主，市场经济为辅”的理论，虽然坚持计划经济的总框架不变，但是应以尊重和利用价值规律的要求来进行经济活动。1987 年党的十三大提出“有计划商品经济的体制应该是计划与市场内在统一的体制”，这一观点的提出表明对市场经济体制的认识又得到进一步深化。1992 年党的十四大报告明确提出，我国经济体制改革的目标是建立社会主义市场经济体制，这标志着我国经济体制改革进入了一个新阶段。1993 年党的十四届三中全会做出了《中共中央关于建立社会主义市场经济体制若干问题的决定》，描绘了我国社会主义市场经济体制的基本框架。

2. 2003 年至今：完善社会主义市场经济体制

从 1993 年起，经过十年的发展，社会主义市场经济体制已经初步建立，生产力水平、综合国力和人民生活水平极大提高。具体表现为：公共财政体系不断完善；大型金融机构股份制改革、股权分置改革取得突破性进展、利率市场化、汇率形成机制改革不断深化，多层次资本市场加快发展，现代金融体系逐步健全；国有企业改革不断深化，多种所有制经济共同发展；社会保障体系逐步完善、覆盖城乡的基本养老保险、基本医疗保险改革迈出重要步伐等。但与此同时也存在经济结构不合理、分配关系尚未理顺、农民收入增长缓慢、就业矛盾突出、资源环境压力加大、经济整体竞争力不强等问题。2003 年，党的十六届三中全会提出了进一步深化改革的目标和主要任务，通过了《中共中央关于完善社会主义市场经济体制若干问题的决定》。2013 年 11 月 9 日党的十八届三中全会召开，会议审议并通过了《中共中央关于全面深化改革若干重大问题的决定》。该决定就经济体制、政治体制、文化体制、生态文明体制、社会体制五个方面做出了全面部署。全会在一些基本制度和理论问题上取得了新的突破，首次定义“市场在资源配置中起决定性作用”；更加强调了公有制经济和非公有制经济的同等重要作用；提出“完善产权保护制度”等。决定的形成巩固和发展了社会主义制度，丰富和完善了社会主义理论，表明对社会主义市场经济的认识更进一步深化。①

二、中国经济建设取得的成就

改革开放 30 年多来，中国已经成为一个世界经济大国，综合国力迈上新台阶，在中国特色社会主义道路上创立的“中国发展模式”举世瞩目。

1. 农业经济的改革

中国经济改革始于农业和农村经济，又受制于农村经济改革。家庭联产承包责任制解决了农业生产的激励问题，创造了以不到世界上 7% 的土地，养活了世界上 22% 的人口的奇迹，对世界农业做出了积极贡献。

第一，农产量稳步增加。2013 年我国粮食总产量达到 60 194 万吨，比 2013 年增长 2.1%，实现新中国成立以来粮食首次“十年增”。油料、糖料、猪牛羊肉产、禽蛋等农产品产量都保持了稳定的较快增长。

第二，农业基础设施建设明显加强。第二次农业普查结果显示，目前，全国绝大多数行政村均已通公路、电话、通电和能接收电视信号以及拥有乡镇有邮电所。文化教育、环境卫生和医疗机构也得到大幅改善，目前八成以上的村在 3 公里范围内有小学，九成以上的乡镇有医院、卫生院，七成以上的镇实施集中供水，近半数的镇有垃圾处理站。

第三，农村居民收入水平大幅度提高。首先，农民收入绝对值大幅增长。1978—2007 年，农民人均纯收入由 134 元提高到 4 140 元，扣除物价因素，增长了近 31 倍。2013 年全年农村居民人均纯收入 8 896 元，扣除价格因素实际增长 9.3%。② 其次，农民收入结构呈现全新特点，总体趋势表现为：以农业收入为代表的家庭经营收入比重下降，工资性、财产性、转移性收入呈现出增长态势。

第四，城镇化水平不断提高。城镇化是世界各国工业化过程中必经的历史阶段。我国城镇化率从 2000 年的 36.22% 增长到 2013 年的 53.73%。③ 预计到 2020 年，我国将实现常住人口城镇化率达 60%。④

---

① 李扬. 2014 年中国经济形势分析与预测[M]. 北京：社会科学文献出版社，2013：2-3.

②、③ 据国家统计局网站数据整理.

④ 国务院：2020 年实现常住人口城镇化率达到 60%[EB/OL].（2014-03-17）http://money.163.com/14/0317/08/9NHA7U7300253B0H.html.

2. 工业发展与企业改革

企业是一种生产组织，是市场经济中最重要的微观经济主体。在市场经济中，一方面，企业是产品和服务最主要的供给者，国内生产总值的绝大部分是由企业创造出来的；另一方面，企业为了维持自身生产活动，必须大量地从生产要素市场上购买各种生产要素（包括劳动力），从而又是生产要素最大的购买主体。① 中国工业经济的发展绩效与其相应的企业体制息息相关。工业经济增长的源泉主要来自两个方面：非国有经济的发展和国有企业的改革。自 20 世纪 80 年代以来，工业经济在国有企业和非国有经济的共同推动下得到了迅速发展。②

（1）工业实力不断增强。一是改革开放三十多年来，我国工业不断变大变强，在积极创新和承接国际产业转移过程中，在长三角、珠三角、环渤海等地区形成了较强的工业生产能力。未来较长一段时间内，中部地区将积极承接产业转移，打造亚欧新经济丝绸之路；西部地区将继续推进大开发战略。总之，工业在国民经济中的作用在不断增强，工业增加值占 GDP 的比重日益增大，对国家税收的贡献在 2008 年达到 50%。目前，钢、氧化铝、水泥、原煤、化肥、微型计算机等产量均居世界第一。二是在工业规模不断增长的同时，我国建成了具有一定技术水平、门类齐全的完整工业体系，工业区域布局和产业组织结构实现优化，能源、原材料工业、装备工业、消费品工业和电子制造工业快速发展。三是资源综合利用水平在不断提高。规模以上工业万元增加值的耗煤、耗水量均在下降，单位国内生产总值的化学需氧量和二氧化硫排放量均实现下降。四是工业的迅速发展必然与我国企业的发展壮大直接相关。2011 年，《财富》杂志公布的世界 500 强中，中国内地企业上榜 57 家，比 2002 年增加 46 家。57 家上榜企业中工业企业达到 29 家，其中制造业企业 20 家。③ 四是工业增长创造了积极的社会效益，提供了大量的就业岗位，不仅解决了城市人口的就业问题，也为转移出来的农村剩余劳动力提供了就业机会。

（2）工业结构不断优化。一是多种所有制经济共同发展。我国规模以上工业国有控股企业在发展的同时，私营企业迅速壮大，并且在 2005—2011 年间，增速高于其他所有制类型的企业。港澳台及外商投资经济仍然发挥重要作用，成为吸纳就业的重要力量。二是产业转型升级效果明显。表现在装备制造业实力显著提升，表现在装备制造业总产值迅速增加，高技术制造业快速发展。移动电话、彩电、计算机、部分药物等主要高技术产品的产量居世界第一。④

（3）工业出口保持较快增长。我国工业实力的增长也使世界受益。2011 年，我国规模以上工业出口交货值达到 10 万亿元，比 2002 年增长 4 倍。与此同时，大量外资企业来华建立工厂，成为我国吸引外资的重要渠道。

3. 银行体制与金融市场

一个国家的金融体系为经济运作提供四种基本服务：① 提供货币作为交换媒介和价值储存手段；② 提供筹措和分配资金的途径；③ 提供在经济中转移和分散风险的手段；④ 提供一套促使经济活动趋于稳定的政策工具。⑤新中国成立初期，我国采取了集中资源，优先发展重工业的战略。在资金短缺的情况下优先发展重工业必然导致生产要素价格的扭曲，在金融市场上表现为将利率压低到低于资金市场价格的水平，实行与计划经济体制高度吻合的金融抑制政策。计划经济

① 刘诗白. 社会主义市场经济理论[M]. 成都：西南财经大学出版社，2004：95-96.

②、⑤ 蔡昉，林毅夫. 中国经济[M]. 北京：中国财政经济出版社，2003：150-153、72.

③、④ 国家统计局. 工业实力大幅提升，经济结构不断优化[R]. 2012-09-04.

体制向市场经济体制的转型过程中，我国金融体制经历了不断深化的过程。

目前，我国金融体制改革取得的成就包括以下几方面：一是形成多元化的金融机构体系。构建了包括政策性银行、国有银行、股份制商业银行、城市商业银行、城市信用社、农村信用社、农村商业银行、农村合作银行、新型农村金融机构、金融资产管理公司、邮政储蓄银行等在内的多元金融主体。二是金融总量不断增加。截至 2013 年年末，我国广义货币（M2）余额及狭义货币余额均有较大幅度增长，全年净投放现金达到 3 899 亿元。三是金融业务不断拓展与创新。银行理财产品向“资产管理计划”迈进，资产管理产品的创新试点成了保监会放开风险投资新规中的重要组成部分。[①] 四是利率、汇率形成体制市场化改革。作为金融改革的重要组成部分，利率改革有提速之势。近年来，人民币对美元、欧元、日元的汇率中间价均有提升，这主要是年初以来跨境资金流入持续偏多的市场供求作用的结果。[②]

4. 经济转型与社会保障体系

社会保障制度是国家依据一定的法律和规定，对遇到疾病、生育、年老、死亡、失业、灾害或其他风险的社会成员给予相应的经济的、物质的服务和帮助，以保障其基本生活需要的社会经济福利制度。新中国成立后，我国也建立了具有社会保障性质的福利和社会救济制度。[③] 我国在全面建设小康社会的进程中，社会保障水平逐步提高。党的十六届三中全会以来，我国社会保险制度建设取得积极进展，建立了新型农村社会养老保险制度并开展试点，全面建立企业职工基本养老保险省级统筹制度；建立并全民实施城镇居民基本医疗保险制度，新型农村合作医疗制度普遍实施，职工基本医疗保险制度进一步完善。特别是 2010 年 10 月 28 日，第十一届全国人民代表大会常务委员会第十七次会议通过了《中华人民共和国社会保险法》，自 2011 年 7 月 1 日起正式施行。这是中国特色社会主义法律体系中起支架作用的重要法律，是我国社会保障法制建设中一个重要的里程碑。[④] 2000 年至 2010 年，我国在经济发展、社会和谐、生活质量、民主法制、文化教育、资源环境等方面的实现程度逐年提高，截至 2010 年，各项指标的实现程度分别为 76.1%、82.5%、86.4%、93.6%、68.0%、78.2%。2010 年底，基本社会保障覆盖率达到 65.6%，比 2000 年的 13.3% 上升了 52.3 个百分点，实现程度为 72.8%。[⑤]

5. 区域经济与地区战略

改革开放三十余年，我国先后共批准设立了 11 个国家综合配套改革试验区，包括上海浦东新区、天津滨海新区、重庆市、成都市、武汉城市圈、长株潭城市群、深圳市、沈阳经济区、山西省、义乌市、厦门市、黑龙江省“两大平原”（2013 年 6 月）、江苏南通（2013 年 6 月），基本形成了东、中、西互动的试点格局。在新的历史条件下，国家综合配套改革试验区是我国社会主义现代化建设和社会发展中的新生事物，是我国区域经济平衡发展的必然产物。从经济特区到经济新区，再到试验区，标志着我国区域政策不断地健全和完善。[⑥]

①、② 李扬，王国刚. 中国金融发展报告（2014）[M]. 北京：社会科学文献出版社，2013：128-130，228-229.

③ 刘诗白. 社会主义市场经济理论[M]. 成都：西南财经大学出版社，2004：178-179.

④、⑤、⑥ 邹东涛. 中国完善社会主义市场经济体制 10 年（2003—2013）[M]. 北京：社会科学文献出版社，2013：324-325，10-11，375.

第二节　中国经济建设的机遇与挑战

一、经济增长与资源环境压力

改革开放以来，中国经济创造了连续三十几年来两位数的增长速度奇迹，在世界上极为罕见。但不可否认，这一增长奇迹是以能源的过度消耗和环境的严重污染为巨大代价的。我国很多资源总量列世界前几名，但其利用效率低。从以单位 GDP 产出能耗表征的能源利用效率看，我国与发达国家还存在非常大的差距。日本为 6，意大利为 1.35，法国为 1.5，德国为 1.5，英国为 2.17，美国为 2.67，而我国却高达 11.5。[①]粗放型经济增长方式造成环境环境污染现象严重，我国生态毁坏和环境污染的状况相当严峻，生态环境非常脆弱。我国单位 GDP 二氧化硫的排放量是日本的 68.7 倍，是德国的 26.4 倍，是美国的 6 倍。我国人均耕地 1.5 亩，不到世界平均水平的二分之一，而如此宝贵的耕地却在以每年近千万亩的速度沙化。在如此严峻形势下，“十一五”规划建议明确提出要“加快建设资源节约型、环境友好型社会”。资源节约型社会是以提高能源、资源高利用效率的方式进行生产和生活活动的社会，它要求经济增长、生产、流通、消费等各个领域均以节约高效的方式，消耗最少资源以获取尽可能大的经济和社会效益，从而保证经济社会的可持续发展。环境友好型社会是以人与自然和谐相处为目标，以遵循自然规律、保护生态环境为核心，追求经济、社会、环境协调发展的社会体系。[②]

二、经济发展与区域协调发展

区域非均衡发展是制约我国经济社会发展的深层次矛盾，主要表现为：第一，在区域非均衡推进，“先富带动后富”的战略部署下，中西部地区的改革发展明显滞后于西部地区。为实现区域协调发展，国家应探索不同区域的比较优势，在东部、中部和西部分别选择能代表本地域引领区域经济发展的部分地区，以各自改革试验典型内容，承担不同的探索任务。第二，由于系统性改革的缺位，局部改革的增多加大了改革过程中的不协调，大量社会公共问题由此产生，政治与社会的发展与改革滞后于经济的发展，产权的改革滞后于市场的发展。第三，转型期改革面对的是多元化利益格局，形成利益协调机制是改革成功的关键所在。调动单一主体利益积极性无法继续在多重利益格局中推进改革，既有利益集团可能会成为改革的阻力，新的利益主体对利益格局大调整可能有持不同看法。因此，只有形成利益协调机制、诉求表达机制、矛盾调处机制、权益保障机制等才能推动改革继续深化。第四，增长模式不可持续。片面追求 GDP 指标增长的模式忽略了主要由女性完成的家务劳动的价值，GDP 一方面计算环境被破坏所耗的费用，另一方面又将清理环境污染的费用计入 GDP，个人幸福感等无从从 GDP 中体现。因而将政治、经济、社会和文化等置于和谐发展框架内，将成为国家未来的战略目标。[③]

---

① 林清明. 对构建资源节约型、环境友好型社会的伦理思考[J]. 中国特色社会主义研究，2006（3）：41-46.

②、③ 邹东涛. 以民为本：中国全面建设小康社会 10 年（2002—2012）[M]. 北京：社会科学文献出版社，2012：290-292，375-376.

三、贫富差距与社会公平

在市场经济中，价值规律在促进资源优化配置的同时，也造成了居民之间因拥有的要素数量、质量和种类之间的较大差异以及分配规则不公平、机会不均等等原因造成了贫富差距结果。2003年1月18日，国家统计局发布2003—2013年我国基尼系数，分别为：0.479、0.473、0.485、0.487、0.484、0.491.、0.490、0.481、0.477、0.474、0.473，均高于0.4的国际警戒线和0.44的全球平均水平。[①]我国贫富差距具体表现为以下几方面：

第一，城乡之间收入差距过大。从绝对差距看，2002年以来，我国城乡居民收入差距不断扩大。从2002年至2013年，城镇居民人均可支配收入与农村居民人均纯收入的绝对差值分别为5 227.2、5 850.0、6 485.2、7 238.1、8 172.5、9 645.4、11 020.14、12 021.48、13 190.0、14 833、16 648、18 059元。如果再加上城镇居民享受的各种补贴和福利，城乡居民的实际收入差距还会更大。

第二，地区之间的收入差距过大。新中国成立后，我国区域经济格局发生了深刻的变化，从早期致力于发展内地经济转向优先发展沿海地区经济。20世纪80年代，为了适应改革开放的需要，我国实行重视沿海地区发展的非均衡发展战略，逐步形成了长三角、珠三角和环渤海地区的中国经济三大增长极。20世纪90年代，由于各地区自然条件、社会经济条件以及国家政策导向的差异，各地区之间的经济发展水平以及居民收入差距迅速拉大，并引起了党和政府的高度重视。“十五”期间，在人口跨省区流动的作用下，区域差距连年扩大的趋势有所缓和。但从绝对差距和相对差距来看，地区之间居民收入水平差距不断扩大的趋势并没有从根本上得到改变，集中表现为东、中、西部地区间的城镇居民人均可支配收入分配差距和农村居民人均纯收入分配差距不断拉大。从2002年至2010年，东、中、西部城镇居民人均可支配收入比从1.39：0.96：1下降至1.49：0.99：1；东、中、西部地区农村居民人均纯收入比从1.92：1.29：1上升至1.84：1.25：1。[②]

第三，行业间的收入差距过大。2002年以来，我国各行各业就业者收入水平都有较大的提高，但提高程度不尽相同，导致行业间收入差距扩大。从行业特点来看，农历牧渔业、制造业和采掘业等依靠简单劳动和简单技术的行业，一直是年平均工资和收入较低的行业，而信息传输、计算机服务和软件业、石油、煤气、电力、电信、金融、保险等高技术或垄断性行业则是年平均工资和收入较高的行业。其中，2002—2010年农林牧渔业始终是城镇单位就业人员平均工资最低的行业，2002年、2009年和2010年，金融业是城镇单位就业人员平均工资最高的行业，2003—2008年，信息传输、计算机服务和软件业收入增幅最高，是城镇单位就业人员平均工资最高的行业，由此加剧了平均工资最高行业与最低行业的绝对差距的不断扩大态势。同时，平均工资最高行业与最低行业的相对差距也居高不下。2002年平均工资水平最高的金融、保险业是平均工资水平最低的农林牧渔业水平的2.99倍；2005年平均工资水平最高的信息传输、计算机服务和软件业与平均工资水平最低的农林牧渔业的相对差距达到4.73倍。[③]发展的贫富差距拉大，既是市场经济发展过程中的衍生品，同时也成为我国当前及今后发展的障碍，甚至可能进一步诱发“中等收入陷阱”。

四、资源制约与城镇化建设

从理论层面看，实现城乡统筹发展的关键是消除城乡间资源自由流动的壁垒，实现城乡优势

---

①、②、③ 邹东涛. 中国完善社会主义市场经济体制10年（2003—2013）[M]. 北京：社会科学文献出版社，2013：347-348，149-150，150-152.

互补，以此带动以城带乡和以乡促城。但在实践层面，资源短缺成为推进城镇化建设的主要障碍。

第一，土地资源短缺。城镇人口扩张、城镇工商业的发展、经济社会的发展必然引起土地需求激增。但土地是不可再生资源，其自然供给量是既定的。虽然技术创新可以提高土地资源的利用效率，但受土地规模收益递减规律的制约，土地资源利用效率提高有上限制约，一方面要守住 18 亿亩耕地的红线，另一方面要不断推进城镇化建设，土地供给有限和需求急剧扩张的现实矛盾是城镇化建设面临的首要障碍。

第二，劳动力短缺。首先，从数量上来看，城镇规模的扩大必然导致对劳动人口需求的激增。农村剩余劳动力成为城镇劳务需求的重要补充。但在农村税费改革、农业税取消以及农业补贴实施的背景下，进城务工收入未必高于农民务农收入。同时，农村中小加工型企业的崛起也大大降低了农民进城务工的意愿，导致城镇化发展中劳动力供给不足。其次，从需求结构上来看，城镇化进程推进对劳动力需求的激增不仅仅是数量的扩张，而是质量的增加，即需要具备一定的劳动技能的技术型劳动力。而且随着科技革命和产业结构的不断推进，技术型劳动力的需求越来越大。从文化水平来看，由于历史原因的沉淀，农村居民文化素质普遍偏低，缺乏一技之长。2011 年中华全国总工会发布的一份新生代农民工调查报告显示，尽管新生代农民工受教育年限普遍更长，但绝大多数仍然停留在义务教育和普通高中教育阶段。

第三，制度限制。首先，户籍制度限制是城镇化发展中遇到的首要难题。尽管政府已经对户籍限制做了一些修改，但并未对其基本框架做根本性调整。在现行户籍制度下，劳动力仍然无法完全按社会分工和社会生产而合理流动，农民工在城镇就业的歧视政策没有根本消除，同工不同酬、农民工正当权益没有得到有效保护等问题还相当突出，影响了城镇化进程。其次，社会保障制度的城乡差别既制约了农村土地规模经营、产业化经营和农业现代化，也影响城镇化进程。到目前为止，我国绝大部分地区社会保障体系主要是针对城镇居民而言的，农村居民的养老、医疗、失业等社会保障体系基本没有建起来，最低生活保障政策不完善，社会救济标准也比较低，这使得农民对土地的依赖很强，仍然要把土地作为最后的生存保障。

第四，公共财政投入制度限制。城乡在教育、基础设施投入等方面的差距十分显著。教育资源城乡分割的格局没有完全打破，教育资源主要明显地投向城镇。道路交通等基础设施的农村公共产品供给并未形成一个长效机制，致使农村这些公共产品供给相当滞后。[①]

五、政府职能转变与经济发展方式转变

政治与经济、政府与市场的关系是人类社会发展过程中最为重要的关系，两者关系处理得好坏是一个国家能否繁荣富强的决定性因素。从管理型政府向服务型政府的转变是完成从计划经济体制向市场经济体制转变的重要维度。近十年来，我国政府职能转变取得了一些成效，但也还在诸多方面存在问题。

第一，政府职能转变缺乏协同推进。政府有广义和狭义之分。我国自提出政府职能转变以来，基本上都是在狭义政府范围内的修修补补，主要集中在政府机构的缩减和调整层面，关于中央与地方，立法、司法、行政等方面的协同整体改革则鲜有涉及，缺乏从系统联动层面推动政府职能转变。

① 邹东涛. 以民为本：中国全面建设小康社会 10 年（2002—2012）[M]. 北京：社会科学文献出版社，2012：102-107.

第二，政府职能转变缺乏推动力量。改革的本质是利益关系的调整，政府职能转变也是对既有利益格局的冲击和调整。我国目前政府职能转变的关键是规制政府权力，而权力又与政府官员利益息息相关，从而遭到利益集团的阻挠。此外，不同级别的政府对政府职能转变的认识和积极性也是有差异的，总体来说，中央政府的积极性比较高，地方政府的积极性相对较弱，地方政府改革遇到的阻力更大。由此可见，对既得利益的维护是各级政府推进职能转变和改革的最大羁绊。[①]

六、利率市场化改革与多层次资本市场建设

利率可被视作资金的价格。利率市场化是指把利率的价格交还给市场，由市场资金供求状况决定利率，这是市场经济发展的必然要求。党的十八大报告指出，“深化金融体制改革，健全促进宏观经济稳定、支持促进实体经济发展的现代金融体系。”并明确提出“加快发展多层次资本市场稳步推进利率和汇率市场化改革，逐步实现人民币资本项目可兑换”三项具体改革任务，[②]其中，加快发展多层次资本市场被作为 2013 年证券市场的头等大事。[③]纵观西方国家利率市场化改革经验，成熟的市场经机制是推进利率市场化改革的必要条件，目前，我国在产权市场、劳动力市场以及资本市场发育不完善的情况下推进利率市场化改革必然受到诸多限制，具体表现为：第一，市场经济发育程度低，资金不能自由流动。由于计划经济体制的影响尚未完全消除，行业垄断价格和行业垄断利润还客观存在，资金趋利避害的本性导致其不能自由流动，利率作为价格杠杆调节资金流动的作用发挥十分有限。第二，市场主体发育迟缓，行为不能符合规范。中央银行在政府直接宏观调控下运行，尚未真正拥有利率的决定权和调整权；国有银行受制于产权市场建设滞后，所有者和经营者利益难以统一，激励机制作用有限，“偷懒”“搭便车”等机会主义行为未能从根本上消除，具有机会主义倾向的经营者往往违背市场规律而选择非市场化行为，利率市场化难以推进；国有企业改革尚未建成现代企业制度的情况下，其并非真正意义上自负盈亏的市场经济主体，对作为资金价格的利率并不敏感，利率调节作用发挥极为有限。[④]

我国资本市场经过二十多年的发展在规模上取得了较大成就，但仍处于“新兴加转轨”时期，市场质量有待提高。在构建多层次资本市场中，我们面临的主要问题有以下几个方面：

第一，金融结构过度依赖银行。根据中国人民银行发布的数据，从增量上看，2012 年上半年我国社会融资共计 7.78 万亿元，其中本外币贷款占融资规模的 66%，委托贷款、信托贷款和承兑汇票等非典型贷款占比 21.5%，而企业的股权、债权等直接融资占社会融资规模比重仅为 12.5%。[⑤]而发达国家股市融资和债券融资的比例一般为 30：70。[⑥]从存量来看，根据人民银行发布的《中国金融稳定报告（2012）》，2011 年年末我国贷款余额、股票市值、债券余额等三类主要金融资产存量共计 101.8 万亿元人民币，其中贷款余额 58.2 万亿元，占比 57%；股票市值 21.5 万亿元，占比 21%；各类债券余额 22.1 万亿元，占比 22%。其中，约 54% 的债券余额由银行持有。上述数据表明，目前我国融资结构还较为单一，融资风险过度集中在银行，对间接融资过度依赖，融资结构极为不平衡。

---

① 邹东涛. 中国完善社会主义市场经济体制 10 年(2003—2013)[M]. 北京：社会科学文献出版社，2013：148-151.

②、⑤ 中共中央党校省部班（第 52 期）课题组. 深化改革创新，加快发展多层次资本市场[C]. 中国党政干部论坛，2013（3）：48-55、48-55.

③ 李扬，王国刚. 中国金融发展报告（2014）. 北京：社会科学文献出版社，2013：92.

④ 吴树波. 利率市场化问题研究[J]. 金融理论与实践，2010（10）：7-9.

⑥ 周鹏飞. 我国直接融资比例 18：82，金融业现四个滞后[N]. 新京报，2007-04-02.

第二，资本市场结构不平衡。资本市场是股票市场、债券市场、资金市场和中长期信贷市场的总和。在一个健全的资本市场中，上述构成部分还保持了合理的比例。但我国资本市场目前股票和债券市场结构、债券市场自身结构、股票市场投资者结构均不合理。首先，股大债小的局面尚未得到根本改变。其次，公司信用类债券占比过低。目前，国债、金融债、政策性银行债等国家信用类债券仍在债券市场上占据主要份额，公司信用类债券余额仅为全部债券余额的 1/4 左右。多头监管、市场分割、信用关系模糊等钳制了公司信用债券的发展。再次，股票市场投资者结构失衡。我国专业投资机构发展严重滞后。国际证监会组织的数据显示，2010 年马来西亚的境内专业机构持股市值占总市值的 69%，境外机构占 22%，境内企业和个人仅占 9%；韩国的境外机构占 36%，境内机构占 23%。反观我国股市，境内专业机构投资者持有市值仅占 16%，境外专业机构只占 1.54%。尤其是持有市值 26% 的个人投资者完成了 85% 左右的交易额，而持股量达 65% 的法人仅完成了 2% 的市场交易额，[①] 即是说资本市场价格形成机制尚未形成，价格信号自然不能引导资源合理配置。

第三，不能满足实体经济发展资金需求。首先，我国中小微企业占企业总数的 99% 以上，为国家提供了 50% 的税收、60% 的 GDP、70% 的企业专利发明、80% 的城镇就业，[②] 亟须金融体系的支持和多层次的资本市场与之匹配。但目前无论是我国股票市场还是债券市场为中小微企业提供的金融服务极为有限。其次，我国拥有世界上最大的外汇储备，外贸进出口总量占世界第二，实体经济开放程度较高。但我国资本市场对外开放程度并不高，表现为：证券公司中合资公司少、证券和基金公司外资持股比例都有限制；欧美大投资银行成为了我国境外上市企业的主要承销商；我国企业走出去大多利用境外资本市场等。

第四，私募市场尚未纳入监管体系。目前我国在法律依据、投资者范围、信息披露、产品准入等方面对私募市场均没有统一规定，汇总分析和监测预警的缺失使私募市场潜藏着巨大风险。

第五，理财产品匮乏。目前，存款仍然是我国居民持有份额最大的金融资产，在住户部门持有资产总额中占比高达 71.3%，与美国这一项目近 30% 的比例形成鲜明对比。[③] 资本市场为居民提供的可供选择的理财产品极为有限。

第三节　中国经济建设展望

2010—2012 年，我国经济发展所面临的国内外环境发生了重大变化。从国际看，世界经济已由国际金融危机前的“快速发展期”进入“深度转型调整期”；从国内看，经济发展已由“高速增长期”进入“增长速度换挡期”，或称“增长阶段转换期”。当前中国中国工业与制造业面临产能过剩严重和需求不足，房地产市场风险因素不确定，地方债务违约可能凸显等问题。为此，2014 年 5 月习近平总书记在河南考察时提纲挈领地告诫：要适应当前中国经济发展的“新常态”，进一步增强信心。2014 年 7 月习近平总书记再次提出，要正确认识中国经济发展的阶段性特征，进一步增强信心，适应新常态。

①、②、③ 中共中央党校省部班（第 52 期）课题组. 深化改革创新，加快发展多层次资本市场[J]. 中国党政干部论坛，2013（3）：48-55.

一、我国工业经济增长的前景分析

要素扩张型、配置优化型、素质提升型是工业经济增长的三种路径：

第一，在未来较长的一段时间里，要素扩张型工业经济增长方式在我国仍有一定的空间。中西部地区工业化进程的持续推动、县域经济的发展、基础设施的完善等方面将为要素扩张型工业经济增长提供较大空间。

第二，配置优化型工业经济增长仍将继续发挥重要作用。产业结构调整是将资源在不同产业间进行重新分配的过程。如果能够将资源从资本产出效率和资本就业效率低的产业转移到资本产出率和资本就业率高的产业，那么就会增加全社会的产出水平。另外，垄断行业改革也将促进资源配置优化型工业经济增长。目前我国仍存在大量自然垄断产业，或者国家经济安全战略选择下的垄断产业。对上述行业进行市场化经营或者在部分环节采取市场化经营，引入民营资本参与竞争，能够促进资源配置效率的提高。再者，国有企业改革的深化也将释放出资源配置优化型工业经济增长的潜力。按照国资委部署，2010 年中央企业数量减少到 80 ~ 100 家，而在 2010 年仅有 7 家企业完成重组或者合并，远远没有实现预期目标。“十二五”期间，为促进现有目标的实现，中央企业重组有可能会加速，国有经济比重将进一步降低。原有资源在国有经济和民营经济之间的重新配置有利于资产效率提高，促进配置优化型工业经济增长。

第三，素质提升型工业经济增长方式潜力最大，但作用仍有待于进一步提升。2004 年以来，TFP 对我国工业经济增长的贡献度平均值仅为 3.5%，远低于发达国家平均水平。党的十八大报告指出，要促进工业化、信息化、城镇化、农业现代化同步发展，工业化和信息化融合有利于工业素质的提升；城镇化与农业现代化的协调发展有利于产业基础的夯实和基础设施的完善，县域基础设施的完善将进一步使其成为核心城市经济发展的周边支持系统。①

二、农业农村经济前景展望

1. 我国农业保持长期稳定

我国农业农村经济发展面临新的有利条件，一是新一届党中央将农业现代化放在“四化同步”的基础位置，强农惠农富农的政策力度将进一步增大，农业农村经济可持续发展的活力进一步增强。从整体趋势上看，在扣除全局性极端气候事件和重大农产品安全质量事件的前提下，我国农产品将继续保持稳定增收的态势。

2. 粮食产量稳定

粮食产量在实现连续十年增产的基础上继续增产的难度越来越大。2014 年粮食产量大幅度增加依赖于全局性新技术和新品种的突破，瓶颈在于近年来耕地持续污染所致的负效应。在此背景下，国家更加注重农业可持续发展，逐步推进农业资源休养生息政策，粮食产量大范围内大幅增长较为困难。有利条件在于，党中央对粮食安全问题高度重视，2013 年底召开的中央经济工作会议将保障国家粮食安全列为 2014 年六大工作任务之首，明确提出要切实保障国家粮食安全，实施“以我为主、立足国内、确保产能、适度进口、科技支撑”的国家粮食安全战略；同时，我国已经启动《全国高标准农田建设总体规划》，大力推进集中连片、旱涝保收高标准农田建设，对提

---

① 李扬. 2014 年中国经济形势分析与预测[M]. 北京：社会科学文献出版社，2013：99-101.

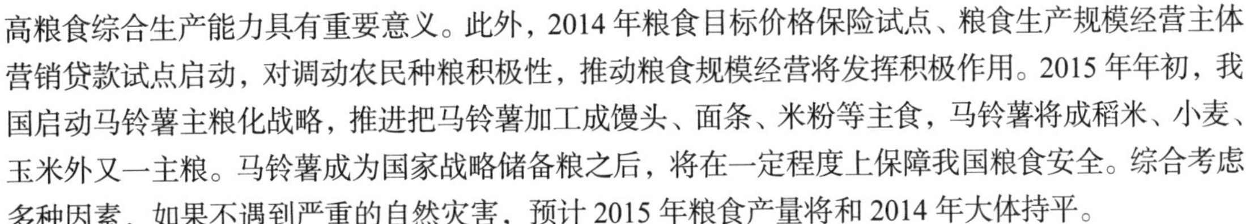

高粮食综合生产能力具有重要意义。此外，2014 年粮食目标价格保险试点、粮食生产规模经营主体营销贷款试点启动，对调动农民种粮积极性，推动粮食规模经营将发挥积极作用。2015 年年初，我国启动马铃薯主粮化战略，推进把马铃薯加工成馒头、面条、米粉等主食，马铃薯将成稻米、小麦、玉米外又一主粮。马铃薯成为国家战略储备粮之后，将在一定程度上保障我国粮食安全。综合考虑多种因素，如果不遇到严重的自然灾害，预计 2015 年粮食产量将和 2014 年大体持平。

3. 农产品价格温和上涨

受宏观经济下行压力、国际价格下跌及托市政策趋稳影响，预计 2015 年国内农产品价格呈现稳中偏弱的走势。2015 年，稻谷最低收购价和玉米临储价将稳中略涨或者不涨，国内市场价格不会大涨也不至于大跌，将基本稳定在 2014 年的水平，油菜籽、蔬菜价格也将基本稳定在 2014 年的水平，2015 年牛羊肉、禽肉、禽蛋仍有一定的上涨空间。此外，预计 2015 年我国农产品进口数量将进一步增加。

4. 农民收入增速继续下滑

2014 年，我国农民收入继续保持较快增长，城乡居民收入差距进一步缩小。根据国家统计局公布的数据，2014 年前三季度，全国农村居民人均现金收入 8 527 元，实际增长 9.7%，农村居民人均现金收入增幅高于城镇居民 2.8 个百分点。农民快速增收是多种因素共同作用的结果，工资性收入增长是主要因素。从总体趋势来看，2015 年农民收入有可能放缓。从国内环境来看，我国经济增长速度已经进入“换挡期”，明年增速可能进一步放缓。而现阶段，农民收入结构已发生重大变化，工资性收入占比越来越高，并成为农民增收的主要渠道。这表明农民收入与宏观经济形势变化的关系更加紧密。宏观经济紧缩必然导致农民收入增长速度放缓。

三、宏观调控水平进一步提升

在我国经济增速从 10% 向 8% 换挡后，诸多旧矛盾逐渐显露，新矛盾又不断涌现，包括传统产能严重过剩、新兴产业发展滞后、货币扩张政策导致大量资金进入房地产和其他虚拟部门、地方政府债务风险增加、企业生产经营困难等。上述矛盾既与我国体制改革滞后直接相关，又是以扩张性政策应对金融风险的后遗症。面对国际国内复杂经济形势，面对我国经济发展新常态，2014 年中央经济工作会议提出：观念上要适应，认识上要到位，方法上要对路，工作上要得力。

1. 继续实施积极的财政政策

2014 年 12 月结束的中央经济工作会议和全国财政工作会议对 2015 年财政政策分别表述为“积极财政政策要有力度”以及“继续实施积极的财政政策并适当增加力度”。2015 年实施积极的财政政策主基调是扩张性的，财政赤字扩大有空间。除非发生特别重大的非预测性变化，全国财政赤字可能在 16 500 亿元上下，比 2014 年增加 3 000 亿元。更有力度的积极财政政策还包括减税降费，减税包含“营改增”以及小微企业减税等，建筑房地产、金融、生活性服务业集中进行“营改增”改革，将为企业带来减税效果。2015 年如果全部实现“营改增”，减税可能达到 4000 亿 ~ 5 000 亿的规模。2015 年继续对小微企业继续减税，将在一定程度上激发中国经济活力。

2. 继续实施稳健的货币政策

2014 年 12 月的中央经济会议提出，“坚持宏观政策要稳、微观政策要活、社会政策要托底的总体思路，保持宏观政策连续性和稳定性，继续实施积极的财政政策和稳健的货币政策。积极的财政政策要有力度，货币政策要更加注重松紧适度”。降低有利于实体经济发展的融资成本将成为2015年货币政策的首要任务。因此，2015年货币政策将遵循“适度宽松”的货币政策,以适应市场对流动性的需求，并强化财政部门，以促进经济复苏。谨慎的流动性管理政策将保持不变,以避免信贷泡沫；同时央行将通过有针对性的宽松政策和传统货币工具的组合（如降低利率和存款准备金率），为经济注入充足流动性。除了定向放松政策，比如央行通过抵押补充贷款（PSL）或中期借贷便利，以及定向降准和定向降息以支持基建和房地产等政策以外，2015年有可能实行全面降准，以应对近期的资本外流。存款准备金率大幅下调的可能性不大，定向调整仍可能被采用。总的来说，我国货币环境偏松，有利于行业资金面持续向好。

3. 产业政策进一步强调结构调整优化，着力于化解产能过剩

一是改革考核政绩机制，破除产能过剩的体制因素，理顺中央政府和地方政府的利益分配机制。二是完善资源性产品价格形成机制，通过价格杠杆在煤炭等资源性产品投入以及土地等环保领域的渗入，倒闭落后产能有序退出市场领域。三是加快国有企业改革，使一批落后产能企业退出市场竞争领域，形成公平合理的市场秩序。① 四是着力培育新兴战略型产业。大力促进节能环保产业、信息制造、信息服务、信息消费等信息相关产业的发展；通过设立专项专项研发资金，加快推动TD-LTE发展；注重转变农业发展方式，发展节水农业、循环农业，做好粮食安全保障能力建设。②

4. 区域政策将更加注重协调化

中央经济工作会议提出，2015年要完善区域政策，促进各地区协调发展、协同发展、共同发展。西部开发、东北振兴、中部崛起、东部率先的区域发展总体战略，要继续实施。各地区要找准主体功能区定位和自身优势，确定工作着力点。要重点实施“一带一路”、京津冀协同发展、长江经济带三大战略，争取明年有个良好开局。要通过改革创新打破地区封锁和利益藩篱，全面提高资源配置效率。推进城镇化健康发展是优化经济发展空间格局的重要内容，要有历史耐心，不要急于求成。要加快规划体制改革，健全空间规划体系，积极推进市县“多规合一”。要坚持不懈推进节能减排和保护生态环境，既要有立竿见影的措施，更要有可持续的制度安排，坚持源头严防、过程严管、后果严惩，治标治本多管齐下，朝着蓝天净水的目标不断前进。

四、外贸形势展望

商务部发布的《中国对外贸易形势报告（2014年秋季）》指出：2014年前三季度，中国进出口总值31 626亿美元，增长3.3%。其中，出口16 971亿美元，增长5.1%；进口14 655亿美元，增长1.3%。贸易顺差2 316亿美元，增长37.8%。从出口种类来看，劳动密集型商品出口增长较好，机电产品出口增速偏低。中西部地区外贸发展潜力继续迸发，成为中国外贸发展的主要动力和最大亮点。2014年中国对外贸易增速将低于2013年，但对外贸易增速仍将高于全球贸易平均增速，也高于大多数主要经济体对外贸易增速。

2015年，中国外贸发展面临的国际环境可能略有改善，风险和不确定因素仍然较为突出。美、

①、② 袁海霞. 2013年宏观政策特点和2014年政策取向判断[J]. 当代经济管理，2014（3）：10-14.

欧、日经济将实现不同程度的增长，但世界经济复苏力度仍然较弱，金融危机后续影响依然存在，深层次结构性矛盾凸显，贸易保护主义势头上升，热点地区地缘政治冲突加剧，将成为经济波动的重大风险来源。市场普遍预期，美联储将在2015年内进入加息周期，吸引短期资金流向美国，推高全球金融市场利率。一些外汇储备较少、财政和经常账户“双赤字”的新兴经济体则面临资本外流冲击，可能形成新一轮金融动荡，冲击其经济和金融稳定。一些国家采取贸易保护主义措施扶持本国产业，全球贸易摩擦依然高发。2013年世贸组织达成巴厘岛一揽子协议，一些成员国态度消极，迟迟得不到落实。近年来，主要经济体之间的自贸协定潮流，可能产生挤出效应等不利影响。乌克兰危机未来发展存在较大不确定性，中东地区一些极端组织可能威胁全球石油安全。

长期来看，中国经济的基本面不会发生大的改变，工业化、信息化、城镇化、农业现代化将创造新的消费和投资需求，对经济增长形成有力支撑。全面深化改革稳步推进，将激发经济主体的创新动力和经济发展活力。丝绸之路经济带和海上丝绸之路战略将为中国经济特别是对外经济贸易创造新的增长空间。此外，产能过剩、融资难、成本上涨等问题也将对经济增长起到抑制作用。

2015年中国外贸面临的挑战主要有：首先，外部需求难有明显回升。一方面是世界经济低速增长，国际市场需求增幅有限，不确定不稳定因素增多；另一方面中国出口占国际市场份额已达11.8%，继续扩大国际市场份额的难度不断增大。其次，中国外贸竞争优势逐步消失。中国劳动力成本不断上涨，出口竞争力不断萎缩，国际市场份额面临被蚕食的危险。与此同时，虽然中国新兴产业发展快速，但国际市场经验不足，国际竞争力不强，潜力一时难以充分发挥。再次，贸易摩擦增多。一些发达国家对中国出口企业裁定以较高反倾销和反补贴税率，一些新兴经济体的贸易保护主义也在抬头。其中不少贸易摩擦针对中国战略性新兴产业，对中国外贸转型升级形成较大冲击。

2014年的中央经济工作会议也提出，重视出口对经济增长的支撑作用。我国出口竞争优势依然存在，必须加紧培育新的比较优势，使出口继续对经济发展发挥支撑作用。2015年，我国外贸应从以下几个方面努力：深入落实稳定外贸增长和加强进口的政策措施，大力培育外贸竞争新优势，进一步提高贸易便利化水平，改善财政和金融服务，有效应对贸易摩擦，增强外贸发展潜力。企业加快转型升级步伐，积极优化商品结构、市场结构，探索新型贸易方式，开展对外投资拓展国际营销网络，提升在全球价值链中的地位，培育一批具有自主创新能力的龙头企业和新的优势产品成为带动外贸发展的新生力量，推动2015年中国对外贸易保持平稳增长态势。

五、就业形势展望

就业是民生之本，党的十八大报告明确提出要“推动实现更高质量的就业”，并将其作为“在改善民生和创新管理中加强社会建设”的一个组成部分。影响我国就业形势的因素纷繁复杂，既有来自国内经济增长速度和产业结构的变化、人口年龄结构和生育政策的变化等，也有来自国际经济环境变化等因素。世界经济艰难复苏，我国出口受到严重制约，就业也受到波及。我国进入快速老龄化社会，2013年我国65岁及以上的人口占总人口的比例为9.7%，导致我国劳动力的供给将持续减少。虽然近期我国人口生育政策的调整将会影响到育龄妇女的劳动参与率，但是人口生育政策的调整不但在短时间内不能有效改变我国适龄劳动人口下降趋势，长期效果也不乐观。产业结构转型将会导致技术单一的产业工人难以在在新兴产业中就业。随着经济增长速度的进一步放缓，提高城镇新增就业人数的规模越来越困难。初步预计2015年我国经济将增长7%左右，城镇新增就业人数在 1 300 万人左右，与 2014 年基本持平。其中 2015 年大学毕业生人数将达到 750 万人左右；随着我国淘汰落后产能和新兴产业发展速度的加快，下岗工人数会进一步增加，下岗工人再就业问题将会变得更加突出；再次是农民工就业人数依然庞大，预计 2015 年将继续有所增长。

为促进大学生就业，2014 年年底教育部提出：要全面推进创新创业教育和自主创业工作，将创新创业教育贯穿人才培养全过程，面向全体大学生开发开设创新创业教育专门课程；要加大对大学生自主创业资金支持力度，广泛吸引金融机构、社会组织、行业协会和企事业单位为大学生自主创业提供资金支持。对于大学生创业，2013 年底李克强总理在天津滨海新区考察时说，比尔·盖茨和乔布斯都是从小公司起步的，“大学生青年不仅要泡实验室、图书馆，也要有创业理念”。国家也将在 2015 年实施新一轮大学生创业引领计划，落实创业培训、工商登记、融资服务、税收减免等各项优惠政策，鼓励扶持开设网店等多种创业形态。国家也会进一步健全鼓励毕业生到基层就业的服务保障机制，落实和完善学费补偿和助学贷款代偿、后续升学和就业服务等政策。

第十一章　中国社会建设

第一节　中国社会建设发展历程

在生活中，我们曾经见过这样的现象：当大家没有蛋糕的时候，大家会团结一心共同去做蛋糕，彼此之间并没有突出矛盾。但是，当蛋糕做好以后，彼此之间的矛盾却会异常尖锐，有的人甚至宁可毁掉蛋糕，让大家都吃不成。

为什么呢？这是因为人们对分配蛋糕的规则有不同看法，认为会分配不公平。如果用蛋糕问题比喻国家发展，那么蛋糕问题就变成了社会建设问题，社会建设的重要性不仅涉及社会的和谐和发展，更会涉及整个国家和民族的可持续问题。美、日、欧等国家在二战后长期持续推动社会保障建设，培育出一大批中产阶级，为国家发展奠定了坚实的社会基础。而苏联尽管身为超级大国，却因为社会改革不到位，帝国大厦轰然倒塌。在社会主义现代化建设进程中，我国应借鉴其他国家的经验与教训，大力发展社会建设。党的十六届四中全会、十七大、十八大都明确提出要加强社会建设。

一、社会建设概述

所谓社会建设，是指按照社会发展规律，通过有目的、有规划、有组织的行动，构建公平合理的社会利益关系，增进社会全体成员共同福祉，优化社会结构，促进社会和谐，实现社会现代化的过程①。

社会建设的维度包括：实体建设、制度建设、社会结构。实体建设主要是指学校、医院、社会组织、社区建设等，而制度建设则是指户籍制度改革、社会保障制度、个人所得税法、遗产税法等，社会结构是社会建设发展的方向和目标，其指标包括人口结构、城乡人口结构、收入分配、消费结构等。

社会建设的领域包括：民生事业、社会事业、收入分配、城乡社区、社会组织、社会规范、社会管理、社会体制和收入结构等九个方面。民生事业、社会事业和收入分配是社会建设的切入点和基础。就业、住房、交通等民生问题与每一个老百姓息息相关。教育、医疗、文化等社会事业也是关系到每一个家庭，收入分配更是维系每个人生存与发展的问题。社会组织和城乡社区是社会建设的主要载体，社会体制是社会建设的顶层设计，这是未来中国社会建设的重点和难点。

社会建设的目标是妥善处理当前中国社会各方面的利益关系，实现资源机会的合理配置，追求社会最大公平，极力避免“权力和金钱决定（或获得）一切”。在社会建设过程中逐步调整社会结构，壮大中产阶层，实现“橄榄形”（两头小中间大）的社会结构，最终实现社会和谐和现代化。

---

① 陆学艺. 当代中国社会建设[M]. 北京：社会科学文献出版社，2013：18.

二、中国社会建设的发展历程

（一）改革开放以前的社会建设（1949—1978 年）

新中国成立初期，我国逐渐破除对苏联模式的迷信，开始自主探索适合中国国情的社会建设模式。在这一时期，逐渐形成“总体性”社会为标志的社会建设模式，政治、经济、意识形态三个中心高度重叠，国家政权对社会实行全面控制[①]。作为社会成员被安排在固定的社会空间，在一个服从组织体系中发生互动。单位制度、人民公社、户籍制度、阶级分类制度、高度一元化的意识形态成为支撑总体性社会的基础性制度安排。

社会建设的重要思想在《共同纲领》和 1954 年颁布的宪法中都有深刻的表述，以 1956 年党的八大前后相继发表的《论十大关系》《八大政治报告》和《关于正确处理人民内部矛盾的问题》为主要标志，取得一系列初步的理论成果。第一代中央领导集体创立了社会主义社会建设思想原则：希望“造成一个既有集中又有民主，既有纪律又有自由，既有统一意志又有个人心情舒畅、生动活泼那样一种政治局面”。[②] 1959 年，毛泽东在《发展商业和副食品生产》中指出：“一定可以做到有菜吃，有油吃，有猪吃，有鱼吃，有菜牛吃，有羊吃，有鸡鸭鹅兔吃，有蛋吃。我们应当有志气、有决心做到这一项在政治上经济上都有伟大意义的社会主义事业，也应当有信心做到这一项事情。一切为了人民利益。”[③] 毛泽东等人提出的社会建设思想，至今对中国社会建设依然具有现实指导意义。

在新中国成立后相当长一段时间内，受国外环境的限制，中国社会建设侧重于满足群众的基本生存需要。通过土地改革，解决了农民迫切需要解决的土地问题；通过剿匪反霸、镇压反革命，解决了关系人民群众生命财产安全的治安问题；通过工商业的合理调整，解决了私营工商业的生存和发展问题；通过治荒救灾、治理失业，解决了广大灾民和失业者的安置就业问题；通过发展医疗卫生事业，解决了鼠疫、天花、斑疹、伤寒等严重危害人民健康的疾病问题；通过大力发展中小学、创建各种补习班和进修班、进行扫盲运动，解决了广大工农群众的受教育问题；此外，还倡导妇女解放，主张男女平等，倡导尊重人才和技术。当时人民群众最关心、最直接、最现实的利益问题，党和政府基本上都予以妥善解决。总体上避免了各种矛盾的激化，理顺了群众情绪，维护了社会稳定，从而也促进了社会的和谐。

这一时期，社会建设的主要特点是：第一，政治动员与社会运动相结合。20 世纪 50 年代发起的“消灭血吸虫运动”等，都是以领袖号召、全面参与的方式进行，成效显著。第二，国家全方位垄断与控制社会资源。在社会生活领域，国家通过无所不包的分配制度，为个人生活提供所需要的各种资源。例如，在教育方面，国家承包了从幼儿园到大学的全程教育。第三，以政治整合代替社会整合。国家通过单位制、人民公社把所有人群重新整合起来，纳入到国家控制体系之中。第四，社会结构封闭与凝滞。社会阶层之间缺乏流动性，城市与农村之间自由迁移也因为户籍制度的限制而完全停止。

---

① 孙立平. 转型与断裂——改革开放以来中国社会结构的变迁[M]. 北京：清华大学出版社，2004：4-5.

② 建国以来毛泽东文稿（第六册）[M]. 北京：中央文献出版社，1993：543.

③ 毛泽东文集：第 8 卷[M]. 北京：人民出版社，1999：302.

（二）转型时期的社会建设（1979—2002 年）

改革开放以前，党和政府基本解决了群众的生存问题，但是并没有解决好群众的口袋问题，而且随着西方资本主义国家的快速发展，中国与西方国家在社会建设方面的差距越来越大。在这种社会背景和时代背景下，以邓小平为首的第二代领导集体进行了社会建设改革的新尝试。

以邓小平为核心的党中央提出，我国处于并将长期处于社会主义初级阶段，在这个阶段，我国的主要矛盾是人民日益增长的物质文化需要和落后的社会生产之间的矛盾。要从根本上解决这个问题，就必须大力开展经济建设，增强社会主义的物质技术基础，提高人民生活水平，满足人民物质文化生活需要。在这一思想指导下，改革和建立社会主义市场经济体制是实现社会建设的主要路径。党的十一届三中全会后，党中央不断强化科学文化教育工作，邓小平强调指出："我们要实现现代化，关键是科学技术要能上去。发展科学技术，不抓教育不行"①，"不抓科学、教育，四个现代化就没有希望，就成为一句空话"②。在这个阶段，恢复高考、颁布义务教育法、教师法等一系列促进教育的重大举措和法规不断推出。

经济建设是推动社会建设的主要方式和路径。通过正确的经济政策，广开门路，逐步解决就业问题；通过允许农民进城打工，解决大量农村剩余劳动力问题；提出并通过"先富、后富、共富"的收入分配政策，消除"大锅饭"和平均主义的收入分配制度的弊端；通过征收个人所得税，建立失业保险、再就业工程和最低生活费保障制度，缩小收入差距，并通过社会统筹，解决职工退休金问题。此外，还通过实行计划生育政策解决人口与自然资源匮乏之间的突出矛盾。

此外，社会管理方式也从集权走向分权；社会组织之间成为社会建设的重要力量，民间组织日益活跃；社会结构更加合理与开放，城乡二元结构开始松动，农民开始在城乡之间自由流动；城市职工有了自由调换工作的权利和空间，单位对成员的约束力在逐渐减弱。

（三）新时期中国社会建设的实践（2002 年至今）

党的十六大是我国现代化建设的第三个重大历史转折时期，至此我国进入全面建设小康社会的发展阶段。在这个阶段，中国经济发展迅速，经济成就显著，经济结构日益现代化。如果说，改革开放前三十年是以政治建设为主，而改革开放的后三十年则是以经济建设为主，那么下一个三十年将会以社会建设为主。社会建设的时代已经来临。2012 年，中国社会科学院《中国社会形势分析与预测》提出，"中国进入了以城市社会为主的新成长阶段"。

1. 时代背景

近年，我国经济发展迅速，中国经济总量从 2002 年的世界排名第六位跃至 2010 年的世界排名第 2 位。2011 年中国的城市化率也超过 50%。从人均收入角度来看，中国也达到中等收入国家水平。与此同时，中国也开始进入社会矛盾凸显时期，群体性事件集中爆发，2008 年达到 9 万多起③。党和政府越来越认识到，加强社会建设的重要性和紧迫性，推动社会建设和社会管理的创新，已经成为中国社会发展的重大课题。

2. 社会建设的具体实践

第一，社会建设被列入国家五大建设之一。"社会建设"这个词，在党的文件中最早出现在

①、② 邓小平文选：第 2 卷[M]. 北京：人民出版社，1994：40，80.
③ 陆学艺. 社会建设论[M]. 北京：社会科学文献出版社，2012：28.

党的十六届四中全会的报告，报告强调要“加强社会建设与管理”。在随后的十六届六中全会通过的《中共中央关于构建社会主义和谐社会若干重大问题的决定》中，进一步提出了“推动社会建设与经济建设、政治建设、文化建设协调发展”的社会主义建设“四位一体”的布局。在党的十七大报告中，专门有一章来讲社会建设，这在我们的历次党代会报告中是第一次。2009 年 3 月 5 日，温家宝同志在政府工作报告中指出：“统筹经济社会发展，全面加强以改善民生为重点的社会建设，大力发展社会事业，着力保障和改善民生。”2012 年，党的十八大在“四大建设”之后，加入生态文明建设，使我国形成政治建设、经济建设、文明建设、社会建设、生态文明建设五位一体的总体布局。目前我国过去重视经济建设、轻视社会建设的格局逐渐在发生改变。

第二，政府公共责任开始回归。在改革开放的初期，国家财力薄弱，改革则以减轻财政负担、提高效率为目标，将许多本应由政府承担的责任以改革的名义层层下推，最终推向社会。进入新世纪后，一方面政府的财政收入不断提高，另一方面社会矛盾不断增多，为解决社会公平问题，国家和政府逐步将服务型政府作为新定位。这种转变体现在政府于教育、医疗卫生、社会救助等方面的投入不断加大，整个社会保障网络在不断完善。

第三，社会管理不断创新。过去，政府的社会管理主要依赖于行政机构或附属于行政机构的所谓社会自治组织，社会管理模式较为单一和僵化。随着我国经济的高速发展，社会流动不断加快，过去的社会管理模式已经越来越难以适应社会的发展，许多问题具有高度的专业性、技术性，如果仅仅依靠官僚机构，则难以取得理想的效果。从党的十六大以后，我国对社会组织的管理一改过去严格限制的态度，转而积极扶植社会组织的发展。从登记、资本、挂靠、税收到购买社会服务，政府对社会组织进行全面扶植。到目前为止，我国社会组织数量已经超过 50 万个，其中较为有名的，如李连杰发起成立的壹基金、李亚鹏发起成立的嫣然基金等。

第四，“城乡”二元结构实现突破。长期以来，我国以城乡二元户籍为基础的社会管理模式，阻碍着城乡之间资本、人员的自由流动，从而产生某些社会不公，甚至影响到我国改革的深化，社会的全面发展。党和政府一直高度重视农村的发展，不断采取各种措施推进农村的发展，2006 年全面取消农业税，出台各种农村补贴政策。特别是党的十六大以后，城乡二元结构的突破较为明显，目前除了少数一线大城市，入户限制都已经取消，只要有稳定工作、固定住所，均可在当地城市落户。相反，许多农民却并不愿意放弃农村户口，这也体现出城乡二元结构已经取得突破。

三、当前中国社会建设的主要任务和路径

2004 年，党中央提出构建社会主义和谐社会与社会建设以来，十七大又把社会建设列入“四位一体”的社会主义事业总体布局，十八大报告指出加强社会建设“是社会和谐稳定的重要保证”，并且强调“提高人民物质文化生活水平，是改革开放和社会主义现代化建设的根本目的”。

广义角度看，社会建设的主要任务就是加强和创新社会管理，社会建设的内涵和本质是更加公平合理地配置社会资源和社会机会。提高人民物质文化生活水平、加快健全基本公共服务体系，以保障和改善民生为重点、解决好人民最关心最直接最现实的利益问题，构建“中国特色社会主义社会管理体系”，都是属于社会资源和社会机会更加公平合理地配置的问题。因此，应以解决影响社会和谐稳定的突出问题为突破口，提高社会管理科学水平。完善党委领导、政府负责、社会协同、公众参与的社会管理格局，逐步建立健全中国特色社会主义管理体系。通过政府主导、多方参与，规范社会行为、

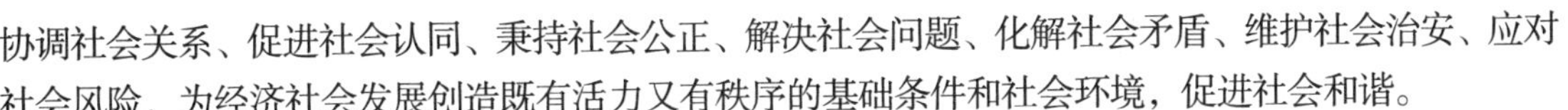

协调社会关系、促进社会认同、秉持社会公正、解决社会问题、化解社会矛盾、维护社会治安、应对社会风险，为经济社会发展创造既有活力又有秩序的基础条件和社会环境，促进社会和谐。

十八大报告指出加强社会建设的基本途径是：第一，从维护最广大人民根本利益的高度，加快健全基本公共服务体系，加强和创新社会管理，推动社会主义和谐社会建设；第二，以保障和改善民生为重点，多谋民生之利，多解民生之忧，解决好人民最关心最直接最现实的利益问题，在学有所教、劳有所得、病有所医、老有所养、住有所居上持续取得新进展，努力让人民过上更好生活；第三，加快推进社会体制改革，围绕构建中国特色社会主义社会管理体系，加快形成党委领导、政府负责、社会协同、公众参与、法治保障的社会管理体制，加快形成政府主导、覆盖城乡、可持续的基本公共服务体系，加快形成政社分开、权责明确、依法自治的现代社会组织体制，加快形成源头治理、动态管理、应急处置相结合的社会管理机制。

第二节　中国社会建设的机遇与挑战

“要完善制度、改进工作，推动养老事业多元化、多样化发展，让所有老年人都能老有所养、老有所依、老有所乐、老有所安。”

——2013 年 12 月 28 日，习近平总书记在北京市供热企业和敬老院考察民生工作时提出

一、中国社会建设的主要机遇

1. 中国社会建设的物质基础

新中国成立以后，我国的经济建设发展快速，特别是改革开放以后，我国经济实力的增长，全世界有目共睹。每年的国内生产总值均以超过 7.5% 的速度增长。

我国的制造业在全世界具有很强的竞争力，许多工业产品的产量都位居世界第一。目前我国的经济总量已经是跃居世界第二，甚至有人预测：在不久的将来，中国的经济总量将超过美国，位居世界第一。国家外汇储备早在几年前就已经居世界第一位，高达数万亿美元。从 1978 年到 2008 年，全国城镇居民人均可支配收入由 343 元增加到 15 781 元；农民人均纯收入由 134 元增加到 4 761 元；农村贫困人口从 2.5 亿减少到 4 007 万人（按 2008 年农村贫困标准 1 196 元测算）。城市人均住宅建筑面积和农村人均住房面积成倍增加。

物质条件是社会建设的基础。目前国家已经初步具备全面进行社会建设的财政基础，最近几年政府在教育、科技、医疗、社会保障等方面都投入了大量的资金。正如胡锦涛同志指出的，“我们已经具备了较为坚实的物质基础，可以为缩小社会差距、促进社会公平、完善社会保障、发展社会事业、加强社会建设和管理等提供更充分的物质保证。”①

2. 加快推进社会建设已成为全党的共识

从党的十六届四中全会首次提出社会建设，到十六届六中全会通过了党执政以来第一份指导社会主义社会建设的决定。十六届六中全会明确提出中国特色社会主义不仅包括经济建设、政治建设、文化建设，还应当包括社会建设。十七大报告专设一章全面论述加快推进以民生为重点的社会建设，正式把中国特色社会主义经济建设、政治建设、文化建设、社会建设“四位一体”的发展目标确立

① 中共中央宣传部理论局. 社会主义社会建设理论的丰富和发展[M]. 北京：学习出版社，2005：8.

下来。十八大报告再次强调社会建设是中国特色社会主义事业重要组成部分，十八大报告从战略高度重视加强社会建设对建设和谐稳定社会的重要性。为此十八大报告提出“必须从维护最广大人民根本利益的高度，加快健全基本公共服务体系，加强和创新社会管理”三个方面推动社会主义和谐社会建设。这不仅说明党对社会建设认识的不断深化，同时也表明我们党对社会建设的高度重视。今天我们党已经把重视抓好社会建设提高到党的执政理念高度来认识。胡锦涛同志指出，“人心向背，是决定一个政党、一个政权盛衰的根本因素。马克思主义政党的理论路线和方针政策以及全部工作，只有顺民意、谋民利、得民心，才能得到人民群众的支持和拥护，才能永远立于不败之地。”社会建设与人民幸福安康息息相关，它与人民群众利益联系最为紧密。从这个意义上说，社会建设是最能体现我们党“以人为本”的执政理念，是关系到人心向背的重大问题。

3. 当前中国面临的重大挑战是推进社会建设的重要动力

尽管中国经济取得了举世瞩目的成就，但是当前中国也面临着不少社会问题。根据其他国家发展的经验，新兴市场国家人均 GDP 突破 1 000 美元的“贫困陷阱”后，很快会奔向 1 000 美元至 3 000 美元的“起飞阶段”；但到人均 GDP 3000 美元附近，快速发展中积聚的矛盾集中爆发，自身体制与机制的更新进入临界，很多发展中国家在这一阶段由于经济发展自身矛盾难以克服，发展战略失误或受外部冲击，经济增长回落或长期停滞，陷入所谓“中等收入陷阱”阶段。当前中国努力避免陷入“中等收入陷阱”，中国所面临的问题和挑战固然会给我们造成压力和困难，但是如果处理得当，这些问题将成为推进我国社会建设的重要动力。只要我们坚持实事求是、解放思想、抓住机遇、齐心协力、迎难而上，是完全可以化“危”为“机”，变“两难问题”为推进我国社会建设发展的动力。

4. 发达国家的经验教训为我国社会建设提供了有益参考

对于我国来说，虽然社会建设是新生事物，但 20 世纪欧美国家进行了大量社会建设的探索和实践，这些经验教训可为我国社会建设提供有益的借鉴。美国在崛起过程中，曾经出现过社会矛盾突出、社会分配不公、垄断组织膨胀、种族冲突、民众不满等社会问题，1900—1917 年以中产阶级为主体的“进步运动”，致力于消除种种社会弊端。富兰克林·罗斯福的“新政”是美国最全面最深刻的改革，建立起现代社会的基本制度，最终完成了美国从自由放任到政府干预，再到福利国家的现代化道路。美国总统林登·约翰逊实施的“伟大社会”在反垄断和保福利的两大领域基础上，进一步在扩民权领域推进突出改革。它从法律上废除了种族隔离体系，缓和了种族矛盾，促进了美国社会的和谐。

二战后，英国不断对社会管理和政府角色进行改革，从全面福利国家到政府管理引入竞争机制，再到合作政府。新的问题不断出现，不同的改革思路不断尝试解决。《贝弗里奇报告》为英国设计了科学、可行的社会保障体系，致力于消除贫困、疾病、愚昧、肮脏和懒惰等五大邪恶，“第三条道路”推动英国由福利国家转型为投资国家，逐步消除福利依赖。“合作政府”建立以人为中心的公共服务改革，充分发挥了公共组织、私人组织、个人在政府管理中的作用。

二战后，日本在“建立以平等化为特质的大众社会”的理念指导下，日本的社会建设主要围绕“自立型地域社会”“全民保险”“日本型雇佣”的集团主义、家族制度、仲裁意识等方面进行。日本社会建设的核心是“各在其位，各尽其分”，由家族主义和共同体意识再延伸出集团主义。以“分位”思想为基础的集团主义，不仅促进了日本的现代化，而且确立了一系列的社会规范。通过社区归属、组织归属、家族归属、国家归属的确立，日本民众明确自己的权利。日本的社会

建设不同于西方社会的“自由与平等”。日本与中国的社会具有很多相似之处，对当前中国社会建设具有重要的启示意义。

二、中国社会建设的挑战

1. 民生事业存在的主要问题

最近十年，中国民生事业发展很快，从无到有，从小到大，政府在这方面的投入也在不断加大，但与民众民生的基本需求相比，仍然存在相当大的差距。

（1）国家在社会保障方面总量投入不足。目前政府对基本民生总量的供给仍然不足，而且基础不牢，保障乏力，导致许多民众难以抵御各种意外风险。“广覆盖”和“保基本”仍然是中国社会保障制度的基本特征，在一些发达地区和个别领域确实已经出现了社会福利大幅上升的态势，但对于中国绝大部分地区来说，这些年政府主要是在补历史的“欠账”，所提供的仍然是最基本的保障。一场自然灾害，可能导致有的人倾家荡产；一场大病，可能导致重返贫困；一套房子，可能耗尽几代人的积蓄；一个大学生的教育费用，足以让有的父母必须以牺牲健康为代价。这些现象的持续存在，足以说明政府在社会保障方面的投入仍然有许多欠缺。北欧国家在社会福利方面的投入占国内生产总值的 30% 以上，法国、德国则在 20% 以上。与一些发达国家和地区相比，我国在社会保障方面的投入仍然有一定差距。

（2）就业的压力与结构性矛盾。我国是人口大国，就业压力一直很严峻。这主要表现在：首先，每年需要找工作的人口数量多于整个社会对就业的需求量，其中差距达到 1 000 万左右。这就说，每年至少有 1 000 万左右的新增就业人口是找不到工作的。其次，社会需求的就业人口与新增就业人口之间不一致造成的矛盾。以年轻人就业为例，当前中国社会大量需要熟练的技术工，对单纯的高学历需求量并不大。这种矛盾的必然结果是大学生毕业找不到工作，而工厂又找不到合格的技术熟练工（许多职业技术学院的学生仍然达不到工厂所需要的标准）。这种社会矛盾，也可以解释“为什么农民工的工资高于大学生？”“读了大学的儿子还不如打工的父亲挣钱多？”“为什么会出现公务员热？”等看似不合理的社会现象。

（3）收入与支出的差距越来越大。从纵向来看，最近三十多年中国民众收入确实增加不少，但从民众的消费支出结构来看，民众的幸福指数却在不断下降。其中重要原因是，住房、医疗、教育在民众的消费支出中占相当大的比重，而住房开支又是所有开支中的大头。电视剧《蜗居》充分反映了民众在高房价背景下的生活困境，这种困境极大地削弱了民众的幸福感。

（4）交通发展严重滞后。交通发展滞后体现在两个方面：一方面，在大中城市，城市交通拥堵，上下班高峰时期，公交等待时间长，无法打的，上下班路途耗时过长，北京因为拥堵严重被戏称为“首堵”；另一方面，在一些农村地区道路交通不发达，没有公共交通工具。

2. 社会事业建设存在的主要问题

社会事业包括教育、科研、文化、体育、医疗卫生等。目前中国社会事业存在的问题与民生事业方面类似，政府在社会事业方面投入不足，国家在教育方面的财政支出不足 4%，而我国香港地区仅教育经费 1975—2004 年平均占财政预算的 17%，而我国台湾地区省、市、县三级政府在教育经费方面分别占本级财政支出的 15%、25%、35%。我国在社保、住房、科教、文卫等 6 项的总投入不到国内生产总值的 10%。最为重要的问题是，在各级政府的执政理念中，社会事业的重要地位并没有完全确立，在一些官员心目中只有增加 GDP 的项目才是最重要的。此外，一些地方，甚至以改革的名义，将教育、医疗、科技等社会事业完全市场化，逃避了政府在社会事业方面的责任，政府投入不足导致民众的教育费用、医疗费用飙升，从而引发公众的不满情绪。

3. 贫富差距过大

目前我国收入分配的最大问题是收入分配不合理、不公平。这主要体现在：少数人拥有多数财富，不同群体之间的收入差距过大，低收入群体人数多，收入增长缓慢。具体在上一章已有详细介绍，此处不再赘述。

4. 社区建设严重滞后

社区建设是社会组织建设的一部分，同时也是宏观社会建设的微观体现。近年来，社区建设在政府的主导下，取得明显成效。2007 年年底，全国共有城镇社区服务设施 12.8 万个，社区服务中心 10 299 个。但是我国城乡社区建设仍然存在较多的问题：第一，社区组织行政化色彩浓厚。社区管理机构具有行政化倾向，管理人员则在某种程度上成为准行政人员，社区组织以行政管理代替社区服务，社区干部与社区服务站交叉任职现象严重。第二，社区服务需求不对接。在社区建设中，政府是主导者，社区居民处于缺位状态，社区居民的真正需求无法得到满足。例如，社区图书馆、健身设施等利用率很低。第三，社区居民归属感和认同感弱。这种现象，无论是城市，还是农村都存在，居民与社区缺乏联系，自然也缺乏归属感、认同感，尤其是外来务工农民工更认为社区与自己没有关系，除非要求办理某些证件。虽然这种情形可能是中国社区建设的必经阶段，但是它对社区建设的可持续性以及促进真正社区的形成都有负面影响。

5. 社会组织发展面临严重困境

民间组织是现代公民社会的重要载体，“小政府、大社会”是我国社会建设的理想状态。“大社会”的建立，需要大量的社会组织承担过去政府的一些社会管理和社会服务职能，特别是发展各类行业协会，为产业发展提供服务和支撑。我国社会组织的发展还面临诸多困境，所发挥的社会作用有限：第一，社会组织市场化程度不够，有的社会组织则直接由政府主办，官僚化比较严重，有的甚至存在腐败现象。第二，社会组织面临人才、资金、管理等困境。在中国，社会组织募集资金的渠道相当有限，大多来自政府资金和少量的社会资金，资金有限，又导致社会组织无法招募到经验丰富的人才。如果仅仅依靠人才的无私奉献，那么社会组织是难以壮大的，更难吸引到高级管理人才。

6. 社会管理面临严峻挑战

目前，我国在社会管理面临的问题，主要体现在：第一，社会管理的观念错误。一些地方政府和部门将社会管理理解为社会控制，社会控制又变成了“维稳”，采取围堵、强力控制、政治控制等手段处理社会矛盾和社会利益冲突。这种理解的本质是部分领导将个人利益放在社会利益之上。第二，社会管理成本居高不下。目前，社会管理在各级政府的财政开支中，一直呈现上升趋势。2012 年，中国公共安全支出高达 7 000 亿元，基层单位的社会治安经费（如社区保安）还没有计算在内。第三，社会管理条块分割严重。社会管理几乎涉及所有行政部门，这种条块分割现象严重，导致政府部门之间文件打架或推诿的现象时常发生。

7. 社会失范现象严重

社会规范本为社会建设的核心组成部分，它担负整合社会建设的功能。但是当前中国社会规范现象已经演化为严重的社会问题，并且有愈演愈烈的趋势，具体表现为权力寻租（权钱交易、

权色交易等）、不择手段捞钱、道德滑坡等，使当代中国社会的伦理底线受到严重冲击。

8. 社会体制改革滞后

与经济建设相比，社会建设明显发展落后，造成这种局面的根本性原因在于社会体制改革的滞后。第一，现行社会体制与市场经济体制不相适应。现在的社会体制是在计划经济体制下产生的，国家和单位承担全部社会职能，社会职能行政化。尽管我国经济发展迅速，但是我国科技、教育、文化、医疗等社会事业领域，改革依然没有取得多大的进展，要么不管，要么管得过死，效率低下等问题依然突出。第二，定位不清。科技、教育、医疗等社会事业到底应该走市场化的道路，还是应该由政府承担责任，政府承担多大的责任，依然是争议不断。政府承担的责任多了，财政包袱重，政府只有加重税收。如果全部走市场化的道路，老百姓的负担重，社会不公的问题又会凸显。第三，资源配置不合理。政府的资源过多，效率不彰，社会组织的资源少，来源单一；中央与地方的财权与事权不匹配，地方的税收资源少，但承担的责任和事务多。第四，利益关系协调难。任何有损害既得利益集团的改革势必遭遇强大的阻力，使改革愈发变得举步维艰。

第三节　中国社会建设展望

一、未来中国社会建设的发展趋势

1. 社会建设是中国现代化的发展方向

过去中国是一个农业社会，经过几十年的发展，中国城市化率已经超过 50%，初步实现城市化。目前我国已经是工业社会，经济结构已经到达了工业社会的中期阶段。在这个社会转型过程中，中国人的生活方式、人际关系、思想观念都已经发生改变，社会经济、政治结构也发生相应改变。所有转型国家都曾经经历过类似变化。由于生产方式、生活方式的根本变化，必然产生大量的社会矛盾和社会问题：城乡矛盾，贫富两极分化，家庭分化，离婚率增加，犯罪率大量增加，社会矛盾、社会冲突频发。西方学者称此为“社会转型病”，欧美各国花了 100 多年的时间才调整好这种社会转变。面对当前中国社会中的这些问题和矛盾，只有通过社会体制改革和社会建设，才会逐渐得到解决。

从国际经验来看，选择社会建设和管理作为社会转型期的主要任务，是理性的选择，符合经济社会发展规律，符合共产党执政规律，符合社会主义建设规律，也符合人类社会发展的规律，符合国际经验，符合中国的国情。我国虽然是制造业大国，但是一直存在内需不足的问题。党的十七届五中全会通过的“十二五”规划建议提出，“要把改善民生作为转变经济发展方式的出发点和落脚点”，这句话的意思就是要把经济和社会结合起来。如果今后改善民生，把科教文卫体和社会保障等社会事业和公共服务发展起来，就可以为拉动内需提供很大的市场，从而实现可持续发展。再如，通过社会体制改革和社会建设，加快改善民生，提高公共服务的供给，很多社会矛盾和社会问题都可以得到解决，为构建和谐社会奠定坚实基础。

2. 中国社会建设的未来发展阶段

我国社会学家陆学艺认为，中国社会建设未来发展将经历三个阶段[①]：

第一阶段，重点是解决基本民生问题和社会突出问题。先从人民群众最关心、最现实、最紧

① 陆学艺. 社会建设就是建设社会现代化[J]. 社会学研究，2011：4.

迫要求解决的保障和改善民生事业、社会事业建设做起，着力解决好“就业难、上学难、看病难、社保难、住房难、养老难”等基本民生问题；并从加强和创新社会管理入手，解决影响社会和谐稳定的突出问题，化解社会矛盾，解决社会问题，加强源头治理，标本兼治，最大限度地防止和减少社会矛盾的产生，最大限度地增加社会和谐因素，促进社会公平正义。

第二阶段，重点是社会制度建设，着力推进社会体制改革，创新社会政策，完善社会管理。第二阶段是社会体制改革的攻坚阶段、决定性的阶段，时间约在“十三五”“十四五”期间。这个阶段处理好了，中国就进入了现代化社会的门槛。

第三阶段，社会体制完善阶段。在这个阶段，社会体制逐步完善，社会管理体系更加健全，社会流动渠道更加畅通，中产阶层更加壮大，社会组织广为发展，社会结构更为优化，形成一个橄榄型的社会结构。

二、未来中国社会建设的改革方向

短期内，中国社会建设的发展方向，主要体现在以下几个方面：

第一，大力发展民生事业。与老百姓关系最为密切的民生问题就是就业、收入分配、住房、社会保障等。就业是民生之本。大学生毕业没有找到工作，农民工没有工作，小则关系到个人的生存，家庭的稳定，大则关系到社会的问题。国内外的教训表明，失业的青年往往是社会动荡的主力军。仅仅保障个人的生存还是不够的，还要保证社会公平。当社会分配不公严重时，势必引发社会不满。因此，当蛋糕做大以后，还要保证分好蛋糕。此外，还要逐步解决住房难问题，构建起公平合理的全国社会保障体系。

第二，大力推进社会事业建设。社会事业建设应坚持均等配置、公平共享的原则，实现公共服务的均等化，进一步地改革社会事业体制。

第三，大力推进城乡社区建设。城乡社区建设的目标是建成符合现代化要求的基层社会治理结构。要把社会管理服务的触角延伸到社会末梢，把更多的人、财、物投向基层，做强基层组织、壮大基层力量、整合基层资源、强化基础工作。

第四，大力培育和发展社会组织。社会组织的发育和运行，有利于社会自治、应对风险、化解社会矛盾，能够弥补政府不足、降低行政成本。按照国际经验，每 10 000 人就应该有 30 个社会组织，因此，中国的社会组织数量距离这个标准还很远。

第五，大力推进社会规范建设。许多人羡慕国外社会秩序如何良好，其实这种社会秩序的良好与社会规范建设有很大关系。我国在过去几十年中，有意或无意忽视了社会规范的建设，导致社会失范现象严重。因此，中国今后需要花很长一段时间来为各行各业建立相应的规矩。

第六，大力加强和创新社会管理。现代社会管理本质上是以维护公共秩序为核心、人本化服务为先导，寓管理于服务之中。树立多方参与、共同治理的理念，形成“党委领导、政府负责、社会协同、公众参与”的格局。

第七，大力推进社会体制改革。社会体制的改革和完善是当前社会建设的关键。现在的社会体制是计划经济体制的产物，如户口体制、城乡体制、社会事业体制等。现行的社会体制如果不从根本上进行改革，社会建设必将成为经济建设的重要障碍之一。

第八，大力培育和壮大中产阶层。只有通过培养和壮大中产阶层，形成橄榄型的社会结构，社会才会更加稳定，更加和谐。

第十二章　中国文化建设

我们要建设的社会主义国家，不但要有高度的物质文明，而且要有高度的精神文明。所谓精神文明，不但是指教育、科学、文化（这是完全必要的），而且是指共产主义的思想、理想、信念、道德、纪律，革命的立场和原则，人与人的同志式关系，等等。①

——邓小平

第一节　中国文化建设现状

一、文化建设概述

1. 文化的含义

自古以来，对文化的定义众说纷纭。文化可以分为三个层次：第一层次是狭义理解，仅指文学、书法、戏剧等具体的文化产品。第二个层次是作为精神形态或观念形态的文化，也称为社会的精神形态或文化软实力。美国学者约瑟夫·奈认为，文化软实力的四个方面，即制度、价值观、文化和政策，都应归属于广义的文化。第三个层次是“文化模式”，它是在社会政治、经济、生态等各个领域的运行模式，它是一个民族、国家历史地凝结而成的内在机理或图式的文化，是一个社会有效运行的内在制约力和驱动力②。这是文化的最高层次，并且包含前两个层次。

从广义角度来看，文化与其他物质产品不同，它具有鲜明的民族性、地域性，换句话来说，世界上有多少个民族就有多少种文化类型，甚至同一个地区也有不同的文化样态，大多数时候这些不同和差异并不一定意味着就有优劣之分。例如，对人性理解不同，西方文明认为 “人性本恶”，而中华文明则相信“人性本善”，并在理解的基础上，发展出不同的文化制度，中国注重道德教化，而西方则更注重法律制度。

2. 文化建设的含义

与文化的含义相对应，文化建设也应分为三个层次，最低层次就是文化产品的建设，第二个层次就是国家文化软实力的建设，最高层次就是国家治理模式和治理理念的建设。三个层次具有内在联系，文化产品是文化软实力的体现，也是国家治理理念的传播载体，国家治理理念又会促进更多文化产品的出现，增强国家文化软实力。

二、文化建设与国家现代化

没有文化的国家和民族是无法想象的，任何国家都离不开文化；同时任何人也无法脱离文化，

① 邓小平文选：第 2 卷[M]. 北京：人民出版社，1994：367.

② 田晓明. 文化建设的思考与隐忧[J]. 苏州大学学报，2012（6）.

每个人都需要认同某种文化。今天，一个国家的文化不再仅仅是电影、电视那么简单，更关系到一个国家的竞争力和未来。任何一个国家和民族的文化选择并非随意的，文化的断裂不仅会带来文化失语，也会带来民族自信心的逐渐丧失。

实际上，冷战在本质上就是一场文化战争，就连西方内部，文化冷战也从未断绝。到今天为止，美国一直用薯片、芯片、影片的策略征服世界。从 1996 年开始，美国的文化产业已经超过航空、重工业等传统领域，成为美国最大的出口产业。美国的文化产业已经占美国 GDP 的 25%左右。弗朗西斯・斯托纳・桑德斯在《文化冷战与中央情报局》中披露：为了渗透美国的霸权思想，中央情报局在文化领域展开了长达半个多世纪的文化输出活动：举办讲座和研讨会，创办学术刊物，开设图书馆，资助学者互访，捐助讲座教授位置等。法国、德国、加拿大等国家一直致力于维护本国本民族的文化，抵制外来文化的入侵。为保护本国文化，法国一直坚持"文化例外"政策，1993 年欧洲议会终于采纳了"文化例外"原则。

1998 年，韩国提出"文化立国"的方针，提出"两个五"：五年之内把韩国在世界文化产业市场上的占有率从 1% 提高到 5%；五年内培养出 10 000 个内容创作者，其中 10%有外销的能力。为实施这一战略，韩国先后颁布了十几部法律法规。目前韩国文化战略已经奏效，它成功地输出韩国文化，拯救了韩国经济，韩国已经成为世界第五大文化产业强国，韩剧、美容、韩国电子产品已经成为许多中国人的最爱，"大长今""都教授"、韩国泡菜，韩国明星、《江南 style》吸引了众多的中国粉丝。最近几年，韩国更是对中国的文化以及历史频频发起挑战，企图重新塑造朝鲜民族的历史与文化。

日本在国家文化建设方面，也不落在韩国之后。早在 1985 年，日本试图从"经济大国"转向"政治大国"，最终走向"文化大国"。日本文化立国的战略目的就是要推出日本文化，改善国家形象，力图确立日本文化在亚太地区的主导地位，使亚洲国家接受日本文化。2007 年日本政府"教育再生会议"决定把"到 2025 年将在校留学生数量扩大至目前的 10 倍即 100 万人"，日本希望通过吸引全世界留学生，从而传播日本文化。

与欧美、日、韩等国家相比，我国文化建设的种子似乎才刚刚开始萌芽。清朝大学者王国维早就认识到文化建设对中国的重要性。他研究叔本华、尼采、康德等西方哲学，是为了唤取民智，唤醒民众，以救国人精神疲弱；他研究甲骨文和上古史，是为了发掘中华民族远古文化的雄强精神，唤起民众的忧患意识；他研究敦煌学，是为了不使中华文化的命脉断裂。由此可见，国家分裂是民族凝聚力下降的表征，而民族凝聚力的提升正需要文化。经济强大、军事强大固然重要，但是文化的强大才是维系民族的根本。尽管最近几年，中国一些文化作品已经走出了国门，获得了一些知名度。仔细思考，却总有一些不对劲的地方：许多作品靠揭露中国式的恶习迎合西方评委和大众的口味。今天，在西方文化中心主义思维模式的影响下，西方文化在中国文化领域畅行无阻，中国文化在相当长一段时期处于失声状态，这种状态已经严重影响到我国民族自信力的提升以及国家的竞争力。

今天，我们需要深入思考这些看似不重要，却事关国家和民族未来发展方向的问题：为什么一些国家进入现代化以后，还要争夺文化领先权呢？我们是渐渐地学会同西方他者对话？是继续全盘西化使中国文化成为即将消逝的文化？还是在对话中逐渐进入国际文化共识并强调自己的文化特性，从而生成一种真正的文化精神并使中国文化成为人类精神的一部分？

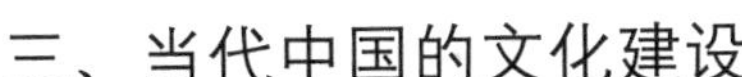

三、当代中国的文化建设

（一）我国文化建设指导思想概述

我国新民主主义文化建设开始于五四新文化运动，1940 年《新民主主义论》的发表是其成熟的标志，完善于解放战争和新中国成立初期。毛泽东认为，“一定的文化（当作观念形态的文化）是一定社会的政治和经济的反映，又给予伟大影响和作用于一定社会的政治和经济。”①“文化是反映政治斗争和经济斗争的，但它同时又能指导政治斗争和经济斗争。文化是不可少的，任何社会没有文化就建设不起来。”②新民主主义文化首先是民族的，主张维护中华民族的尊严和独立；同时它又要同一切民族的社会主义、新民主主义文化互相吸收、共同发展，形成世界的新文化。不仅要吸收当前外国的革命文化，还要吸收外国的古文化。吸收一切外国的东西，要取其精华，除去糟粕，不能“全盘西化”。

党的十一届三中全会以后，中国特色社会主义的文化建设理论是中国文化建设的主要发展方向。邓小平根据新的历史条件，创造性地阐述了关于社会主义精神文明建设的思想。邓小平指出：“我们要建设的社会主义国家，不但要有高度的物质文明，而且要有高度的精神文明。所谓精神文明，不但是指教育、科学、文化（这是完全必要的），而且是指共产主义的思想、理想、信念、道德、纪律，革命的立场和原则，人与人的同志式关系，等等。”③邓小平一直认为精神文明与物质文明同等重要，要一手抓物质文明，一手抓精神文明，“两手抓，两手都要硬”，“不加强精神文明的建设，物质文明的建设也要受破坏，走弯路。光靠物质条件，我们的革命和建设都不可能胜利。过去我们党无论怎样弱小，无论遇到什么困难，一直有强大的战斗力，因为我们有马克思主义和共产主义的信念。有了共同的理想，也就有了铁的纪律。无论过去、现在和将来，这都是我们的真正优势。”④

1991 年江泽民同志《在庆祝中国共产党成立七十周年大会上的讲话》中首次明确提出有中国特色社会主义的经济、政治和文化是有机统一、不可分割的整体，并对有中国特色社会主义文化建设做了论述。他指出：文化建设不能搞全盘西化，但又必须在立足本国的前提下，充分吸收世界文化的优秀成果，瞄准当代世界科学文化发展的先进水平，进而“面向现代化，面向世界，面向未来”。文化建设要实行文化开放政策，但要坚持“以我为主，为我所用”的原则，开展多种多样的对外文化交流。既不能搞文化关门主义，也不能搞文化领域的全盘西化；既要积极吸收国外文化的有益成分，向世界展示中国文化建设的成就，又要防御和抵制外来文化中各种腐朽思想文化的侵蚀。

1997 年，党的十五大阐述了社会主义文化建设的重要性、紧迫性、主要内容和根本措施问题。2002 年，党的十六大提出建设中国特色社会主义文化，标志着我们党关于中国特色社会主义文化建设理论的形成。十六届六中全会通过的《中共中央关于构建和谐社会若干重大问题的决定》对“建设社会主义核心价值体系”进行了明确阐述，首次明确提出了建设社会主义核心价值体系的目标，这是改革开放以来文化建设实践的全面总结和理论提升。2011 年 10 月 18 日，十七届六中全会通过的《中共中央关于深化文化体制改革推动社会主义文化大发展大繁荣若干重大问题的决

① 毛泽东选集：第 2 卷[M]. 北京：人民出版社，1991：663-664.
② 毛泽东文集：第 3 卷[M]. 北京：人民出版社，1996：109-110.
③ 邓小平文选：第 2 卷[M]. 北京：人民出版社，1994：367.
④ 邓小平文选：第 3 卷[M]. 北京：人民出版社，1993：144.

定》，再次强调增强国家文化软实力，并提出“努力建设社会主义文化强国”的战略目标。

（二）我国文化建设发展现状

1. 国内已经形成文化建设的共识

从前述指导思想部分可以看出，党和政府领导人历来重视文化建设。从指导思想的发展历程来看，党和政府对文化建设的认识越来越清楚；从文化建设的发展路径来看，党和政府对文化建设的方针、策略也越来越具体，操作性也越来越强。在中央全面深化改革领导小组第四次会议通过《关于推动传统媒体和新兴媒体融合发展的指导意见》之后，习近平总书记特别强调：“要着力打造一批形态多样、手段先进、具有竞争力的新型主流媒体，建成几家拥有强大实力和传播力、公信力、影响力的新型媒体集团。”充分运用新技术、新应用，创新媒体传播方式，占领信息传播制高点，不断巩固壮大主流思想舆论。

2. 我国文化产业取得重要进展

我国文化产业处于平稳增长的状态。2011 年我国文化产业总产值超过 39 000 亿元，占 GDP 比重首次超过 3%。2000—2009 年，我国文化影响力从世界排名第十位上升至第七位，软实力排名全球第三。以电影和出版业为例，文化发展要面向全球，实施“走出去”战略取得突破性进展：2010 年共有 47 部中国电影销售到海外，销售收入达到 35.17 亿元，2011 年中国电影海外票房和销售收入达 20.46 亿元。近年来，文化创意产业在我国开始得到重视并有很大发展。上海、北京、广东、浙江等经济发达地区文化创意产业快速崛起，逐渐成为这些城市和地区产业发展的新亮点。上海市已有 18 个创意产业基地，近 30 个国家和地区的 400 多家各类设计创意企业入驻，集聚了 1 万多名创意人才。目前，文化创意产业产值已经占到上海全市 GDP 的 7.5%。北京现有 2 万多家工业设计、服装设计、广告设计等领域的文化创意企业，从业人员达到 10 万人，仅工业设计一项的年产值就高达 110 亿元左右，并创造了 1 000 亿元以上的关联效益。深圳的平面设计全国领先，被称作中国现代平面设计发源地，平面设计人才达 2 万人；工业设计占据全国 49% 以上的市场份额，在汽车造型、IT 产品等领域形成了一定的竞争优势。

3. 中国文化软实力建设开始起步

西方话语世界中，中国的国家形象一直处于被西方媒体“妖魔化中国”“中国威胁论”等负面形象的阴影中。在纽约或伦敦的机场书店里，几乎找不到一本赞扬中国的书，大部分都是涉及中国负面事件和一些敏感话题的书籍。为改变中国国家形象，从 2008 年北京奥运开始，中国开始探索和尝试在全球树立独有的形象，国家形象片的推出代表着中国已开始进入国家公关时代。2011 年，中国国家形象宣传片以向海外展出为标志，更是第一次以国家公关的名义，自信而全面地把镜头对准自己。近年来，在中国政府的运筹帷幄下，汶川特大地震等突发事件众志诚诚精神的展现，上海世博会、广州亚运会等的成功举办更是中国向世界展示和塑造形象的成功实践。当前我国正全力打造“CNN”式的中国媒体，向中央电视台、新华通讯社及《人民日报》三大媒体分别投资 150 亿元人民币，用于可扩大中国国际影响的有意义的项目。中央电视台目前已经实现 7 种语言 11 个频道的国际化战略。值得注意的是，中国未来应更加注重“受传者”的文化背景，进一步转变从“宣传”到“传播”的观念，尽量真实、自信地展示自我。这些进步背后，支撑的是中国从国家层面展开的一系列国家公关战略的规划与实施，中国已从国家战略的高度认识到文化软实力的重要性。

4. 中国文化国际传播方式多样化

近年来，中国文化有关的各种形式的文化节、文化周、文化季、文化年等活动也接连在一些国家举办，中国残疾人艺术团的歌剧《花木兰》、昆曲《桃花扇》以及女子十二乐坊等各类艺术文化的交流让很多国家都出现了“中国热”。据国家汉办网站数据，截至2014年3月，在全球121个国家建立445所孔子学院和644个孔子课堂，共计1 089所。孔子学院的教学已被多个国家纳入国民教育体系，学习者呈现低龄化特点；生源由非洲、东欧等少数国家为主发展到世界180多个国家和地区。孔子学院的快速发展，体现了中华文化的传播力和影响力。

此外，我国在扎实推进社会主义核心价值体系建设、开展形势政策教育和主题宣传活动、深化拓展群众性精神文明创建活动，在净化社会文化环境、提高人民基本文化权益保障水平等方面取得了丰硕成果，为促进经济社会又好又快发展做出了重要贡献。

第二节　中国文化建设的机遇与挑战

一、中国文化建设的挑战

1. 中国文化国际影响与中国国际地位不相称

我国文化产业已通过“全球服务外包”被纳入全球文化产业分工体系，基本被“锁定”在低端加工环节。一方面，我国已成为国际文化产业制造大国，一方面仍为文化产业内容原创小国，在全球文化产业的国际竞争态势中的劣势局面已经形成。我国的电影电视剧、图书、报刊等总量位居世界前列，但缺乏创新，全球影响力微弱。根据中国文化软实力研究中心报告显示，美国文化产业占世界文化市场份额的43%，欧盟占34%，日本占10%，澳大利亚占5%，而中国所占的份额不足 4%。每年进口为数不多的国外电影在中国实现的销售收入与为数众多的国产电影收入相当，以技术为依托的高附加值文化产品对外贸易比重很小。缺乏新推出的大型对外文化交流项目，对外文化交流的品牌项目与产品供给不足，对无形文化产品与服务“走出去”的支持还很欠缺。中国自主文化品牌对外宣传的力度和手段还比较落后，具有国际公认的文化交流平台的培育与建设与我国强大经济实力所产生的国际影响力远不相称。

与国际强势媒体相比，我们既是世界上的传媒大国，又是传媒弱国。中国有5 000多种报纸，9 000多种杂志，2 000多家电视台，500多家广播电台，160多个有资质开展新闻信息业务的新闻网站，相当于美国的89%，然而媒体数量虽然众多，但在国际传播实力方面仍处于绝对弱势地位。对比美国海外发行的400多家报纸杂志，中国海外发行的报纸只有《人民日报》等少数几家，中央电视台仅少数几套节目实现了全球覆盖，这与美国卫星电视节目已经占到全世界卫星电视节目的50%以上还相距甚远。中国传媒现状与中国在国际舞台上的硬实力是极为不相称的，它对于提升国家软实力极其不利。

2. 西方文化渗透威胁我国文化安全

苏联解体后西方势力策动一些国家发生“颜色革命”，目前中国成为西方势力实施颜色革命最重要的目标国家。西方势力除了在经济、政治领域推行和平演变战略以外，更注重通过文化渗透达到“不战而屈人之兵”的目的。文化渗透主要有三种方式：第一种是直接的文化宣传，即利用现代传媒手段进行长期思想渗透。最典型、最常用的是广播电台和电视的覆盖式宣传。美国的

CBS、CNN 等媒体发布的信息量，是世界其他国家发布的总信息量的 100 倍。这种直接的文化渗透规模大、成本低、覆盖面广，正如《华盛顿邮报》宣称的，“西方世界在寻找瓦解共产主义方法，花费了近半个世纪的时间和亿万美元，却发现答案就在电视新闻里”。如今，借助互联网，直接的文化宣传更获得了便捷、高效、广泛、强势的高科技平台，成为意识形态斗争的另一个重要阵地。第二种是以文化商品为载体，向社会大众渗透西方的各种价值观。二战之前，西方敌对势力就注重将文化输出与国家地缘战略的结合并用，二战之后更加重视通过全面的文化输出对他国施加影响。美国好莱坞电影成为典型代表，甚至有媒体称好莱坞电影是“铁盒里的大使”。通过这种方式传播文化价值观念，更具隐蔽性和迷惑性，往往能达到“无为而治”“润物无声”的潜移默化作用。第三种是以教育和学术交流为掩饰，向高层学者、知识分子等社会精英进行价值观渗透。西方敌对势力通过名目众多的基金会，拉拢和利用高层社科研究人员和知识分子，意在培养从内部瓦解社会主义的“文化基因”，通过他们的辐射作用传播西方的文化价值观，影响社会大众。

3. 重经济建设的思维习惯淡化文化建设

由于过去几十年我国与西方国家在经济、科技、军事方面的差距比较大，一些政府决策部门为了追赶西方国家，将经济建设的目标列入各级政府的考核目标，GDP 的增长几乎是唯一目标，因此招商引资成为各级政府官员的头等大事，这种不惜一切代价的招商引资的负面影响已经逐渐显现。在这种 GDP 思维模式的影响下，作为并不产生 GDP 的文化建设，得不到政府的重视和支持就不难理解。近年来，情况有所改观，部分政府官员已经认识到文化产业能够为地方政府带来庞大的 GDP，个别地方政府加大了对文化产业的招商引资以及政策引导。例如，大连万达集团已经成为各级地方政府眼中的重要招商目标。文化旅游是万达的新兴支柱产业，万达文化集团的资产 440 亿元，2013 年收入 255 亿元，是中国最大的文化企业。在青岛建设的影视产业园，总投资超过 500 亿元人民币，在武汉建设的全球唯一电影乐园投资超过 35 亿元。虽然我们不能反对文化建设中的市场经济运作模式，但是当地方政府部门心目中只有这些冷冰冰的 GDP 数字时，文化建设必定受到影响。有些文化建设可以采用市场经济模式，而有些文化建设注定是不能采用市场模式解决的，必须由政府财政进行投入。例如，基础教育，如果全部采用市场模式，可能导致贫困儿童辍学。如果无视这一点，我国的现代化建设迟早会付出代价。

目前政府长期对文化建设的投入不足，是不争的事实。虽然国家公共文化投入连年增长，但中央和地方文化事业费投入在各自财政总支出中的比例仍然较低。中央财政 2005 年的文化事业费只占整个支出的 0.39%；而 1985 年这个比例是 0.52%，1995 年是 0.49%。同样，2004 年文化事业基本建设投资 37.12 亿元，是历史最高值，但即便如此它在国家基建投资总额中只占 0.09%。国家在文化方面的投入跟不上，因此，上游的文化原创供给不足难以形成真正的创新。

4. 信息网络化对文化建设的挑战

与传统的文化传播方式不同，网络传播具有自由性、快捷性、交互性、开放性、海量性等特点。借助互联网这一新技术平台，我国文化产品的传播获得了新的技术载体、新的传播渠道和新的言论空间，有助于我国文化产品的传播力、吸引力和凝聚力。但是，信息网络化也严峻考验着我国文化建设，西方发达的网络技术手段和强势的文化输出对我国文化的传播和防御能力构成很大挑战。与西方国家强势媒体相比，我国文化建设在利用新媒体技术方面，面临着起步晚、经验不足、资金投入不足等诸多问题，从总体现状来说，我国文化建设处于追赶西方媒体的过程中。

国内相关部门和媒体还需要在内容、方式、管理、创新等方面下大力气，提高我国文化产品的影响力和吸引力，壮大文化产业的规模，最终使我国文化建设走上良性发展轨道。

5. 文化体制亟待改革

文化体制机制创新是文化创新的基础，是文化创新得以实施的制度环境和先决条件。但是到目前为止，我国文化领域的改革并没有发展到用整体制度创新来替代文化体制中的核心制度框架。国有文化单位的体制缺陷和能力缺陷并没有得到根本性的改变。制约我国文化建设的体制性问题主要体现在几个方面：第一，文化建设的立法和制度建设滞后，对文化资源与文化产业发展有着重要的导向、保护和促进作用的法规和制度安排研究不深入，没有统一的规范，文化产业促进法、文化要素专业市场建设、准入制度，进入壁垒门槛、退税及特殊性税费政策等法律法规都没有建立起来。美国一直很注重法律制度的健全，早在 1787 年美国宪法就对发明权予以保护，后来制定专利法，设立专利局，形成商业版权的法律框架及管理体系。1998 年，美国又制定《数字千禧年版权法》保护文化创意产品，2003 年美国再次扩大了盗版行为的立案范围，这些法律制度对文化产业给予强有力支持。第二，文化建设的行政管理还没有完全整合，文广新局虽已整合到位，但旅游和体育这两个部门还游离于大文化产业之外，造成文化产业在发展过程中文化资源链和产业链被割裂，阻碍文化产业做大做强。第三，国有文化单位有待转换机制，优化资源配置，事业任务和产业义务还没有剥离。

6. 文化建设人才不足

目前我国文化建设严重缺乏高端人才。在国家宏观层面，缺乏具有文化建设战略规划和具有执行力、领导力的高级领导人才；产业方面则缺乏引领行业发展的领军人物；在企业方面，则缺乏文化产业高层经营管理人才；在文化产品层面，则缺乏具有颠覆性、革命性创意的人才。这些层面的人才匮乏，将严重影响到文化强国建设这一宏伟目标的实现。总体上看，我国文化人才具有“四多四少”的特征：体制内从事传统文化事业文化专业人才较多，体制外适应市场现实需求的专业文化人才较少；从事艺术事业的人才较多，懂文化产业经营的人才较少；具备文学艺术专业素质的高校毕业生人较多，但既具备文化专业素质又懂产业运作的人较少；单一专业的人才较多，文化产业复合型人才较少。在文化产业各层次就业比重当中，文化相关层和外围层所占的比重较大，文化核心层中拥有自主创意创新能力的人才比重很低，并且整体水平不高。

7. 缺乏国际知名的文化品牌群

文化强国的重要标志就是世界上知名的文化品牌，形成知名品牌群落，例如，国际知名的科学家、思想家、电影电视、动漫产品等；或者形成一个国际知名的产业链，例如韩国的美容、电视剧等。目前我国形成品牌的文化产品还很少，而美国的《狮子王》、爱尔兰的《大河之舞》等享誉世界，与国外相比我们还有很大差距。这些工作需要国家有关部门进行规划、设计、引导和大力扶持。

8. 文化建设还没有提升到国家战略高度

发达国家一直都很重视文化产业的发展，并从国家发展战略层面进行规划和实施。日本、韩国、新加坡等很多国家都提出文化立国的战略，日本把文化产业与燃料电池、机器人、信息家电并列为 21 世纪四大尖端产业。美国把视听产品作为第二大换汇产品，仅次于航天航空。目前西方国家文化产业占 GDP 的比重通常在 8% 以上，美国创意经济占 GDP 的 14%，英国占 12%，就业率均达到 5%左右，而日本创意产业已上升为国家第二大产业。2010 年，日本音像出口几乎占日本总出口的10%，海外利润达到120亿美元。目前，发达国家占据了文化市场的主导地位，仅日本、德国、美国、英国这几大国家出口的文化产品就占到全球文化产品出口总额一半以上。面对发达国家文化发展的强大压力，中国需要站在国家战略高度看待文化建设，建立起自己独特的文化发展模式，从而在全球化进程中掌握主动权，增强中国文化软实力。

二、我国文化建设的机遇

1. 日益增长的文化消费内需为文化建设提供了强大的动力

当前中国经济正经历着转型关键时期，要求经济增长方式从生产型经济向需求型经济转变。目前，我国人均GDP已经超过3 000美元，随着居民收入水平不断提高，人们的消费结构正在朝有利于文化消费结构方向发展，人口红利在文化消费中的效应正在日益凸显，党的十七届六中全会精神给文化产业提供了良好的发展契机和环境制度保证。此外，文化产业市场化、国际化趋势越来越明显，国际国内的文化多元化需求，为文化产业的崛起和“走出去”战略奠定了市场基础。

2. 我国产业结构调整为文化建设提供了新的战略方向

改革开放以后，我国在国际分工体系中，长期被当作“世界工厂”，贴牌生产，处于“微笑曲线”的底部，位于国际产业价值中的低端，而高附加值环节被国外大企业所占据，这种现状“倒逼”我国产业结构调整和升级。而文化建设正是为我国企业提供了一个转型升级的机遇。文化产业兼具生活性服务业和生产性服务业双重特征，其生产性特征可为传统产业在生产上的各个层面和阶段提供创意创新支持，因而传统产业的升级客观上要求文化产业作为生产性服务业的需求与融合大大增长。

3. 现代科学技术的高速发展为文化建设提供新的机遇

从国外文化产业的发展来看，每一次技术的升级换代都是一次机遇，信息技术为文化建设也提供了同样的机遇。美国依靠网络信息技术，大力发展电影产业和数字出版业，韩国、日本则大力发展游戏、动漫等产业。我国有一些先天不足的劣势，同时也有后发国家的优势。我国需要充分把握文化建设的发展趋势，把握“三网融合”的机会，在文化建设的内容和形式上进行不断的创新与发展。

第三节　中国文化建设展望

一、加强文化建设是我国现代化建设的需要

全面建成小康社会，是中国特色社会主义经济、政治、文化、社会全面发展的目标，符合我国国情和广大人民愿望。社会主义精神文明是现代化建设的重要目标和重要保证，是建设中国特色社会主义的必然要求。当前，我国已进入改革开放和现代化建设的关键时期，各种思想文化相互激荡，综合国力竞争日趋激烈。国内发展中不平衡、不协调、不可持续问题依然突出，推动科学发展、促进社会和谐的任务十分繁重。加强文化建设，可以增强全国人民的凝集力和向心力，为实现全面建设小康社会提供思想保证、精神动力、舆论支持和文化条件。同时，随着改革开放和现代化建设的深入推进，我国人民物质生活水平的持续提高，人民精神文化需求日趋旺盛，关注和参与文化建设

的热情空前高涨，文化消费进入快速增长期。加强文化建设可以满足人们多样化的精神文化需求，提升人民群众的生活质量和幸福指数。

改革开放以来，人民群众的精神面貌发生巨大变化，改革创新意识、民主法制意识、自主意识、竞争意识、效率意识不断增强，思想道德领域主流积极健康向上，社会文明程度和公共道德水平迈上新台阶。但是，社会上一些领域道德失范、诚信缺失，一些社会成员人生观、价值观扭曲，一些地方黄赌毒等社会丑恶现象沉渣泛起，特别是一些领域商业欺诈、制假贩假等时有发生，人民群众对当前社会生活和社会风气存在的突出问题反映强烈。加强文化建设有助于社会的文明与和谐，也有助于社会的长治久安。在解决群众最关心、最直接、最现实利益问题的同时，也要疏导公众情绪，最大限度减少不和谐因素，不断促进社会和谐，为国家富强、民族振兴、人民幸福提供保障。

二、文化建设的核心是建设社会主义核心价值体系

社会主义核心价值体系是兴国之魂，是社会主义先进文化的精髓，深入推进学习实践社会主义核心价值体系是精神文明建设的根本任务。要把社会主义核心价值体系作为精神文明建设的“魂”，体现到各种创建活动和工作载体之中，贯穿于精神文明建设全过程，切实增强创建活动的思想内涵和教育功能。要广泛深入开展理想信念教育，开展以弘扬民族精神和时代精神为主题的形势政策教育、国情教育、革命传统教育、改革开放教育、国防教育，加强民族团结进步教育，进一步坚定广大干部群众在中国共产党领导下、走中国特色社会主义道路、实现中华民族伟大复兴的信念和信心。

三、努力满足市场需求是文化建设的根本任务和目的

满足人民日益增长的精神文化需求，是社会主义文化建设的根本目的，也是当前文化建设的一项根本任务。按照党的要求，全面贯彻“二为”方向和“双百”方针，坚持一手抓公益性文化事业，一手抓文化产业，加快文化改革发展步伐，更好发挥文化引领风尚、教育人民、服务社会、推动发展的作用。加快发展文化产业，积极构建现代文化产业体系，形成公有制为主体、多种所有制共同发展的文化产业格局，大力推进文化科技创新，不断扩大文化消费，使文化产业成为国民经济的支柱性产业，更好地满足人民多样化的精神文化需求。

四、青少年教育是文化建设的重点

青少年是民族的希望、祖国的未来，加强和改进青少年文化思想教育，是文化建设的基础工程。要牢牢抓住育人为本、德育为先这个根本，扎实推进少儿文艺出版精品工程，重点扶持青少年题材的优秀影视剧创作、舞台艺术生产、书刊和音像制品出版，为广大青少年提供更好更多的文化产品，使他们在愉悦身心的同时陶冶情操。

五、创新是文化建设的主要推力

回顾中国文化史，凡是文化发展繁荣时期，如春秋战国、汉唐都是大革新、大创造的时代，

百家争鸣，思想活跃；反之，宋明以后尤其是清朝，文化专制主义日益强化，视一切革新为“离经叛道的异端”，囿于传统，反对变革，扼杀了文化发展的生机和活力，如一潭死水般的“沉寂”，灿烂的中国文化也就逐渐失去了它往日的光彩。对于民族传统文化，最有效的继承和保护就是与时俱进地不断发展，不断创新。加强技术创新，提高文化产业科技含量。构建文化产业的“产、学、研”合作机制，整合文化企业在文化市场信息搜集方面的优势，以及高校与科研机构在技术研究方面的优势，增强文化产业领域支撑技术研究的针对性与有效性；不断培养和引进复合型文化科技人才，促进知识在组织内扩散与分享；积极运用高新技术改造出版、印刷等传统文化产业，提高产品服务生产效率。

六、加快文化体制改革

对文化建设影响最大的就是行政管理体制和投融资体系。在行政管理方面，要打破地区部分分割和垄断等不利因素，促进各种生产要素的合理、自由流动，造就一批优秀的文化企业。在做大中国文化企业的同时，更要积极做强中国具有自主品牌的具有世界影响力的优秀文化企业。完善文化产业投融资体系主要体现在：加强中央政府和地方政府对文化产业发展的投入力度，加大文化产业引导资金占政府财政支出的比重；丰富投融资渠道，综合使用融资租赁、私募股权基金、夹层融资、资产证券化、产业基金、资本市场等方式畅通文化产业融资渠道。

第十三章　中国国家安全形势

第一节　中国周边安全形势

一、中国周边安全环境概述

“中国周边安全环境多指中国在其国土周围面临的安全条件和所处的安全状况，包括周边地带的制度结构、实力结构和地缘结构。”学者们普遍认为，中国的安全利益高度聚积在周边区域。“四邻和则周边稳，周边稳则中国安。”外交部长王毅指出，周边是“中国安身立命之所，发展繁荣之基”。

中国地处欧亚大陆东部，太平洋西岸，是世界上陆海邻国最多的国家，地缘政治环境复杂。陆地边界总长 2.2 万余公里，与俄罗斯、蒙古、哈萨克斯坦、吉尔吉斯斯坦、塔吉克斯坦、印度、巴基斯坦、阿富汗、尼泊尔、不丹、老挝、越南、缅甸、朝鲜等 14 个国家接壤。海岸线总长 1.8 万公里，与日本、韩国、菲律宾、马来西亚、印度尼西亚、文莱等 6 个国家隔海相望。周边地区是中国崛起的战略依托地带，而中国周边强邻环伺、大国林立、核武云集。周边国家、地区在社会制度、意识形态、发展程度方面存在巨大差异和不平衡。宗教和文化背景迥异，利益诉求不同，历史遗留问题较多，在领土领海划界等许多重大问题上远未达成共识。与冷战时期相比，中国与周边国家之间已不存在大规模的军事冲突，中国国土周围也不再面临现实的战争威胁。大国间对抗烈度降低，而中国周边威胁源、危险源却显著增多。中小邻国相继发生颜色革命和政权更迭，吉尔吉斯斯坦、缅甸、泰国、巴基斯坦、尼泊尔等国政局发展仍充满变数。地区热点问题持续发酵，阿富汗和巴基斯坦局势、朝核问题、伊核问题所产生的外溢效应对国家安全的影响不容低估。美国推进亚太“再平衡”战略，日本借钓鱼岛问题实现借船出海之目的，妄图打破战后国际秩序，谋求成为“正常”国家，中国与少数大国之间结构性矛盾依然突出；越菲等国借机“合纵联美制华”，加强对中国的战略防范和外交制衡，西太平洋海洋争端危机四伏；恐怖主义、海盗、自然灾害等非传统安全问题复杂多发。

习近平在 2013 年周边外交工作座谈会中指出，中国周边充满生机活力，有明显发展优势和潜力，周边环境总体上是稳定的，睦邻友好、互利合作是周边国家对华关系的主流。但我们必须清醒地认识到中国维护周边安全与稳定的难度在加大，中国与周边国家的摩擦和冲突点在增多。安全形势总体稳定，同时又面临诸多消极因素和严峻挑战。

二、中国周边安全环境基本态势

2011 年年底，社科院发布《中国周边安全形势评估报告》指出，“中国周边安全形势呈现五大特征：朝鲜半岛局势陷入僵局，海上问题矛盾激化，美日同盟关系加强，中国与周边国家相互刺激军备竞赛，非传统安全威胁上升。”有学者将安全环境在地缘方向上的差异概括为“陆稳海动”和“北稳、南紧、东热、西动”不同态势。即自朝鲜半岛、东海经台海到南海至南亚次大陆，至中亚五国，中国在东、南、西方向同时面对较大战略压力。

（一）北　亚

20 世纪 60 年代中苏关系恶化，苏联在两国边境屯兵百万，双方还爆发珍宝岛冲突，战争阴云密布。冷战结束后，基于现实的国家安全利益和国际战略协调，中俄互有所需，互为援手。1994 年 3 月，中俄两国元首在联合声明中宣布始终遵循互不将战略核武器瞄准对方和互不使用武力，特别是互不首先使用核武器的义务。1996 年 4 月，中、俄、哈、吉、塔五国元首在上海签署了《关于在边境地区加强军事领域信任的协议》，使中国在北部的安全诉求基本得到满足，北—西北地缘已不构成现实的军事威胁。2008 年 10 月 14 日，中俄双方在黑瞎子岛举行了界桩揭幕仪式。中俄 4 700 公里的边界至此全部划定。目前中俄关系处于历史最好时期，由“建设性伙伴关系”发展到“面向 21 世纪战略协作伙伴关系”。两国积极推动经贸合作，能源合作，文化交流，加强双边政治军事互信与协调，实现两国领导人年度互访机制。双方同是联合国安理会常任理事国，同为上海合作组织主要成员，双方承诺在涉及国家核心利益和重大关切上相互支持，共同应对地区突发事件。中俄边界问题的解决和各领域的深入合作为中国北部安全局势奠定重要基础。

蒙古国也是中国北部的重要邻国，中国连续十余年成为蒙古第一大贸易伙伴。但近年来，蒙古与美国等的军事安全合作日见“热络”。《大公报》曾经发文指出，蒙古虽然经济体量和国际影响都逊于俄国，但其特殊的地理位置，令美国近年来积极寻求成为其“第三邻国”，意图将其打造成钉在中俄之间的楔子，增强在东北亚地区的战略存在。美、日等域外大国的介入给中国背面的国家安全带来一定变数。

中俄、中蒙睦邻关系在短期内不会发生根本性逆转，因此中国在北线面临的安全环境是比较稳定且可持续的。

（二）中　亚

中亚被地缘政治家麦金德称为欧亚大陆的心脏地带，是连接欧亚的枢纽，是中东石油的重要陆路运输线，也是国际恐怖主义和跨国犯罪最活跃的地区之一。中亚五国则是中亚地区的核心，该地区经济欠发达，民族矛盾、宗教纷争、部族结构错综复杂，“三股势力”活动猖獗，一国政局混乱、部族冲突较易蔓延波及各邻国。

作为反恐的前沿阵地，作为在国际能源版图上重要性日益凸现的潜力巨大的能源供应地，中亚被推到大国博奕风云变幻的前台。俄罗斯向来视中亚为自己的特殊利益范围，极力巩固其传统的主导地位。美国以“民主”为旗号，以美元为手段，在中亚策动“颜色革命”培植亲西方政权。“9・11”事件给美国在中亚的军事存在提供了直接契机。借反恐之机，美军在吉尔吉斯斯坦和乌兹别克斯坦建立军事基地，缔结了一系列军事合作保障协定。美国的“大中亚计划”持续推进，力图向北挤压俄罗斯战略空间，向东遏制中国崛起，向南、向西震慑伊斯兰国家。目前，中亚地区的国际性合作机制有：俄罗斯主导的独联体框架、欧亚经济共同体框架以及中国主导的上海合作组织。欧盟、日本也分别打着“合作伙伴关系”的旗号，推动“中亚对话活动计划”，加紧介入中亚，以期平衡中俄在该地区的影响力。各大国从围绕能源开发明争暗斗，到以反恐布局纷纷谋求军事存在。外部势力的介入、渗透成为影响中亚局势稳定的重大隐患。

中亚与中国地理上毗邻，哈萨克斯坦、吉尔吉斯斯坦和塔吉克斯坦与中国西北直接接壤，在民族、宗教、文化等方面有深厚的历史渊源和密切的现实联系。中亚存在的民族分裂势力、宗教

极端势力和国际恐怖主义势力直接威胁中国西北边陲的安全。其中“东突厥斯坦”民族分裂恐怖组织（简称“东突”）是对中国国家安全构成严重威胁的最主要恐怖主义组织。

20 世纪 90 年代是“东突”发展最为迅速，活动最为猖獗的时期。这一时期“东突”与中亚的“三股势力”沆瀣一气，在中国新疆境内制造了 200 余起恐怖暴力事件，造成伤亡数百人的严重后果。[①] 中亚地区武器走私猖獗，毒品经济异常活跃，恐怖活动具有向中国境内渗透的趋势，中国边疆反恐、防暴、缉毒、反分裂形势颇为严峻。

2001 年 6 月，中、俄、哈、吉、塔、乌五国宣告成立“上海合作组织”（简称“上合组织”），把打击“三股势力”、维护地区安全与稳定作为首要任务。上合组织自 2002 年开始定期举行的联合反恐演习，增强了各成员国在安全领域合作的实际协调能力，对“三股势力”起到威慑作用。2013 年 6 月 13 日，代号为“卡兹古尔特—反恐—2013”的上合组织联合反恐演习在哈萨克斯坦举行。重点演练人员密集场所消灭恐怖团伙、制止恐怖行为以及解救人质等科目。7 月 27 日中俄在俄车里雅宾斯克州进行了“和平使命—2013”联合反恐军事演习。本次演习重点演练了中俄两国军队进行联合反恐任务的组织、指挥、协作和联合行动保障，对于中俄合作应对“三股势力”等非传统安全的威胁具有重要意义。[②]

（三）南　亚

南亚位于欧亚大陆外缘新月地带的中间区域，自 2012 年始，南亚社会民主化进程艰难，社会矛盾尖锐，多国政局动荡。印度内阁重组，巴基斯坦总理易人，马尔代夫、泰国先后发生政变，缅甸与孟加拉边境持续流血冲突。

南亚地区安全问题主要涉及中印关系、印巴关系及恐怖主义威胁。

印巴与中国形成复杂的三角关系。印巴两国于 1998 年相继引爆了核装置，成为核武国家。印度不顾国际舆论的压力在 20 世纪末实施了 5 次核试验，由此引发的南亚次大陆核军备竞赛，必定会对中国安全形成冲击。2008 年 11 月孟买恐怖袭击导致印巴和平进程遭受重大挫折，也使克什米尔问题更趋复杂，不排除新一轮印巴对峙的可能。

南亚地区是恐怖主义活跃的高危地带。印巴及阿富汗安全局势恶化，“基地”组织在这些国家完成本土化重组，制造了“红色清真寺”事件、新德里火车站袭击案、孟买连环恐怖袭击案等一系列恐怖事件。阿富汗、巴基斯坦、伊朗交界区域的“金新月地区”是目前世界上最大的毒品基地之一，地区跨境犯罪、贩毒走私成为威胁中国西南部安全的毒瘤。伊斯兰极端势力三大基地之一极端势力与中国新疆仅一山之隔，瓦罕走廊、克什米尔则与中国新疆直接接壤。南亚“三股势力”与中国境内恐怖组织密切勾结，“基地”组织对“东伊运”的援助由来已久，阿富汗境内的“圣战”组织与“东伊运”也有着千丝万缕的联系。2014 年年底，美国及北约部队要按计划完成从阿富汗全部撤军，届时，阿富汗可能出现“安全真空”，南亚安全局势面临极大的不确定性，“三股势力”、毒品犯罪将有向中国“外溢”的危险。

（四）东亚和东北亚

1. 朝鲜半岛局势和朝核问题

东北亚地区是中、俄、美、日四大权力核心的地缘交汇处，是世界罕见的多极力量角逐战略

①、② 刘慧，赵晓春. 中国国家安全研究报告（2014）[M]. 北京：社会科学文献出版社，2014.

利益交汇点。朝鲜半岛作为亚欧大陆与太平洋之间的边缘带、缓冲带，作为亚洲大陆与日本列岛之间的天然桥梁，地理位置独特，战略意义重大。半岛局势向来被视作东北亚地区安全与稳定的风向标。

冷战结束后，朝鲜半岛南北关系一度缓和，但军事对峙局面并未打破，朝核问题实质上是冷战对抗的延续。2001 年小布什政府将朝鲜、伊拉克、伊朗一起列为“邪恶轴心”国家，扬言对朝鲜实施军事打击。为使朝核问题和平解决，中国政府积极斡旋，于 2003 年 8 月促成中国、朝鲜、韩国、美国、俄罗斯、日本参加的朝核问题“六方会谈”，确立以谈判方式和平解决朝核问题的框架。2006 年和 2009 年朝鲜两次进行地下核试验导致“六方会谈”陷入僵局。2007 年 6 月联合国安理会一致通过 1874 号决议对朝鲜核试予以“最严厉的谴责”，朝方则在 7 月试射导弹强硬还击。2013 年 2 月 12 日朝鲜进行了爆炸当量估计为 600 吨 TNT 的第三次核试验，联合国安理会在原有制裁朝鲜决议的基础上进一步强化了制裁力度。美军还出动 B-52 轰炸机在朝鲜半岛上空进行模拟轰炸训练以示震慑。

美国坚持半岛“无核化”，朝鲜则多次重申，只要美国不放弃敌视朝鲜政策，给予朝鲜具有法律约束的安全承诺，朝鲜就不能放弃核遏制力。美国始终不放弃颠覆朝鲜现政权，核争端就得不到妥善解决。这既可能引发军事对抗升级甚至武装冲突，也可能导致日、韩有借口谋求拥有核武器，从而使中国周边出现核扩散的局面，使中国不得不与更多的拥核国家和随时可能跨过核门槛的国家为邻。

2010 年是近 10 年来朝鲜半岛局势最为紧张动荡的一年，3 月发生天安舰爆炸沉没事件造成韩国 47 名士兵死亡，11 月 23 日又发生延坪岛炮击事件。这是自 1953 年 7 月《朝鲜停战协定》签订 57 年来最严重的军事安全事件。朝韩双方剑拔弩张，半岛局势急转直下。事态发展，为美日积极介入创造了机会。美日韩多次在半岛西部和东部海域进行规模空前的联合军演，动用的军事装备也极具炫耀性，包括宙斯盾驱逐舰、两栖登陆舰、核潜艇、F-22 猛禽。美军核动力航母乔治·华盛顿号也由此得以首次深入中国近海黄海海域参加军演。兼具攻防能力的美日韩军事同盟名义上针对朝鲜，实质上则对中国形成战略挤压、军事钳制之势。

维护朝鲜半岛安全符合中国的战略利益。目前，在朝鲜和美、日、韩阵营之间，缺乏基本的战略互信，各方也缺乏进行多边安全对话的基础和意愿。对抗和冲突的逻辑、冷战的格局支配半岛事态的发展。中国在东北亚地区最现实、最理想的安全目标是支持朝鲜半岛无核化与南北对话，防止一些大国利用朝鲜半岛来遏制、封锁中国；确保维持东北亚地区半个多世纪以来形成的战略结构、战略力量的平衡与稳定。

2. 日本政治右倾化显著加剧构成中国周边安全环境的严重挑战

东亚与北美、欧洲在经济上逐渐呈三分天下之势，但在安全架构上却极不稳定。中日两国不仅在社会制度、意识形态方面迥异，更存在历史仇怨和现实利益的纠葛。双方始终在正视历史问题、靖国神社问题、东海大陆架划界问题、东海油气田开发问题和钓鱼岛问题等方面难以达成共识。中日关系政冷经热，一直在动荡中徘徊。日本公开阻挠欧盟解除对华武器销售禁令，不断借台湾问题向中国叫板，积极配合美国重返亚太，美日同盟由美国独力在亚太前沿驻军和承担安全义务演变为今日的“美日共管”。

2012 年年底安倍上台后继续推进“否认侵略历史、修改和平宪法、强化军事力量”的右倾化政策。2013 年 5 月，安倍视察日本航空自卫队时，特意坐在编号为“731”的训练机驾驶舱内拍照。2013 年 12 月安倍以日本现任首相的公职身份参拜供奉二战甲级战犯的靖国神社。2013 年 8 月，日本海上自卫队最大型直升机航母 22DDH 被命名为“出云号”。早前，日本最先进的常规动力潜艇被命名为“苍龙号”。“苍龙”“出云”皆是二战时为日本侵略扩张立下汗马功劳的军舰，现在作为日本海上自卫队的光荣传统将舰名继续传承，这不仅是在为日本军国主义招魂，更肆无忌惮地表现出其谋求重新成为政治大国乃至军事大国的意图。

日本作为战败国出台的和平宪法明确规定日本实行“专守防卫”和“本土防御”，没有国家交战权，不能行使集体自卫权。然而在美国有意松绑之下，日本借船出海逐年突破限制。1999 年，日本借台海危机出台“周边事态法”将台湾海峡、南海纳入日本“防卫区域”；2001 年“9・11”事件后，日本迅速通过《反恐特别措施法》以支持美军在阿富汗的军事行动为由，向印度洋派遣舰艇编队，搭反恐便车，实现向海外派兵的突破；2003 年 6 月，日本国会通过《武力攻击事态法》等“有事三法案”，将日本动武的时间从“受到攻击之后”，提前到“可能被攻击之时”，确定了主动先制、先发制人的原则；2007 年日本政府将防卫厅升级为“防卫省”，下一步目标很显然是要将自卫队升级为“国防军”，并推动修改集体自卫权的解释。日本军事战略正经历着“本土”向“全球”，“防御型”向“进攻型”的危险转变。

2010 年 9 月中日钓鱼岛“撞船事件”，日本坚持以“国内法”非法起诉中国船长，中方随即出台中断两国省部级以上高层互访，禁止对日稀土出口，无限期搁置东海油气田谈判等一系列强力反制措施，两国在领土主权问题上矛盾空前尖锐。2012 年野田政府通过“国有化”钓鱼岛决议，中日关系在建交 40 周年之际降到历史冰点。针对日本“购岛”举措，中国政府发表《钓鱼岛是中国固有领土》白皮书，公布钓鱼岛及其附属岛屿的领海基线、标准地名和地理坐标，向联合国提出中国东海大陆架的延伸应划界至冲绳海槽。2013 年 11 月，中国宣布设立东海防空识别区，涵盖了钓鱼岛、春晓油气田等范围。中国军方在钓鱼岛附近海域进行多次联合演习，启动多样化维权手段，军方与行政执法部门加强立体化巡航，推动对钓鱼岛的实际管控。

日方以“中国武力改变东海现状”为借口，于 2013 年底通过《国家安全保障战略》《防卫计划大纲》和《中期防卫力量警备计划》三份被称为“安保三箭”的重要文件，核心是日本要增加防务预算，引进先进海空作战武器，创建负责夺回离岛的部队。以中国为假想敌，日方大力购进垂直起降“鱼鹰”运输机、F-35 闪电、两栖登陆战车等先进装备，以满足离岛作战需要。频繁与美军举行夺岛军演，允许美国在日本选址兴建第二座海基中段反导 X 波段雷达。一系列举措使中国当然成为美日联防不言自明的主要对象。

2010 年 4 月中国海军舰艇穿越冲绳和宫古岛之间的公海进入西太平洋正常训练，日本政界大哗、媒体大肆渲染，将中国海军突破“第一岛链”视为洪水猛兽。这从侧面反映出自视为亚洲霸主的日本在面对中国快速崛起，面对中日两国综合实力对比发生逆转时的心态失衡和战略焦虑感。

（五）南　海

《中国海洋发展报告（2013）》指出，中国的海洋安全形势正发生复杂深刻的变化，海洋安全是我国目前国家安全的重点方向。在东海、黄海、南海三大海域都存在领土、资源争端问题以及海上通道安全问题。南海地区更是暗流涌动，复杂性不仅在于《联合国海洋法公约》导致的诸国主权要求重叠，更有复杂的地缘政治较量和域外大国因素。1997 年中国—东盟非正式首脑会晤发表联合声明一致赞同以和平方式和友好协商妥善解决南海问题。2002 年中国与东盟 10 国签署《南海各方行为宣言》，承诺在争议解决之前，有关各方共同保持南海地区的和平与稳定。

但近年来基于国家安全与军事意义、历史情节与民族情绪，以及能源开发等重大现实经济利益的考量，越南、马来西亚、菲律宾等国将始于20世纪70年代的南海争端重新炒热，并抱团取暖，试图通过将南海问题国际化来实现利益分割。2011年，菲律宾非法将南海更名为“西菲律宾海”。2012年4月菲军舰企图抓扣在中国黄岩岛泻湖内正常作业的12艘中国渔船，引发中菲两国黄岩岛舰船对峙。2013年1月1日擅自将中国西沙和南沙群岛纳入其“主权”范围的《越南海洋法》生效实施。2013年5月，菲律宾海洋警卫队在台菲之间的经济海域重叠区向台湾渔船“广大兴28号”开火，野蛮射杀一名台湾渔民。

1. 周边国家加紧采购尖端武器装备，强化对侵占岛礁的军事控制

2009年始越南陆续向俄罗斯签订尖端装备的军售大单。越南实际占有我南海岛礁30个，在岛上驻军移民、修飞机场、码头、建军事基地与开发旅游双管齐下，加强事实管控。菲律宾国防部2013年12月宣布划拨4.8亿比索专款，用于升级中业岛的机场跑道和海军设施。这意味着菲军方企图强化对其占据的南海7座岛屿、2个沙洲进行掌控。

2. 妄图使南海问题东盟化、国际化

近年来，越菲两国在东盟系列会议上强推南海议题，呼吁东盟组织在南海问题上采取集体对华行动。同时与中国大打国际法律战、舆论战，积极拉拢美、印、日、俄等域外势力，参与防务合作与油气开发，力推南海问题多边化、国际化。2013年1月22日，菲律宾单方面将中菲南海争议提交《联合国海洋法公约》附件七之下仲裁。2013年2月中国发表声明不接受菲律宾所提仲裁，将菲律宾照会及所附通知退回。但菲方不顾中国反对，继续单方面推进仲裁程序，未来不排除国际仲裁庭对此案进行实质上的审理，这将是影响南海安全形势的一个变数。

3. 美国等域外势力对南海问题的介入

南海是美国海军从西太平洋进入印度洋的主要通道。美国积极介入南海争端，视之为“重返亚太”与制衡中国的“战略抓手”。借此拉拢东南亚国家，重塑美国在亚太地区的影响力。2001年4月1日中美在南海上空发生撞机事件。2009年，南海又发生中方军舰与美国间谍船“无瑕号”对峙事件和中国潜艇擦撞美国“约翰·麦凯恩”号事件。2010年7月，美国时任国务卿希拉里出席在越南河内举行的东盟地区论坛时宣称南海问题不仅关乎美国的经济安全利益，而且在航行自由，共同使用亚洲公共海域及在南中国海尊重国际法等问题上具有“国家利害关系”。美国的高调介入显然使包括越南、菲律宾在内的国家大受鼓舞，南海已成为美、日、印拉近与东盟关系，防范并遏制中国崛起的重要平台。

4. 南海安全局势展望

过去中国由于在南海缺乏战略支撑点和基地，远程兵力投送能力不足，客观上存在鞭长莫及、难以有效管制的弱点。南海问题凸显出我建设强大海空力量之紧迫性，中共十八大首度将“建设海洋强国”提升至国家发展战略高度。

南海周边各国主权争议在短期内不可能得到解决，周边某些国家欲借美国重返亚太之势在南海问题上结成利益共同体抗衡中国。南海争端尖锐、矛盾突出，因此，中国南海安全环境严峻，在南海方向面临来自多国多方的海上压力将常态化。

三、美国“亚太再平衡”使中国周边安全环境愈加复杂

2012 年美国出台的新国防战略报告在决定实施战略收缩的同时，宣称“美国经济和安全利益系于西太平洋—东亚—印度洋南亚三角地带的发展，因此，美国将进行“亚太再平衡”。2013 年 6 月，在新加坡召开的 12 届亚洲安全会议（“香格里拉对话”）上，美国时任国防部长哈格尔不仅重申美国将在 2020 年前把 60% 的海军军舰部署到太平洋地区，并且宣布，要把美国本土以外 60% 的空军力量也部署至亚太地区。[①] 近年来美国积极向东亚调兵遣将，在日本横须贺部署“华盛顿”号航母战斗群，在韩国釜山部署“密歇根”号核潜艇，在菲律宾苏比克湾部署“俄亥俄”号核潜艇，向新加坡彰宜基地派遣“自由”号濒海战斗舰，在关岛大量前置包括空射巡航导弹、战略轰炸机和攻击型核潜艇在内的战略性武器以增强对潜在对手的前沿打击能力。这已对地区安全构成了严重威胁。

1. 巩固和扩展在中国周边的盟友体系

美国充分利用中国周边地区的热点问题，激化区内矛盾，加大介入力度，巩固传统盟友，拉拢新兴伙伴。2010 年，美国利用美军普天间基地迁址一事扳倒鸠山内阁，遏制日本“脱美入亚”的“离心”倾向；利用中日钓鱼岛“撞船事件”强化美日同盟；利用“天安舰事件”，离间中韩关系，将战时作战指挥权移交韩国的时间由 2012 年 4 月推迟至 2015 年 12 月；利用南海航道安全为借口，分化中国和东盟的关系，强化同澳大利亚的军事与防务合作。澳大利亚是美军西太平洋作战链之“南锚”，能为美军提供巨大的战略回旋空间。2012 年始美军继二战后首次向澳大利亚派遣海军陆战队，重返二战福地达尔文港。美军部署澳西部及北部海岸的驻军协议，将使美国获得太平洋与印度洋两洋之间的军事立足点，成为美军亚太方向的“进攻性桥头堡”。

中南半岛的印度、缅甸、泰国是美国通过北约东扩和日美南下围堵中国的关键节点，美国极为重视印度协助美应对中国崛起的地缘战略价值。2010 年年初，美印启动战略对话，同年 11 月奥巴马到访印度，公开承诺支持印度成为联合国常任理事国，并明确支持印度加入核供应国集团。美国启动与泰国的《创造性合作伙伴协议》与菲律宾签署《千年挑战和约》。解除对印尼特种部队的制裁，向新、马、菲等国出售先进武器，加大对缅甸的经济和外交攻势来离间中缅传统的战略合作。美国航母驶入越南重要军事基地岘港，美国国防部长到访金兰湾，美越合作取得长足进展。美国允许越南在境内有条件地进行铀浓缩，实现两国间民用核合作的突破。蒙古处于中俄之间，战略位置特殊，美蒙从 2003 年开始每年一度“可汗探索”联合军演，美蒙军事关系发展迅速，为东北亚安全局势再添变数。

目前，除朝鲜、老挝、柬埔寨、缅甸等少数国家外，中国周边国家与美国均有不同程度的军事合作。美国与亚太地区盟国新友频繁举行各类联合军事演习，打造“亚洲版北约”以围堵中国的意图明显。

2. 强势介入，力图重塑亚太多边合作机制

2009 年美国签署《东南亚友好合作条约》，为美参加东亚峰会铺平道路。美国完成了东亚峰会扩容，建立东盟“10 + 8”防长会议机制，任命了美驻东盟大使。2010 年在纽约主办了美国东盟峰会，2011 年在檀香山主办亚太经合组织（APEC）峰会。在美国看来，一个没有美国

① 刘慧，赵晓春. 中国国家安全研究报告（2014）[M]. 北京：社会科学文献出版社，2014：170.

主导的亚太秩序是不能接受的。奥巴马政府强势推进由其主导的，在一定程度上具有排华性质的跨太平洋伙伴关系协议（TPP），企图强化其全球经济规则制定权，解构东亚合作，渗透和取代以中国为核心的东亚经济体，孤立中国经济发展进程。美前国务卿希拉里曾强调“美国自身长期的安全和繁荣系于此”。美在亚太强势介入或主导的机制将冲击亚太地区原本存在的中国—东盟“10 + 1”、东盟—中日韩“10 + 3”等合作机制。中美之间，“新兴大国”与“守成大国”在亚太多边机制的建构与解构两大进程中的竞争、碰撞、博奕将更加激烈。

奥巴马政府的对华政策本质上依然是自20世纪90年代开始的“遏制加接触”政策，随着美国对两国实力对比逐渐拉近的战略焦虑越发明显，美国对华警惕、防范的范围和力度也进一步扩大加强。美国投入巨大财力建设全球导弹防御体系和战区导弹防御体系，第一假想敌就是中国，第一假想战场就是台湾海峡。美国借反恐实现在中亚地区军事存在的历史性突破：从吉尔吉斯斯坦马纳斯空军基地起飞的美军战机，一小时内就可飞抵我国新疆乌鲁木齐。美国在阿富汗和中亚驻军，使中国西部正面对美国及北约的军事力量。美大力发展与蒙古的军事合作关系，又使其影响扩展至中国正北方向。美军坚持冷战思维，在西太平洋集结大量兵力，频频派出舰机在中国沿海和空中进行军事侦察和非法测量。多次协助日本、菲律宾加强岛屿攻防作战能力，中国东南沿海战略纵深受到严重制约，东海、南海岛礁争端面临强国干预。美国既在战略层面扶植和利用对中国有牵制力的国家，强化抗衡中国影响力的亚太多边机制，同时不放过能给中国制造麻烦和障碍的地区热点问题。环绕中国周边，美国势力几乎全方位涌入，美国在中国周边构筑的“满月形遏制圈”对中国周边安全格局产生了重大深远的影响。

第二节　当前国内安全形势

国家安全就是一个国家处于没有危险的客观状态，也就是国家既没有外部的威胁和侵害，又没有内部的混乱和失序的客观状态。1992年，中共十四大首次在大会报告中使用“国家安全”术语，强调以军事安全、领土安全、主权安全等为主要内容的传统安全观。中共十六大报告将相对传统安全问题而言的，除军事、政治和外交冲突以外的对主权国家及人类整体生存与发展构成威胁的因素，定义为“非传统安全”，包括经济、金融、文化、生态环境、信息、资源安全，恐怖主义、武器扩散、流行疾病、跨国犯罪、走私贩毒、非法移民、海盗以及洗钱等问题。中共十八大报告比历次代表大会报告更多地提及“国家安全”，并将涉及安全的领域进一步扩大，包括食品药品安全、公共安全、人民生命财产安全、生存安全、发展安全、海洋安全、太空安全、网络空间安全、国际安全等。[①]

一、政治安全

国家政治安全是指一个国家的主权、领土、政权和政治制度，以及意识形态不受别国的干涉和破坏，社会政治稳定，政权巩固，拥有自主性和独立性。[②]涵盖的范围包括政权安全、社会稳定、民族团结、战略机遇期的维护等。在我国表现为：对外有效防范来自国家外部的干预、压力和颠覆，维护国家主权独立、领土完整、民族尊严不受侵犯；对内保持人民民主专政政权和社会主义

① 刘跃进. 国家安全学[M]. 北京：中国政法大学出版社，2004.

制度的稳固，坚持马克思主义主流意识形态的主导地位，有效克服来自国家内部的政治破坏力量。获取公民对政府的广泛认同，维护社会秩序的基本稳定。我国的历史发展和现实国情决定了必须坚持中国共产党的领导，坚持社会主义制度。党的政治领导的稳定性和有效性是我国政治安全的核心和根本。

目前，我国面临来自外部直接颠覆、干涉和军事入侵的可能性不大，维护和保障国家政治安全主要集中在两方面：一是防范和打击各种敌对势力的渗透、分裂活动；二是维护政治体系、政治发展的秩序性、持续性，即维护政治稳定。

1. 以美国为首的西方国家对我国“西化、分化”战略是政治安全的最大外部挑战

冷战结束以来，中国作为世界上最大的社会主义国家，一直是西方国家“和平演变”与遏制的最主要目标。如果说过去帝国主义以“炮舰政策”“大棒政治”赤裸裸粗暴干涉别国内政；那么，今天西方资本主义国家则摇身一变，花样翻新，利用建立在经济和科技优势基础上的话语霸权和覆盖全球的媒体帝国，假手经贸援助、科技合作、文化教育交流等项目，以大规模输出精神文化产品以及培植代理人等方式进行渗透。

一是宣扬其价值观具有普适性，向中国输出其民主模式。其鼓吹的“私有化、自由化、多元化、民主化”等思潮被冠以“人类基本价值”的美名；其输出的政治信仰、价值观念、伦理道德、生活方式和行为准则，被贴上“全世界普世价值规范”的标签。打着“颜色革命”的政治牌，“普世价值”的文化牌，支持所谓“持不同政见者”，削弱公众对民族国家的认同，冲击我党执政合法性的思想基础。

二是假借人权、民族、宗教等问题推进新干涉主义。美国前国务卿黑格曾称：“人权……应当被用来作为反对敌对共产主义政权的武器。”20 世纪 90 年代以来，美国伙同其盟国，多次在联合国日内瓦人权会议上提出反华议案，但均以失败告终。但美国仍不断在，所谓“台湾问题”“新疆问题”“西藏问题”上对我施压；以“宗教保护者”自居，无端指责中国政府控制和迫害宗教；纵容和支持民族分裂势力，并提供经济支持和政治保护。

2. 国内影响社会稳定的因素增多，构成政治安全的严峻挑战

党十八大报告指出，“必须清醒看到，我们工作中还存在许多不足，前进道路上还有不少困难和问题……城乡区域发展差距和居民收入分配差距依然较大；社会矛盾明显增多，教育、就业、社会保障、医疗、住房、生态环境、食品药品安全、社会治安、执法司法等关系群众切身利益的问题较多，部分群众生活比较困难；一些领域道德失范、诚信缺失；一些干部领导科学发展能力不强，一些基层党组织软弱涣散，少数党员干部理想信念动摇，宗旨意识淡薄；形式主义、官僚主义问题突出，奢侈浪费现象严重；一些领域消极腐败现象易发多发，反腐败斗争形势依然严峻。”

当前，中国正发生广泛而深刻的变革，经济体制改革进入攻坚阶段，将触及关键领域，风险程度越来越高，对党和政府执政能力、治理能力提出严峻挑战。

一是发展不平衡问题日益突出。中国经济发展明显呈现出城市与农村、东部与西部、沿海与内地以及行业部门之间的不平衡状态。在城市，反映居民贫富差距的基尼系数已超过 0.4 的国际警戒线；东部最富省份与西部最穷省份的人均 GDP 差距高达十余倍；“三农”问题突出。社会财富分配的不平衡必然造成利益的对立，其结果可能引发社会高度分化和断裂，危及国内安全。

二是社会结构深刻变动，利益格局重大调整，使我国处于社会矛盾和冲突高发期。社会阶层

分化、价值观念多元化增加了社会秩序稳定的不可控因素。关系群众切身利益的社会民生问题愈加凸显，由人民内部矛盾引发的群体性、暴力性事件数量明显增多，甚至出现经济问题政治化、活动方式组织化的趋向，造成某种程度上的社会动荡，冲击政治安全的社会基础、制度基础。

三是官员腐败已成为执政党的头号考验和危险。政治腐败是指国家公职人员利用公共权力以谋取私利的违反公职行为规范的行为，包括权力滥用、权力寻租、权力异化等①。近年来官员腐败、行业腐败时有发生，经济大案要案此起彼伏，数额之大、牵涉之广，令人惊心，引发群众强烈不满，冲击执政党的合法性基础，成为中国最大的社会污染和政治挑战。十八大报告中 16 次提到“腐败”问题，习近平总书记也屡屡发表“打铁还需自身硬”“苍蝇老虎一起打”的反腐宣言。2013 年，中纪委立案 17 万余件，给予党纪政纪处分 18 万余人，全年仅公开报道的被处理的副省级以上高官就达 23 人。“把权力关进制度的笼子里”的法制建设正积极推进，党中央对党风廉政建设和反腐败斗争动真碰硬、力度空前。

二、经济安全

经济安全指一国经济在整体上主权独立、基础稳固、健康运行、稳健增长、持续发展，在国际经济生活中具有一定的自主性、自卫力和竞争力。②经济主权安全状况的二级评价指标主要包括：① 经济方针政策的自主制定率。它可以测度一国自主决定本国经济发展方针的状态。② 重要国际经济组织的投票权重。它可以测度一国能否平等地参与国际经济秩序的制定。③ 重要海峡无危险通过率。它可以测度一国自由利用国际通道的程度。④ 重要资源的外资勘探率和开采率。它可以测度一国有效掌握自己重要资源的状态。⑤ 战略产业中的外资比重。⑥ 被歧视性反倾销率、被歧视性反补贴率、对外投资的非国民待遇率。它们可以测度一国自由利用国际市场的状态。③在今天全球化浪潮以及科技巨大进步背景下，中国经济安全所面临的威胁和风险越来越外源化、多元化和复杂化。

一是产业结构落后，仍以劳动密集型产业为主，具有极强可替代性。大部分企业处于国际产业链低端，高投入、高消耗、高排放、低效益的经济增长方式没有根本性转变。据中国 2013 年贸易数据显示，出口中低附加值产品的种类和数量在出口总量中的比重接近 2/3，产品大部分利润被拥有核心技术和知名品牌的跨国集团截留。中国企业技术储备不足、自主创新能力不强。工业最核心、最昂贵的部分设备、原料和零配件，比如芯片、数控机床等，对进口的依赖度有增无减。国际公认的创新型国家的对外技术依存度一般在 30% 以下，我国要力争 2020 年达到这一水平。

二是外贸依存度过高，降低我国经济抵御外部风险的能力。入世后，中国外贸依存度从 2000 年的 40% 猛升到 2007 年的 70% 左右，远高于世界其他国家。2008 年以来，各国常以反倾销、反补贴、技术壁垒等为由，对中国出口产品设限。据世界贸易组织统计，中国已连续 17 年成为全球遭受反倾销调查最多的国家。2012 年前 11 个月，中国共遭遇来自 18 个国家和地区贸易摩擦案件 80 起，同比上升 12%，超过贸易增速。2008 年受全球金融危机冲击，出口需求下滑已造成中国整体经济增长大幅放缓，明显增大中国经济硬着陆风险，并对中国国内

① 虞崇胜. 政治安全视野下的反腐倡廉制度建设[J]. 理论探讨，2012（2）.

② 马林，雷家骕. 完善维护国家经济安全的制度与机制框架[J]. 清华大学学报：哲学社会科学版，2002（4）.

③ 叶卫平. 国家经济安全定义与评价指标体系再研究[J]. 人民大学学报，2010（4）.

就业甚至社会稳定产生连锁影响。表明过去长期坚持的出口导向战略，使我国经济安全系数下降，脆弱性递增。

三是产业安全问题，即因引进外资而被外资所利用，进而发展到外资控制甚至垄断国内某些产业，从而对国家经济安全产生威胁的产业风险。长期以来，外资企业在中国享受“超国民待遇”，加上其自身优势对中国民族产业发展形成强大挤压。从《中国统计年鉴》近几年的数据来看，在轻工、化工、医药、机械、电子等行业中，不少商品市场被外商控制 1/3 以上市场份额。外资企业在洗涤用品、饮料等产量销量上占 35% ~ 50%；程控交换机市场占 70%；家电、轿车市场占 50% 以上。跨国公司还大举进军我国大型制造业，并购重点直指工程机械业等领域的龙头企业，引发社会强烈反响。可见我国产业发展及市场经济利益正遭受外部威胁和内部失衡影响。

三、意识形态安全

意识形态安全是指一个国家占主导地位的思想政治意识形态不受侵害的相对稳定的状态，主要包括指导思想的安全、政治信仰的安全、道德秩序的安全等内容。[①] 中共十八大报告明确指出，社会主义核心价值体系是中国特色社会主义在精神和价值层面的根本要求，处于社会主义意识形态的统率和支配地位。集中表达为马克思主义指导思想、中国特色社会主义共同理想、以爱国主义为核心的民族精神和以改革创新为核心的时代精神、社会主义荣辱观等内容有机统一的系统整体。

意识形态是一种制度和政权赖以存在的思想基础，是国家统治阶级政权合法性的理论来源，体现为社会成员拥有共同的价值观念和精神支柱。正如胡锦涛强调指出：“意识形态领域历来是敌对势力同我们激烈争夺的重要阵地，如果这个阵地出了问题，就可能导致社会动乱甚至丧失政权。”

四、信息安全

信息安全，狭义的理解主要指信息技术领域的安全，包括网络安全；广义的理解指综合性的信息安全，它包括经济、政治、科技、军事、思想文化、社会稳定和生态环境等各个领域。[①]2000 年 8 月，世界科学家联合会首次将信息安全威胁列入 21 世纪人类所面临的各种威胁。我国也在 2001 年将“强化网络与信息安全保障体系建设”纳入国家“十五”规划。目前，信息空间已成为领土、领海、领空之外的“第四空间”，信息安全则成为信息时代国家安全中最突出、最核心的问题，成为国家总体安全的重要基石。

近十年，我国信息安全环境发生较大变化，有组织的网络犯罪持续升高，针对政府、能源、金融、交通等关键基础设施的有组织攻击频繁，国家参与的网络战凸显，社交网络等新媒体、手机等移动设备成为信息安全新威胁。中国信息安全正面临内外部多重风险。

一是信息犯罪严重威胁国家经济利益。计算机病毒和黑客攻击等对信息化程度较高的银行、商业、金融等领域的关键基础设施形成极大破坏，造成重大经济损失和恶劣社会影响。

二是信息霸权构成对政治安全的新挑战。今天，信息网络系统已成为国家间军事对抗、战略威胁和信息战争的新疆场，成为政治活动与政治较量特别是意识形态斗争的新阵地。信息化发展

① 刘慧，赵晓春. 中国国家安全研究报告（2014）[M]. 北京：社会科学文献出版社，2014：72.

的不平衡带来“信息位势差”，具有信息优势的国家通过发展和垄断信息技术，确立信息霸权进行文化侵略、文化扩张。如果不对西方意识形态多渠道单向传播信息洪流的超强趋势加以控制，就极可能使我国“对社会文化的控制权力和对社会意识的导向技能失去应有的着力点与把握”。

三是中国成为国际互联网攻击的主要受害者，美国是首恶。2013 年 6 月，斯诺登曝光“棱镜计划”，将美国情报机构对中国的监听窃密行径公之于众。范围包括中国政府和国家领导人、中资企业、科研机构、普通网民、手机用户等，而微软、雅虎、谷歌和苹果公司都有配合棱镜计划。国信办称，2014 年 3 月 19 日至 5 月 18 日，2 077 个位于美国的木马或僵尸网络控制服务器，直接控制我国境内约 118 万台主机。135 台位于美国的主机承载 563 个针对我国境内网站的钓鱼页面，造成网络斯诈侵害事件约 1.4 万次。[①] 2 016 个位于美国的 IP 对我国境内 1 754 个网站植入后门，涉及后门攻击事件约 5.7 万次。赤裸裸的网络犯罪和网络窃密，使中国移动互联网处于最危险的级别。

四是我国基础性信息产业和信息安全技术对外依赖严重。信息化建设所需的设备、核心元件基本依赖进口。硬件、操作系统、应用程序等大多来自美国。2012 年年末数据显示，在金融行业，中国四大银行及各城市商业银行的数据中心全部采用思科设备，金融数据服务严重依赖“思科”等国外厂商。这些系统实际上却存在大量的安全漏洞和难以探查的后门程序，大大降低我国信息系统的安全性、可靠性，使我国信息网络极易被窃密和攻击。对中国政府、公共事业、金融、石油化工和军工等敏感领域的安全构成前所未有的挑战。

五、暴力恐怖活动构成当前对我国国家安全的最主要威胁

西藏“3・14”事件和新疆“7・5”事件一再表明：分裂主义的暴恐活动是对国家政权最直接、最强烈的冲击。境内外“东突”势力和“藏独”势力是我国面临的最主要恐怖主义威胁。

“藏独”是西方反华势力为遏制和分化中国而扶持的以达赖喇嘛为首谋求西藏独立的分裂势力。达赖集团的核心力量——“藏独”势力急先锋“藏青会”，频繁与尼泊尔反政府武装，克什米尔、斯里兰卡泰米尔组织，甚至西班牙“巴斯克”恐怖组织签订相互提供粮食和武器等协议，寻求支持，并积极招募分裂分子，在我国境内开展一系列暴力恐怖活动。

我国“疆独”势力“东突”是以泛伊斯兰主义和泛突厥主义（即“双泛”）为思想基础，意图通过暴力恐怖手段把新疆从中国分裂出去，建立所谓“东突厥斯坦”的各种民族分裂组织和势力的统称。目前境内外的“东突”组织有 50 余个。2002 年 9 月 11 日，“东突厥斯坦伊斯兰运动”被联合国认定为恐怖组织。

“东突”势力鼓吹民族分裂主义、极端宗教主义，鼓吹“圣战”，公开号召中国境内极端分子通过爆炸、投毒等手段，针对车站、学校、政府等目标制造恐怖袭击。从 1990 年新疆解放四十余年来最严重的武装叛乱“巴仁乡暴乱”到 2009 年导致 156 名无辜群众死亡的乌鲁木齐“7・5”事件，二十年间，“东突”组织在中国境内制造了 260 多起暴恐事件，造成 600 余人伤亡。

这些暴恐恐活动一是得到国际反华势力的支持。1993 年 7 月，美国参院外委会召开所谓第一次西藏问题听证会，为西藏分裂分子撑腰。西方一些国家政治领导人不顾中国的强烈反对坚持接见达赖并支持达赖寻求西藏独立的“中间路线”。欧洲议会多次不顾中方严正交涉，允许“东突”

① 张春江，倪健明．国家信息安全报告[M]．北京：人民出版社，2000.

分子在议会大厦内举行有关“东突”的研讨会，为其从事反华活动提供场所。经过长期努力，“东突”恐怖势力在德国、土耳其获得了合法地位，在加拿大、瑞士等十余个国家建立了派驻机构。美国政府通过美国国家民主基金会等社会组织对“疆独”“藏独”势力进行大量财力支持。二是“东突”“藏独”恐怖势力已构成国际恐怖主义的一部分，具有国际恐怖主义政治性、暴力性等基本特征。公安部反恐局副局长赵永琛表示，“东突”势力与国外塔利班、“乌兹别克斯坦运动”、“基地”组织等极端主义、恐怖主义组织联系密切甚至结盟，接受其在经费、武器弹药、交通工具、通讯设备上的大力援助。据报道，曾先后有 10 个“东突”组织的 1 000 余名骨干分子在“基地”组织设在阿富汗坎大哈、呼苏提等地的恐怖主义训练营中接受训练。受训后被秘密遣回中国境内发展恐怖组织，策划暴恐袭击。我国境内发生的多起重大恐怖活动都具有明显的国际背景，都是境外恐怖组织头目精心策划、指挥，在境内组织实施的。

第三节　中国安全形势展望

一、大国关系相对平稳发展是中国周边保持缓和的基础

对任何地区而言，大国都对地区安全负有更大的责任，地区安全实际上最主要是大国关系的稳定。中国周边地区是大国利益交汇之地，中国、俄罗斯、美国、日本、东盟和印度是决定亚太地区安全格局的六大力量。经过多年博奕，六大力量之间已基本形成建立在实力和利益基础之上的“合作与竞争”并存格局。在可预见时期内，中国周边一般不会出现大国间全面性对抗。

1. *中美关系是影响中国周边安全的最主要因素*

美国在亚洲的安全布局很大程度上是围绕中国来展开的。美国重返亚太，其实就是针对中国崛起而进行的“再平衡”。从地缘政治和意识形态等角度来讲，美国的冷战思维和霸权心态使它难以放弃对华防范心理。“接触 + 遏制”的对华政策两面性十分突出，双方战略互信一时难以建立。中美在对台军售、人民币汇率、贸易顺差、西藏、南海、人权等问题上长期存在分歧，但双方在反恐、朝核、维持台海稳定、应对气候变迁及经贸合作领域有广泛的共同利益。美国意识到中国崛起是不可阻挡的历史事实，也认定中国是美国处理国际和地区事务不可或缺的重要伙伴，对华重视程度显著增加，对中国借重与合作的一面成为主导。“又要好又要吵”成为中美关系的常态。

2013 年习近平主席访美，中美元首就构建“不冲突、不对抗、相互尊重、合作共赢”的中美新型大国关系达成共识。承诺相互尊重彼此的核心利益和重大关切，积极拓展各领域务实合作，共同促进亚太地区及全球的和平、稳定与发展。2013 年度中美两军关系明显升温，中国国防部长常万全、海军司令吴胜利应邀访美，美国参联会主席登普西、空军参谋长韦尔什相继来华，双方探讨建立两军重大军事行动通报机制，就建立中美新型军事关系进行对话。

中美之间作为新兴大国和守成大国的竞争必须跳出传统权力制衡思维，乃至军备竞赛老路。德国《日报》称：“美国是现代的古罗马，而中国就是现代的古匈奴，世界如此之大，足以容得下两个超级大国。”习近平在 2012 年访美时也指出，太平洋足够宽广，可以容纳中美两个大国。中国通过多种渠道向美国传达，中国不是美国的威胁，中国无意成为世界老大。中美之间不是零和游戏，冲突和战争不是中美关系的宿命。亚太地区是中美利益交织最紧密、互动最频繁的地区，

不应该是中美竞争的“角斗场”，而应成为中美互利合作的舞台。目前，中美两国均倾向以对话方式化解分歧，避免局部摩擦演变成军事冲突。美国对中国虽采取两面下注政策，但并不希望与中国发生全面对抗。美日同盟虽针对中国，但彼此也心存防范：美借日制华，却不希望因中日交恶而使美国被动卷入战争；日傍美制华，也并不甘心充当美军马前卒。可以预期未来中美日三国关系将在困难中维持大致的稳定。基于这一判断，中国能够在坚持本国核心利益的同时，自信、冷静应对美国重返亚太，积极与美国进行战略对话，尤其加强军事沟通避免出现误解误差，避免突发事件的发生，共同维护亚太地区安全格局的稳定。

2. 中俄关系再续新篇有利于中国国家安全利益的保障

普京在 2013 年发表连任讲话时首次将改善俄中关系提到改善俄美关系之前。中俄自 2013 年始高层会晤频繁、政治互信增强、经贸合作紧密、人文交流深入。年内，中俄元首五次会晤。习近平就任国家主席后首访国就选择了俄罗斯，普京总统也对习主席访俄予以包括陪同参观俄武装力量中央指挥中心在内的“超规格”接待。中俄两国发表了《中俄关于合作共赢、深化全面战略协作伙伴关系的联合声明》，指出中俄面临的战略任务是把两国前所未有的高水平政治关系优势转化为经济、人文等领域的务实合作成果。2020 年实现双边贸易额 2 000 亿美元。积极推进双方油气、核能、电力、高铁、宽体客机等经贸、能源投资，跨境基础建设与航天领域的合作。

军事合作是中俄政治互信与战略合作的重要体现。除了两国紧密合作进行多伦联合军演之外，俄罗斯对华军售也是两国军事合作深化的重要体现。2013 年 3 月两国签署协议，中俄将合作建造 4 艘“拉达”级 AIP 潜艇，中方向俄采购 24 架苏-35 战机。这是时隔近 10 年后，俄罗斯首次对中国出售重大军事技术装备。

处于转型期的俄罗斯，西翼受北约东扩的挤压，东翼面对美日同盟的威胁，内部又有民族分裂势力的袭扰。俄罗斯渴望通过加强中俄关系，搭上中国经济的快车，同时缓冲其在东西两翼受到的地缘政治压力。中俄双边政治军事互信与协调有望加强，中俄关系继续稳固发展，中国北部边境未来若干年内也有望保持安全与稳定。

3. 中印既合作又竞争，但双方不会选择做彼此的敌人

印度总理辛格、俄罗斯总理梅德韦杰夫和蒙古国总理诺罗布于 2013 年 10 月 22 日同一天抵达北京访问，创下与中国有漫长边界线的三大邻国总理同日访华的纪录。这一外交盛况极其罕见，尤其是中印总理自 1954 年以来首次实现年内互访，显示两国高层希望超越边界争议，让中印关系真正实现正常化。

印度是中国陆路接壤的十四个国家中唯一与中国至今没有解决边界问题的邻国。1962 年的中印边境战争之后，两国都在边界地区部署了相当规模的军队。双方边防人员曾发生过一些小规模的冲突和对峙，但事态很快得到平息。这表明中印在边界问题上都采取了克制的态度，以避免危机扩大和升级。2003 年以来，中印关系有了大幅度改善。辛格总理一再表示：“印度和中国是竞争关系吗？我发自内心地认为，我们两国合作机会极多。”中国在基建、制造业方面有优势，而印度在软件、技术咨询等领域更强，中国是印度最大贸易伙伴，双方同为“金砖”国家，取长补短，加强互通，有利于增强新兴经济体在国际政治经济秩序重构中的话语权。2010 年 12 月温家宝访印，两国总理达成共识，“亚洲和世界有足够空间，容得下两国共同实现增长和抱负。”在 2013 年辛格总理访华之后，“人民日报海外版”刊文指出，中印两国之间已建立起一定程度的战略互

信，其表现是：两国能够以友好协商的方式谈论存在的问题，包括边界问题；现有的双边事务磋商和协调机制运行良好，能够及时有效地化解紧张局势，维护边界地区和平与稳定。

中国要清楚认识到，印美关系虽发展迅速，但印度不会全面倒向美国，印度的不结盟政策及其大国抱负使其不会沦为美遏制中国的棋子。在可预见的未来，只要自身策略得当，中国是能够稳住与美、俄、印大国关系，挫败日本战略企图，争取最大的战略回旋余地和安全利益。

二、周边热点问题将长期存在，但发生热战的可能性较低

印巴冲突问题、阿富汗问题、中亚地区问题、朝核问题、台海问题以及南海问题等给我国周边安全造成严重影响，也成为大国插手中国周边事务的“抓手”。各热点多因历史遗留与现实利益的纠合，其解决难以一蹴而就。例如在东海和南海问题上，各声索国不会轻易放弃，岛屿争端将呈现长期化、国际化、复杂化的趋势，也导致一些国家的民族主义情绪大幅升级。中国与周边国家的矛盾、摩擦乃至冲突，存在进一步激化的可能，但大局不会失控。

和平与发展仍然是当今时代的主题，是周边国家的基本诉求。地区各国彼此利益交织，并不希望再次出现冷战。朝鲜半岛局势关系到东北亚地区的安全与稳定，延坪岛炮击事件后，中方关于迅速开展六方紧急磋商的提议再次遭到美韩日三国的拒绝，但由于中、韩、俄强烈反对武力解决朝核问题，在短期内，美国军事打击朝鲜的可能性基本可以排除。半岛敌对双方，“擦枪走火”事件时有发生，但双方目前都不具备发动全面战争的意志和能力，半岛形势仍在大国可控范围之内。从长远看，朝核问题仍可能出现轮番升级，但各方均会约束自己的行为，控制升级的势头，回到谈判桌前以避免出现战争。

中国正以“积极而有所作为”的态度，努力与各方合作，推进对争端的管控。参与阿富汗和平重建进程；斡旋缅北问题；对泰国、孟加拉国、柬埔寨、尼泊尔劝和促稳；更多介入南亚事务以降低印巴军事冲突的可能；积极改善两岸关系，使中美迎头相撞的风险减小。2013 年 10 月 23 日，中印两国政府签署《边防合作协议》，重申双方不将其军事能力用于针对对方，认为需要继续保持中印边境控制线地区的和平、稳定与安宁，继续落实实际控制线地区军事领域建立信任措施。2013 年，中国和东盟国家启动“南海行为准则”磋商，各方都认为岛屿争端最现实、有效的解决方式还是谈判与合作。一旦局势失控或冲突升级，各方都会为此付出高昂的代价，各方都不会听任长期建立的合作基本关系框架，被对抗和战争的逻辑所取代。有鉴于此，目前彻底解决周边各热点、争端的条件并不充分，中国现实的选择是有效搁置、管控好热点问题，逐步推进解决，使之不影响中国周边安全与稳定的大局。

三、深植“命运共同体”意识，深化中国与周边国家的安全合作

2013 年 10 月 3 日，习近平主席在印尼国会发表演讲，提出建设更为紧密的中国—东盟命运共同体，“积极倡导综合安全、共同安全、合作安全的新理念”。如欧盟、东盟发展所体现的国际历史经验表明，经济相互依存的加深，会外溢到安全领域，将区域内国家的命运更紧密联系在一起。目前，中国与周边 4 个国家建立了全面战略合作伙伴关系，与诸多周边国家结成紧密利益共同体。通过利益捆绑，扩大利益集合，从经济依存到政治互信，从而更好地维护自身安全。

地缘经济影响力是中国在周边最为突出的实力。经贸关系已成为中国与周边国家和平稳定

的压舱石。截止 2011 年，中国已成为世界上 124 个国家和地区的最大贸易伙伴，已成为日本、韩国、俄罗斯、印度、朝鲜、蒙古国、越南等几乎所有周边国家的最大贸易伙伴、最大出口市场、最重要投资来源地。在中国排名前 11 名的贸易伙伴中，有八个位于中国周边。2013 年中国与周边国家贸易额达到 1.3 亿美元，超过中国与欧洲、美国的贸易额之和。中国的发展红利给周边国家带来了难得的发展机遇。

中国做实“10 + 3”“10 + 1”自贸区，参与大湄公河、泛北部湾、图们江、环黄海、环渤海等多个次区域合作机制；找准与周边国家利益契合点，积极推动中亚丝绸之路经济带、21 世纪东南亚海上丝绸之路的建设；规划“中缅印孟经济走廊、中印经济走廊”中国—东盟高铁“黄金走廊”。夯实合作基础，形成有效经济依存，一个活力四射的周边经济圈，一个紧密型环中国经济带已加速形成，令中国与周边地区日益趋向唇齿相依，风险共担。中国提出构建中国—东盟命运共同体和“2 + 7 合作框架”，探讨建立符合地区实际、满足各方需要的区域安全框架，推广新安全观，得到各方重视和积极回应。

我国同周边国家毗邻而居，开展安全合作是共同需要。非传统安全问题已成为区域安全对话与合作的主要议题，成为改善地区国家关系的润滑剂和加强安全互信的纽带。在中国倡议下，首届东盟与中日韩打击跨国犯罪部长级会议 2004 年 1 月在曼谷举行，表明各方决心在打击跨国犯罪、情报、执法、刑侦等领域加强合作，支持建立“东盟安全共同体”的目标。2011 年湄公河惨案后，中国、缅甸、老挝和泰国建立了联合执法机制，保证航运安全。2013 年 3 月，四国又启动湄公河流域“平安航道”联合扫毒行动，这是以跨国法制入手，构建周边安全秩序的重大进步。恐怖主义是人类共同的敌人，中国通过上合组织平台与周边国家开展的反恐合作有效遏制“三股势力”在中国周边地区的蔓延。积极推动阿富汗问题的解决，打击毒品走私和有组织犯罪，为中国和周边国家的共同安全利益提供了切实保障。

中国是东盟地区论坛、东盟防长扩大会议、亚太安全合作理事会、香格里拉对话会等安全机制的重要成员。中国坚持互信、互利、平等、协作的新安全观，倡导全面安全、共同安全、合作安全理念，大力开展与周边国家在反恐、维和、禁毒、救灾、打击海盗、海上安全，人道救援等领域的安全合作。大力提倡不结盟、不对抗、不针对其他国家和地区的安全合作模式。二战后，欧洲、美洲区域内及东盟框架内的东南亚国家，相继建立起程度不同的多边安全体系。从国际历史经验来看，安全共同体不仅意味着没有战争，也意味着没有大规模有组织的战争准备。从现实来看，中国所强调的新安全观在某种程度上与东盟运行规则有不少吻合之处。有鉴于此，中国应与东盟不断积累互信，增加共识，共同推动建立地区安全共同体，这是中国维护周边安全最现实的选择。

四、发力“周边外交”，维护国家主权安全

2013 年 10 月，在北京召开了新中国成立以来首次周边外交工作座谈会，七位中共中央政治局常委悉数出席。会议明确提出我国周边外交战略，要服从和服务于实现“两个一百年”奋斗目标；重申“与邻为善、以邻为伴”的基本方针，“睦邻、安邻、富邻”的外交政策，首次提出“亲、诚、惠、容”的周边外交理念，全力营造和平稳定的周边环境，维护我国发展的重要战略机遇期。

2013 年是履新首年，3 月，习近平外交“首秀”就是访问周边大国俄罗斯。9 月又出访中亚

四周。10 月访问印尼、马来西亚。李克强总理 5 月出访首站选择印度、巴基斯坦。10 月到访文莱、越南和泰国。王毅作为中国外交部长的首次出访选择泰国、印尼、文莱和新加坡等东南亚四国，表明"中方将坚定不移地把东盟国家作为周边外交的优先方向"。2013 年内，中国与周边 21 个国家开展了国家元首和政府首脑级别交往。我国与周边国家外长以上的互访超过 100 起，基本实现亚洲司主管的 23 个国家的高层交往全覆盖。

党的十八大以来，党和国家领导人将外交重心放在周边。领导人不断率团队发力周边外交。执政首年，习近平主席遍访欧、亚、美洲 14 个国家，其中半数在中国周边；李克强访问 9 个国家，有 7 个是中国近邻。密集出访，增信释疑展示中国希望与周边国家合作共赢的决心。深化与周边国家务实高效的合作，将中国与印尼、马来西亚的双边关系提升为全面战略伙伴关系。"常见面，多走动"，增强政治互信，巩固经济纽带，推进利益交融，深化安全合作。本着"睦邻、安邻、富邻"基本方针，提倡契合周边国家需求与关切的"命运共同体"、正确义利观等新理念，按照公平公正的原则，积极推进各热点问题的和平解决与软着陆。在当前周边面临复杂，甚至严峻形势的背景下，中共十八大报告仍然"坚持与邻为善、以邻为伴，巩固睦邻友好，深化互利合作，努力使自身发展更好惠及周边国家"。使周边国家对我们更友善、更亲近、更认同、更支持，增强亲和力、感召力、影响力，改善周边环境，维护地区和平。

五、设立国安委，完善中国安全体制和机制

2013 年 11 月，中共十八届三中全会通过《中共中央关于全面深化改革若干重大问题的决定》提出，"设立国家安全委员会，完善国家安全体制和国家安全战略，确保国家安全"。2014 年 1 月 24 日，中共中央政治局召开会议决定，中央国家安全委员会由习近平任主席，李克强、张德江任副主席，下设常务委员和委员若干名。中央国家安全委员会作为中共中央关于国家安全工作的决策和议事协调机构，向中央政治局，中央政治局常务委员会负责，统筹协调涉及国家安全的重大事项和重要工作。① 新加坡媒体称，与之前宣布成立的深改组相比，中央国家安全委员会（以下简称"国安委"）组成人员级别更高，凸显这个新机构的权威性，显示中共对其面临的国内外严峻挑战的担忧和强力应对挑战的决心。

中国面临国际安全问题与国内安全问题相互影响，传统安全威胁与非传统安全威胁相互交织的复杂形势。不仅存在边境海上及岛屿争端，同时一些大国策动分裂势力试图对中国进行"西化""分化"。我国现有安全部、公安部、武警、军队等涉及各领域的安全机构。上述机构分散在政府、军队各个职能部门中，各司其职，各自为战。为应对现实威胁的需要，为弥补"顶层设计"短板的需要，习近平明确指出："当前，我国面临对外维护国家主权、安全、发展利益，对内维护政治安全和社会稳定的双重压力，各种可以预见和难以预见的风险因素，明显增多。而我们的安全工作体制机制还不能适应维护国家安全的需要，需要搭建一个强有力的平台统筹国家安全工作。设立国家安全委员会，加强对国家安全工作的集中统一领导，已是当务之急。国家安全委员会主要职责是制定和实施国家安全战略，推进国家安全法治建设，制定国家安全工作方针政策，研究解决国家安全工作中的重大问题。"②

① 刘慧，赵晓春. 中国国家安全研究报告（2014）[M]. 北京：社会科学文献出版社，2014.

② 习近平. 就《中共中央关于全面深化改革若干重大问题的决定》的说明[M]//中国共产党第十八届中央委员会第三次全体会议文件汇编. 北京：人民出版社，2013.

2014 年 4 月 15 日，习近平在主持召开的国安委首次会议中指出，国安委“既重视传统安全，又重视非传统安全，构建集政治安全、国土安全、军事安全、经济安全、文化安全、社会安全、科技安全、信息安全、生态安全、资源安全、核安全等于一体的国家安全体系；既重视发展问题，又重视安全问题，发展是安全的基础，安全是发展的条件，富国才能强兵，强兵才能卫国；既重视自身安全，又重视共同安全，打造命运共同体”。习近平表示，当前国家安全内涵和外延比历史上任何时候都要丰富，时空领域比历史上任何时候都要宽广，内外因素比历史上任何时候都要复杂。强调国安委既重视国土安全，又重视国民安全。要求准确把握国家安全形势变化新特点新趋势，“坚持总体国家安全观，走出一条中国特色的国家安全道路”。

设立国安委作为国家安全最高决策和议事协调机构，作为最高层级国家安全及突发事件危机处理的机构，统筹国内、国外两个安全大局，是对既有安全体制机制及安全战略的深化和完善，是有效维护国家安全的战略之举。

参考文献

[1] 蔡昉，林毅夫. 中国经济[M]. 北京：中国财政经济出版社，2003.
[2] 李扬，王国刚. 中国金融发展报告（2014）[M]. 北京：社会科学文献出版社，2013.
[3] 邹东涛. 中国完善社会主义市场经济体制 10 年（2003—2013）[M]. 北京：社会科学文献出版社，2013.
[4] 邹东涛. 以民为本：中国全面建设小康社会 10 年（2002—2012）[M]. 北京：社会科学文献出版社，2012.
[5] 邹东涛. 以民为本：中国全面建设小康社会 10 年（2002—2012）[M]. 北京：社会科学文献出版社，2012.
[6] 李扬. 2014 年中国经济形势分析与预测[M]. 北京：社会科学文献出版社，2013.
[7] 周弘. 中欧关系蓝皮书：中欧关系研究报告（2014）[M]. 北京：社会科学文献出版社，2014
[8] 沈大伟，艾伯哈德·桑德施耐德，周弘，李靖堃. 中欧关系：观念、政策与前景[M]. 北京：社会科学文献出版社，2010.
[9] 沈雁南，周弘. 欧洲发展报告（2008—2009）[M]. 北京：社会科学文献出版社，2009.
[10] 刘慧，赵晓春. 中国国家安全研究报告（2014）[M]. 北京：社会科学文献出版社，2014.
[11] 刘跃进. 国家安全学[M]. 北京：中国政法大学出版社，2004.
[12] [美]迪利普·希罗. 世界大趋势 4——看懂世界的方法[M]. 李飞，译. 北京：中信出版社，2010.
[13] [美]傅立民. 美国在中东的厄运[M]. 周琪，杨悦，译. 北京：社会科学文献出版社，2013.
[14] [美]乔治·弗里德曼. 未来 10 年[M]. 王祖宁，刘寅龙，译. 深圳：海天出版社，2011.
[15] 文天尧. 好懂的极简现代中东史[M]. 南京：凤凰出版社，2013.
[16] 祝枕漱. 以色列摩萨德档案[M]. 南京：凤凰出版社，2012.
[17] 崔立如，等. 国际战略与安全形势评估 2012—2013[M]. 北京：时事出版社，2013.
[18] 钱学文. 中东恐怖主义研究[M]. 北京：时事出版社，2013.
[19] 赵干城. 中印关系：现状、趋势与应对[M]. 北京：时事出版社，2013.
[20] 郑瑞祥. 印度的崛起与中印关系[M]. 北京：当代世界出版社，2006.
[21] 李而炳. 21 世纪前期中国对外战略的选择[M]. 北京：时事出版社，2004.
[22] [美]塞缪尔·亨廷顿. 文明的冲突与世界秩序的重建[M]. 周琪，等，译. 北京：新华出版社，2002.
[23] 李扬. 2014 年中国经济形势分析与预测[M]. 北京：社会科学文献出版社，2013.
[24] 刘诗白. 社会主义市场经济理论[M]. 成都：西南财经大学出版社，2004.
[25] 陆学艺. 当代中国社会建设[M]. 北京：社会科学文献出版社，2013.
[26] 李华. 北京与莫斯科：结盟 对抗 合作[M]. 北京：人民出版社，2007
[27] 何明，罗峰. 中苏关系重大事件述实[M]. 北京：人民出版社，2009

[28] 沈志华. 中苏关系史纲[M]. 北京：新华出版社，2009
[29] 黄定天. 中俄关系通史[M]. 哈尔滨：黑龙江人民出版社，2007
[30] 崔奇. 我所亲历的中苏大论战[M]. 北京：人民日报出版社.2009
[31] 刘中民，等. 中东地区发展报告（2013 年卷）[M]. 北京：时事出版社，2014.
[32] 林清明. 对构建资源节约型、环境友好型社会的伦理思考[J]. 中国特色社会主义研究，2006（3）.
[33] 吴树波. 利率市场化问题研究[J]. 金融理论与实践. 2010（10）.
[34] 涂圣伟. 2013 年我国农业农村经济形势及 2014 年展望[J]. 中国经贸导刊，2014（3）.
[35] 杜平，祝宝良，牛犁. 2014 年中国经济预测和宏观调控政策取向[J]. 财经界，2014（1）.
[36] 祝宝良，闫敏. 2014 年宏观调控政策取向[J]. 经济观察，2014（1）.
[37] 袁海霞. 2013 年宏观政策特点和 2014 年政策取向判断[J]. 当代经济管理，2014（3）.
[38] 郇庆治. 中欧“全面合作伙伴关系”：回顾与展望[J]. 国际论坛，2014（3）.
[39] 伍贻康. 不断更新走向成熟的中欧关系——纪念中欧建交 30 周年[J]. 国际观察，2005（2）.
[40] 周弘. 中国与欧洲关系 60 年[J]. 欧洲研究，2009（5）.
[41] 张志军. 继往开来开创中欧关系新局面——纪念中欧关系六十周年[J]. 欧洲研究，2009（5）.
[42] 关呈远. 中欧关系六十年随想[J]. 欧洲研究，2009（5）.
[43] 韩玉贵，安秀伟. 当前中国国家安全面临的挑战及应对策略[J]. 理论学刊，2009（12）.
[44] 万晓宏. 当前中国周边安全环境与战略选择[J]. 战略纵横，2012（4）.
[45] 郭益海. 新形势下新疆民族分裂活动的新特点及其对策[J]. 实事求是，2014（2）.
[46] 朱志华. 中国周边安全形势的研析及应对战略构思[J]. 战略纵横，2012（2）.
[47] 程卫华，地缘战略与中国周边安全的思考[J]. 江南社会学院学报，2010，12（3）.
[48] 张家栋. 当代恐怖主义的宗教根源[J]. 国际观察，2006（2）.
[49] 马晓霖. “阿拉伯之春”三年记[N]. 北京青年报，2014-01-25.
[50] 田文林. 转型中的中东地缘格局[J]. 阿拉伯世界研究，2014（2）.
[51] 牛新春. 中东政治的基本特点与发展趋势[J]. 现代国际关系，2012（12）.
[52] 文富德. 印度经济改革的成绩与问题[J]. 南亚研究季刊，2012（1）：94-95.
[53] 赵伯乐. 中印关系——新型的大国关系[J]. 当代亚太，2005（8）：36.
[54] 陈宗海. 当前中国和印度的关系评析[J]. 国际论坛，2013，15（3）：59.
[55] 马加力. 中印关系的回顾与展望[J]. 和平与发展，2010（4）：6-9.
[56] 张贵洪. 中印关系的确定性和不确定性[J]. 南亚研究，2010（1）：36-44.
[57] 张贵洪. 竞争与合作：地区视角下的中印关系[J]. 当代亚太，2006（12）：12-18，51.
[58] 郭田勇，褚蓬瑜. 金融体制改革 30 年取得的成就[EB/OL].（2008-09-10）http:// theory.people.com.cn/GB/49154/49155/7902430.html.
[59] FRANCINE R FRANKEL. The breakout of China-India strategic rivalry in Asia and the Indian Ocean[J]. Journal of International Affairs，2011，64（2）：2.
[60] AMITAV ACHARYA. Can Asia lead-Power ambition and global governance in the twenty-first century[J]. International Affairs，2011，87（4）：851.